생활 속 주역점

주역
점괘

생 활 속 주 역 점

주역 점괘

이창일 지음

연암서가

지은이 **이창일**

고려대학교에서 심리학을 전공했고, 한국학중앙연구원에서 「소강절의 선천역학과 상관적 사유」(2004)로 철학박사학위를 받았으며, 서울불교대학원에서 『불교 사상과 음양오행론에 기반을 둔 성격유형론 연구-까르마 에토스(Karma Ethos)의 이론과 적용』(2013)으로 상담학박사학위를 받았다. 현재 한국학중앙연구원 고등연구소 책임연구원으로 있다. 지속적인 연구 주제는 동아시아 자연철학이 가지고 있는 미래적 비전에 관심을 쏟고 있으며, 동아시아와 한국의 고전에 담긴 '영원한 지혜'를 여러 사람들과 나누는 '소통의 인문학'을 꿈꾸고 있다. 지은 책으로는 『주역, 인간의 법칙』, 『한 줄의 고전』, 『정말 궁금한 우리 예절 53가지』, 『사상의학』, 『소강절의 철학』 등이 있고, 공저로는 『심경 철학 사전』, 『근사록: 덕성에 기반한 공동체, 그 유교적 구상』, 『새로운 유학을 꿈꾸다』, 『세계의 고전을 읽는다』, 『20대에 읽어야 할 한 권의 책』 등이 있으며, 옮긴 책으로는 『동무유고』, 『황제내경』, 『음양과 상관적 사유』, 『자연의 해석과 정신』 등이 있다.

생활 속 주역점

주역 점괘

2016년 8월 15일 초판 1쇄 발행
2021년 3월 15일 초판 2쇄 발행

지은이 | 이창일
펴낸이 | 권오상
펴낸곳 | 연암서가

등 록 | 2007년 10월 8일(제396-2007-00107호)
주 소 | 경기도 고양시 일산서구 호수로 896, 402-1101
전 화 | 031-907-3010
팩 스 | 031-912-3012
이메일 | yeonamseoga@naver.com
ISBN 978-89-94054-92-6 03150

값 25,000원

저자의 말

『주역』은 지금으로부터 3,000년 전에 만들어진 신탁서이다. 동양의 옛 사람들은 인간의 지혜로 결단하기 어려운 문제를 만났을 때, 주역을 통해 신(神)의 답변을 구했다. 이런 전통은 매우 오랫동안 지속되었고, 우리나라도 19세기까지 주역점을 쳐서 국가의 공식 문서에 반영하곤 했다. 비단 국가의 중대사뿐 아니라, 개인들도 어려운 때를 당해 속수무책의 상황에서는 주역점을 쳤다. 그러던 것이 이제는 주역을 읽고 마음을 수양을 하는 것은 그만두고라도, 온갖 미신의 우두머리로 지목되어 손가락질 당하는 시대가 된 듯하다. 그래서 주역을 아끼는 사람들은 주역에서 점 이야기는 쏙 빼고, 고상한 철학만을 이야기해서 이런 곤경으로부터 주역을 구해내려고 했다. 이는 매우 가상한 생각이지만, 주역에서 점을 빼놓으면 김빠진 맥주처럼 도무지 맛이 나지 않는다. 이 지경이라면 누가 잔을 들겠는가?

주역은 점을 빼놓고 생각할 수 없다. 요새 사람들은 점이 저급한 것이며, 이미 지나버린 오래된 과거의 구닥다리로 여긴다. 하지만 이는 우리 시대가 놓치고 있는 중요한 진실을 돌아보지 못해서 생겨난 말이다. 주역은 우리가 머리만이 아닌 온몸으로 사는 존재라는 것을 알려준다. 하루는 낮과 밤이 모두 갖추어져야 하듯이, 세상의 질서는 지성의 인과율(causality)이 있고, 여기에 영성의 상응률(synchronicity)이 갖추어져야 온전한 것이 된다. 지성만으로 살 수 있었다면 인간의 문제는 덜 복잡했을 것이다.

하지만 독자들이여, 지성으로는 도저히 해결되지 않는 삶의 온갖 선택의 기로에 서 보지 않았던가? 풀 수 없는 삶의 수수께끼들을 어찌 지성으로만 해결할 수 있겠는가? 주역은 지성과 함께 영성을 돌아보길 원한다. 영성은 대자연과 우리가 하나라는 표지이다. 나의 마음과 몸은 대자연의 질서와 분리되지 않았기 때문에, 주역에 물음을 구하고 가만히 귀를 기울이면 지금 놓인 이 상황이 어디로 와서 어디로 갈지를 들려준다.

주역점의 언어는 상징으로 되어 있기 때문에 일찍부터 주역은 어렵다고 소문이 나 있다. 그래서 심산유곡에 한 20년쯤 들어가 도를 닦아야 알 수 있는 것이라고 한다. 하지만 상징을 잘 이해하기 위해, 꼭 산에 들어가서 수십년씩 도를 닦지 않아도 될 것 같다. 소문처럼 주역이 어려운 이유는 실제 생활에서 사용하지 못해서 낯설어진 지식이 되었기 때문이다.

주역은 오히려 지금 시대에 익숙한 이진법적 논리로 구성된 매우 질서정연한 음양의 상징들로 이루어진 구조를 가지고 있다. 이 상징의 구조는 신의 언어를 인간이 이해할 수 있게 만들어 주는 메신저 역할을 한다. 이 상징언어를 잘 이해하면, 신의 언어를 알 수 있다.

그래서 나는 오랫동안 이 상징들을 지배하는 법칙을 이해하고, 요모조모 살피고 궁리해서 쉬운 한글로 풀고, 그 뜻을 펼쳐보았다. 여기에 주역을 배우는 문하생들과 점을 친 결과가 어떤지를 살펴서 검증도 해보았다. 이렇게 해서 주역점을 실생활에서 떨어진 지식이 아니라, 우리가 살면서 정말로 어떻게 선택하고 행동하는지 모르는 어려움이 있을 때, 어디엔가 하소연하고픈 고민을 해결할 때, 이용할 수 있게끔 만들었다. 나는 주역점을 "점쾌"라는 이름으로 불렀다. 점쾌라는 말은 점괘(占卦)라는 한자말에서 온 것인데, 부르는 대로 쓰는 일상적인 말이라 친근해서 좋기 때문이다.

점쾌는 3종류로 되어 있다. 〈점쾌〉, 〈리더의 점쾌〉, 〈개별 점쾌〉 등이다.

점을 치면 그에 대한 핵심적인 내용은 〈점쾌〉가 담당한다. 이어서 〈리더의 점쾌〉가 있다. 주역은 본래 제왕이나 군자를 기준으로 해서 만들어진 것이다. 이를 현대적 감각으로 리더라 부를 수 있을 것이다. 민(民)이 주인이 되는 사회라도 리더가 없을 수 없다. 이런 관점에서 〈점쾌〉는 누구나 다 해당하는 점이고, 〈리더의 점쾌〉는 리더에게 맞춤이 되는 점쾌이다. 그리고 〈개별 점쾌〉는 실생활에서 주로 만나는 판단 상황을 골라 본 것이다. 여기가 하이라이트이다.

소원이 이루어질까? 돈은 벌 수 있다? 직장에서 출세할 수 있을까? 건강이 걱정인데? 그 사람이 내 인연일까? 먼 데 가는데 탈은 없나? 재판에서 이길 수 있을까? 집이 팔리려나?

대강 8개 정도로 나누었는데, 소소한 물음들은 이 안에 다 포함될 것 같다. 예를 들면, 시험에 붙으려나? 이런 질문은 〈소원(행운)〉이나 〈직장(승진)〉을 참고하면 될 것이다. 그런데 '참고'하는 것은 정답을 찾는 것이 아니다. 주역의 신은 '구글신'과는 달리 답을 상징으로 말해준다. 그래서 곧이 곧대로가 아니라 해석의 여지가 있다. 그리고 상황이 극적으로 반전될 수 있다는 것을 말해준다. "지금까지 네가 산대로 산다면 흉하지만, 이제부터 변할 수 있다면, 큰 허물은 없을 것이다."

주역의 비밀 가운데 하나가, 우리의 운명이나 삶의 희로애락은 내 마음이 그리는 그림이라는 것이다. 이쯤에서 주역은 불교하고도 만난다. 옛 지혜는 내 마음이 맑고 밝으면 세상을 적으로 만들어서 한바탕 전쟁을 벌이지 않는다고 알려준다. 내 마음의 거울이 주역이고, 이 거울은 오래된 상징을 통해서 내 마음의 모습을 비춰준다. 우리네 삶은 마음이 가리키는 대로 가는 일엽편주(一葉片舟)와 같다. 가리키는 방향을 잘 보고, 물길을 지쳐 간다면, 반드시 고해(苦海)만은 아닐 것이다.

책을 손에 쥔 독자들이여, 수천 년을 건너온 옛 지혜의 거울에 지금 먹고 있는 마음을 비춰보시라.

『주역 점괘』는 공이 많이 드는 책이다. 상징의 변화 법칙을 통해서 점괘를 이끌어내는 것도 그렇지만, 실제 점괘가 적중하는지 아닌지 검증하는 것도 오랜 시간이 걸리는 일이다. 여기에는 주역을 공부한다고, 내게 찾아와서 인연을 맺은 문하의 제자들이 힘을 쏟았다. 내가 좋아하는 주역의 말 하나가, 수풍정괘(水風井卦, ䷯) 구오(九五)의 효사(爻辭)에 있다. 정렬한천식(井洌寒泉食), "우물이 맑고 시원하니, 차가운 샘물을 마신다." 진리는 누구든 목마른 자에게 베풀어지는 샘물과 같은 것이다.

주역은 난해하고 심오한 책이지만, 반드시 이처럼 진지해야 진리가 깃드는 것은 아니다. 미래에 대한 순수한 호기심과 수용하는 마음이 있다면, 재미로 점을 친다고 해서 진리가 숨지는 않을 것이다. 진리는 진지함이나 재미를 가리지 않는다. 마치 목마른 자들이 샘을 찾듯이 진리는 찾는 자들 앞에 있다. 목마른 자들에게 샘이 되는 것이 주역이니, 여기서 점괘를 뽑아보시라. 그대들의 일엽편주는 어디로 향하고 계신가?

병신지년(丙申之年) 만사여의형통(萬事如意亨通)
수원(水原) 광교산(光敎山) 아래에서 이창일 씀

주역이란?

1. 주역의 지은이는 3명이다. 복희씨(伏羲氏, 기원전 2800년 즈음)가 주역의 뼈대에 해당하는 괘(卦)를 만들었다. 이어서 천년이 지나서 주나라의 문왕(文王, 기원전 1152~1056)이 괘를 해석하는 글자를 지었다. 다음으로 오백년 뒤에 공자(孔子, 기원전 551~479)가 주역을 철학적으로 해석했다.
2. 주역은 우주가 하나로 통일되어 있다고 보고 이를 태극(太極)이라고 불렀다.
3. 태극은 음과 양의 두 힘으로 나누어서 파악된다. 음양은 상징적으로 음효(陰爻, --)와 양효(陽爻, ―)라고 한다.
4. 음양이 스스로 나뉘면 사상(四象)이 된다. 사상이 스스로 나뉘면 팔괘(八卦)가 된다.
5. 팔괘는 음효와 양효가 세 번 겹쳐서 생겨난 것이다.

괘이름	건乾	태兌	리離	진震	손巽	감坎	간艮	곤坤
괘상	☰	☱	☲	☳	☴	☵	☶	☷
자연사물	천天 (하늘)	택澤 (연못)	화火 (불)	뇌雷 (우레)	풍風 (바람)	수水 (물)	산山 (산)	지地 (땅)

6. 팔괘도 스스로 나뉘어 16이 되고, 16이 다시 나뉘어 32가 되고, 32가 나뉘어 64가 된다. 이는 팔괘끼리 서로 겹치는 것과 그 수가 같다.

8×8=64이므로, 괘는 모두 64괘가 있다.

7. 괘는 6개의 효들로 구성되어 있다. 아래에서부터 위로 층수를 세듯이 세어나간다. 예를 들어, 양효가 6개로 된 괘를 건괘(乾卦, ䷀)라고 한다. 이것은 팔괘의 건(乾, ☰)이 두 개 겹친 것과 같다.

8. 위에서 태극으로부터 음양, 사상, 팔괘 등으로 나뉘는 과정이 곧 만물을 탄생시키는 이진법적 원리를 보여준 것이다. 주역점은 이러한 창조의 과정을 상징적으로 모방해서 나온 것이다.

9. 점치는 방법은 정식과 약식이 있다. 정식 방법은 복잡하고 어려우며, 약식 방법은 간략하게 만든 것이다.

10. 약식 방법의 대표적인 것이 동전점이다.

일러두기

1) 주역점을 주역의 원문과 함께 제시하여, 실생활에 필요한 "결단"에 참고할 수 있게 했다. 원문의 한글 해석은 기존의 번역 가운데서 다음의 도서를 주로 참고했다.

이기석 역, 『주역』(서문당, 1978); 김석진 역, 『주역전의대전』(대유학당, 1996); 성백효 역, 『주역전의』(전통문화 연구회, 1998); 방인·장정욱 역, 『주역사전』(소명, 2007); 황태연 저, 『실증주역』(청계, 2008).

2) "점괘"는 물음에 대한 주역의 답변을 가리킨다. "점괘"는 3단계로 구분되어 있다.

① 점괘 : 주역점이 가리키는 핵심을 간략히 제시한 것이다.

② 리더의 점괘 : 리더의 지위에 있는 사람에게 적합한 주역의 조언이다.

③ 개별 점괘 : 실생활에서 접하는 중요한 결단의 분야를 8개로 정하고, 다시 9단계로 세분하였다.

상상=매우 좋다.	중상=제법 괜찮다.	하상=별로 좋지 않다.
상중=참 좋다.	중중=괜찮다.	하중=좋을 것이 없다.
상하=좋은 편이다.	중하=그럭저럭하다.	하하=매우 나쁘다.

3) (예시) 1-1. 건(乾) 초구(初九) No.01-01. "잠룡·물·용(潛龍勿用)"

"잠긴 용이니 쓰지 말라."

〈점괘〉

어떠한 일이든지 계획하고 검토하는 단계이다.

〈리더의 점괘〉

어떤 일이 미숙한 단계이므로, 채근하지 말고, 기다리면, 저력을 발휘하게 된다.

〈개별 점괘〉

No. 01 건(乾)	상상=매우 좋다. 상중=참 좋다. 상하=좋은 편이다.			중상=제법 괜찮다. 중중=괜찮다. 중하=그럭저럭하다.			하상=별로 좋지 않다. 하중=좋을 것이 없다. 하하=매우 나쁘다.		
01-01	상			중			하		
	상	중	하	상	중	하	상	중	하
소원(행운)			★						
재물(사업)						★			
직장(승진)					★				
건강(컨디션)					★				
연애(결혼)				★					
여행(이동)				★					
분쟁(소송)							★		
계약(매매)								★	

4) 점괘들의 내용이 다른 것은 묻는 일이 복잡하게 얽혀 있기 때문이다. 〈개별 점괘〉를 기준으로 다음과 같이 대조해서 본다.
   ① 〈점괘〉와 〈개별 점괘〉가 다르다면, 〈개별 점괘〉를 우선적으로 본다.(3:7의 비율)

② 〈리더의 점괘〉와 〈개별 점괘〉가 다르다면, 반반씩 고려해서 본
다.(5:5의 비율)

사용법

손수 점을 치려면, 약식으로 동전을 사용한다.

괘를 불러내는 간략한 방법

◆ **준비**

　• 동전 3개　• 1~6의 숫자를 적은 동전 6개(①, ②, ③, ④, ⑤, ⑥)

◆ **속마음**

"이러이러한 일로 점을 칩니다. 뜻대로 따르겠으니, 밝은 가르침을 알려주십시오."라고 생각한다.

◆ **실행**

　• 동전 3개를 던져 앞면(—)과 뒷면(- -)을 센다. 이것으로 양효와 음 효를 구분한다.

동전던지기(앞/뒤)			효	결과	변함(○) 안변함(×)
앞	앞	앞	▬▬▬	앞3	변함
앞	앞	뒤	▬ ▬	뒤1 앞2	안변함
앞	뒤	앞			
뒤	앞	앞			
뒤	뒤	뒤	▬ ▬	뒤3	변함
뒤	뒤	앞	▬▬▬	앞1 뒤2	안변함
뒤	앞	뒤			
앞	뒤	뒤			

• 건물의 층수를 세듯 아래에서부터 획을 적어나간다.

순번	효	변함(○) 안변함(×)
6번		
5번		
4번		
3번		
2번		
1번		

• 괘가 생기면, 변함(○)이 몇 개이고 안변함(×)이 몇 개인지 표시한다. (※중요)

◆ 해석

• 변함(○)이 없으면, 해당 괘의 〈단사〉를 본다. 숫자표시 0
• 변함(○)이 1개이면, 그에 해당하는 효의 〈효사〉를 본다. 숫자표시 1~6

◆ 변함(○)이 2개 이상인 경우

• 1~6까지 숫자를 매긴 6개의 동전에서, 변함(○)에 해당하는 숫자가 적힌 동전을 고른다.
• 그 중 하나를 무심코 뽑는다. 뽑은 것이 변함(○)이다.
• 해당 괘의 〈효사〉를 본다. 숫자표시 1~6

- **예외(건과 곤에만 있음)**

  - 건괘의 변함(○)이 6개 나오면, 건괘에만 있는 "용구(用九)"의 효사를 본다.
  - 곤괘의 변함(○)이 6개 나오면, 곤괘에만 있는 "용육(用六)"의 효사를 본다.

◇ 연습1: 변한 효가 없는 경우

질문 "지금 계약을 하려고 하는데, 좋은 결과가 나오겠습니까?"

1번째) 동전 3개를 던져 "앞앞뒤"가 나왔다. 이것은 (--)이고, 안변함이다.

2번째) 동전 3개를 던져 "뒤뒤앞"이 나왔다. 이것은 (—)이고, 안변함이다.

3번째) 동전 3개를 던져 "뒤앞앞"이 나왔다. 이것은 (--)이고, 안변함이다.

4번째) 동전 3개를 던져 "앞앞뒤"가 나왔다. 이것은 (--)이고, 안변함이다.

5번째) 동전 3개를 던져 "뒤앞뒤"가 나왔다. 이것은 (—)이고, 안변함이다.

6번째) 동전 3개를 던져 "앞뒤앞"이 나왔다. 이것은 (--)이고, 안변함이다.

• 건물의 층수를 세듯 아래에서부터 획을 적어나간다.

순번	효	변함(○) 안변함(×)	괘
6번	--	안변함(×)	
5번	—	안변함(×)	
4번	--	안변함(×)	
3번	--	안변함(×)	
2번	—	안변함(×)	
1번	--	안변함(×)	

• 음획의 수와 양획의 수를 센다. 위의 괘는 "양이 2이고 음이 4인" 괘이다. 아래의 표에서 괘를 찾고, 이름과 숫자를 확인해서, 괄호 속의 괘 번호를 찾아 이동한다.(*항상 이 〈조견표〉에서 괘를 찾는다.)

6양	건乾(1)	6음	곤坤(2)				

1양 5음	복復(24)	사師(7)	겸謙(15)	예豫(16)	비比(8)	박剝(23)		

2양 4음	림臨(19)	승升(46)	명이明夷(36)	준屯(3)	진震(51)	감坎(29)	소과小過(62)	췌萃(45)
	진晉(35)	간艮(52)	몽蒙(4)	이頤(27)	관觀(20)	해解(40)	건蹇(39)	

3양 3음							
태泰(11)	귀매歸妹(54)	절節(60)	손損(41)	익益(42)	환渙(59)	점漸(53)	비否(12)
함咸(31)	항恒(33)	정井(48)	고蠱(18)	려旅(56)	미제未濟(64)	서합噬嗑(21)	곤困(47)
풍豊(55)	기제既濟(63)	비賁(22)	수隨(17)				

4양 2음							
둔遯(33)	무망无妄(25)	송訟(6)	가인家人(37)	대장大壯(34)	대축大畜(26)	수需(5)	대과大過(28)
혁革(49)	정鼎(50)	중부中孚(61)	태兌(58)	규睽(38)	리離(30)	손巽(57)	

5양 1음							
구姤(44)	동인同人(13)	리履(10)	소축小畜(9)	대유大有(14)	쾌夬(43)		

• "2양 4음"에 속하는 괘를 보니, "감(坎)"이 나왔다. 감(坎)은 29번째 괘(No. 29)이고, 변한 효가 없다. 그래서 숫자로 No. 29-00을 찾아 본다.

習坎, 有孚維心, 亨, 行有尙.
습 감 유 부 유 심 형 행 유 상

감이 되풀이 되나, 믿음이 있으며, 마음을 단단히 묶으니, 형통하고, 가면 숭상을 받는다.

〈점쾌〉

인맥을 유용하게 활용하면, 원하는 것을 얻을 수 있다.

〈리더의 점쾌〉

미뤄왔던 일을 추진해도 승산이 있는 흐름에 접어들고 있다.

〈개별 점쾌〉

No. 29 감 (坎)	상상=매우 좋다. 상중=참 좋다. 상하=좋은 편이다.			중상=제법 괜찮다. 중중=괜찮다. 중하=그럭저럭하다.			하상=별로 좋지 않다. 하중=좋을 것이 없다. 하하=매우 나쁘다.		
29-00	상			중			하		
	상	중	하	상	중	하	상	중	하
소원(행운)		★							
재물(사업)			★						
직장(승진)	★								
건강(컨디션)		★							
연애(결혼)						★			
여행(이동)							★		
분쟁(소송)					★				
계약(매매)						★			

해석 〈점쾌〉는 "인맥을 유용하게 활용하면, 원하는 것을 얻을 수 있다."고 했는데, 〈개별 점쾌〉에서 "계약(매매)" 항목에는 "중하(그럭저럭하다)"이다. 이럴 경우는 〈개별 점쾌〉를 70%, 〈점쾌〉를 30% 합해서 본다.

그래서 손해를 본 것은 아니지만 큰 소득도 아닌, 그럭저럭한 결과를 얻는다. 여기에 인맥의 덕을 본다면, 조금 더 좋은 결과를 얻게 된다. 아마도 평소 인맥이 관건이 되지 않을까 한다.

만일 큰 조직을 끌고 있는 리더라면, 〈리더의 점쾌〉와 〈개별 점쾌〉를 반반씩 합해 본다. 〈리더의 점쾌〉는 "미뤄왔던 일을 추진해도 승산이 있는 흐름에 접어들고 있다"고 한다. 그래서 전체적으로 그럭저럭보다는 좀 더 상승한 결과를 얻는다. 아마 초기에는 큰 소득이 없어도, 좋은 흐름이 지속될 것이라고 보는 것 같다.

◇ 연습2: 변한 효가 1개인 경우

물음 "지금 만나고 있는 여자를 애인으로 삼을 수 있을까요?"

1번째) 동전 3개를 던져 "앞뒤앞"이 나왔다. 이것은 (--)이고, 안변함이다.
2번째) 동전 3개를 던져 "뒤뒤앞"이 나왔다. 이것은 (—)이고, 안변함이다.
3번째) 동전 3개를 던져 "뒤뒤앞"이 나왔다. 이것은 (—)이고, 안변함이다.
4번째) 동전 3개를 던져 "앞앞앞"이 나왔다. 이것은 (—)이고, "변함"이다.
5번째) 동전 3개를 던져 "앞뒤앞"이 나왔다. 이것은 (--)이고, 안변함이다.
6번째) 동전 3개를 던져 "뒤앞앞"이 나왔다. 이것은 (--)이고, 안변함이다.

• 건물의 층수를 세듯 아래에서부터 획을 적어나간다.

순번	효	변함(○) 안변함(×)	괘
6번	--	안변함(×)	
5번	--	안변함(×)	
4번	—	변함(○)	
3번	—	안변함(×)	
2번	—	안변함(×)	
1번	--	안변함(×)	

- 음획의 수와 양획의 수를 센다. 위의 괘는 "3양 3음"의 괘이다. 표에서 괘를 찾으니, 항(恒)이 나왔다. 항(恒)괘는 32번째 괘(No. 32)이고, 4번째 자리의 효가 1개 변했다. 그래서 항의 네 번째 효사, 숫자로 No. 32-04를 본다.

九四. 田无禽.
구 사　전 무 금

구사이다. "밭에 새가 없다."

〈점괘〉

파재(破財)의 위험이 있다.

〈리더의 점괘〉

곳간이 텅 빈 격이니, 절제가 필요하다.

〈개별 점괘〉

No. 32 항 (恒)	상상=매우 좋다. 상중=참 좋다. 상하=좋은 편이다.			중상=제법 괜찮다. 중중=괜찮다. 중하=그럭저럭하다.			하상=별로 좋지 않다. 하중=좋을 것이 없다. 하하=매우 나쁘다.		
32-04	상			중			하		
	상	중	하	상	중	하	상	중	하
소원(행운)								★	
재물(사업)								★	
직장(승진)								★	
건강(컨디션)					★				
연애(결혼)							★		
여행(이동)				★					
분쟁(소송)		★							
계약(매매)		★							

해석 〈점괘〉는 "파재(破財)의 위험이 있다"고 했으며, 〈개별 점괘〉에서 "연애(결혼)"항목에는 "하상(별로 좋지 않다.)"이다. 이 경우도 〈개별 점괘〉를 70%, 〈점괘〉를 30% 합해서 본다.

지금 만나는 여자는 당신의 짝이 아니다. 더욱이 〈점괘〉는 계속 교제했다가는 재물을 잃을 것이라 경고한다. 쓸쓸하나, 어쩔 것인가?

만일 리더라면, 〈리더의 점괘〉와 〈개별 점괘〉를 반반씩 합해 본다. 〈리더의 점괘〉는 "곳간이 텅 빈 격이니, 절제가 필요하다"고 한다. 아무래도 계속 사귀는 것이 좋지 않다고 하는 것 같다. 역시 쓸쓸하나, 어떻게 할 것인가? 그 여자와 자신의 상황을 잘 생각해 보시길.

◇ 연습3: 여러 개의 효가 변할 경우

질문 "남편이 이번 기회에 승진할 수 있을까요?"

1번째) 동전 3개를 던져 "앞앞앞"이 나왔다. 이것은 (一)이고, 변함이다.

2번째) 동전 3개를 던져 "뒤뒤앞"이 나왔다. 이것은 (一)이고, 안변함이다.

3번째) 동전 3개를 던져 "뒤뒤뒤"가 나왔다. 이것은 (--)이고, 변함이다.

4번째) 동전 3개를 던져 "앞앞앞"이 나왔다. 이것은 (一)이고, 변함이다.

5번째) 동전 3개를 던져 "뒤뒤앞"이 나왔다. 이것은 (一)이고, 안변함이다.

6번째) 동전 3개를 던져 "앞앞앞"이 나왔다. 이것은 (一)이고, 변함이다.

- 4개의 효가 변동했다! 역시 건물의 층수를 세듯 아래에서부터 획을 적어나간다.

순번	효	변함(○) 안변함(×)	괘
6번	一	변함(○)	
5번	一	안변함(×)	
4번	一	변함(○)	
3번	--	변함(○)	
2번	一	안변함(×)	
1번	一	변함(○)	

- 음획의 수와 양획의 수를 센다. 위의 괘는 "5양 1음"의 괘이다. 표에서 괘를 찾으니, 리(履)가 나왔다. 리(履)괘는 10번째 괘(No. 10)인데, 1번째, 3번째, 4번째, 6번째 자리의 효가 변했다. 여러 개의 효

가 변할 때는 다음의 절차가 더해진다.

1) 1~6의 숫자를 적은 동전에서 1, 3, 4, 6이 적힌 동전 4개를 뽑는다.

2) 4개의 동전을 잘 섞고, 무심코 하나를 뽑는다. 뽑힌 동전에 적힌 수
   가 변한 효의 자리이다.

• 무심코 3이 적힌 수를 뽑았다.

• 최종 결과는 리(履)괘의 3번째 효사, 숫자로 No.10-03을 본다.

六三. 眇能視, 跛能履. 履虎尾咥人, 凶. 武人爲于大君.
육 삼 묘 능 시 파 능 리 라 호 미 질 인 흉 무 인 위 우 대 군

육삼이다. "애꾸눈이 볼 수 있으며, 절름발이가 걷게 된다. 호랑이 꼬리
를 밟으면 사람을 물 것이니 흉하다. 무인이 대군이 될 것이다."

〈점괘〉

무례(無禮)하게 굴어서는 아무 일도 안 된다.

〈리더의 점괘〉

상황 해결의 열쇠를 적(敵)이 쥔 형국이다.

〈개별 점쾌〉

No. 10 리 (履)	상상=매우 좋다. 상중=참 좋다. 상하=좋은 편이다.			중상=제법 괜찮다. 중중=괜찮다. 중하=그럭저럭하다.			하상=별로 좋지 않다. 하중=좋을 것이 없다. 하하=매우 나쁘다.		
10-03	상			중			하		
	상	중	하	상	중	하	상	중	하
소원(행운)						★			
재물(사업)						★			
직장(승진)							★		
건강(컨디션)								★	
연애(결혼)								★	
여행(이동)								★	
분쟁(소송)									★
계약(매매)									★

해석 〈점쾌〉는 "무례(無禮)하게 굴어서는 아무 일도 안 된다"고 하며, 〈개별 점쾌〉에서 "직장(승진)" 항목에는 "하상(별로 좋지 않다.)"이다. 역시 〈개별 점쾌〉를 70%, 〈점쾌〉를 30% 합해서 본다.

여러 효가 동(動)하면 일이 복잡하다는 것이다. 승진에 관해서 설왕설래가 극심한 형국이다. 이때 무례하거나 예의를 잃으면, 끝장이다. 남편의 자부심을 체크해 보시길, 현재 상황은 좋지 않으나, 상황의 반전까지 포기하지는 말아야 한다.

만일 리더라면, 〈리더의 점쾌〉와 〈개별 점쾌〉를 반반씩 합해 본다. 〈리더의 점쾌〉는 "상황 해결의 열쇠를 적(敵)이 쥔 형국이다"라고 되어 있다. 승진에 관련해서 함께 물망에 오르는 자와 역학관계가 관건이며, 약간 세가 밀리는 것 같다.

〈조견표: 음양의 획으로 보는 괘〉

6양	건乾|1	6음	곤坤|2				
1양 5음	복復|24	사師|7	겸謙|15	예豫|16	비比|8	박剝|23	
2양 4음	림臨|19	승升|46	소과小過|62	췌萃|45	관觀|20	해解|40	감坎|29	몽蒙|4
	명이明夷|36	진震|51	준屯|3	이頤|27	건蹇|39	간艮|52	진晉|35	
3양 3음	태泰|11	귀매歸妹|54	절節|60	손損|41	익益|42	환渙|59	점漸|53	비否|12
	항恒|32	정井|48	고蠱|18	려旅|56	미제未濟|64	서합噬嗑|21		
	풍豐|55	기제既濟|63	비賁|22	함咸|31	곤困|47	수隨|17		
4양 2음	둔遯|33	송訟|6	무망无妄|25	대장大壯|34	수需|5	대축大畜|26	태兌|58	중부中孚|61
	혁革|49	리離|30	가인家人|37	대과大過|28	정鼎|50	손巽|57	규睽|38	
5양 1음	구姤|44	동인同人|13	리履|10	소축小畜|9	대유大有|14	쾌夬|43		

차례

1. 건(乾)

【乾卦第一】

重天乾

1. 중천건

乾, 元亨, 利貞.
건 원형 리정

初九. 潛龍勿用.
초구 잠룡물용

九二. 見龍在田, 利見大人.
구이 현룡재전 리견대인

九三. 君子終日乾乾, 夕惕若, 厲, 无咎.
구삼 군자종일건건 석척약 려 무구

九四. 或躍在淵, 无咎.
구사 흑약재연 무구

九五. 飛龍在天, 利見大人.
구오 비룡재천 리견대인

上九. 亢龍有悔.
상구 항룡유회

用九, 見羣龍, 无首, 吉.
용 구 현 군 룡 무 수 길

乾, 元亨, 利貞.
건 원 형 리 정

"건은 크게 형통하며, 일을 하는 것이 이롭다."

〈점쾌〉

일을 추진해 나가는 것이 이롭다.

〈리더의 점쾌〉

추진하려는 일을 밀어붙여도 승산이 있다.

〈개별 점쾌〉

No. 01 건(乾)	상상=매우 좋다. 상중=참 좋다. 상하=좋은 편이다.			중상=제법 괜찮다 중중=괜찮다. 중하=그럭저럭하다.			하상=별로 좋지 않다. 하중=좋을 것이 없다. 하하=매우 나쁘다.		
01-00	상			중			하		
	상	중	하	상	중	하	상	중	하
소원(행운)		★							
재물(사업)		★							
직장(승진)		★							

건강(컨디션)	★								
연애(결혼)				★					
여행(이동)				★					
분쟁(소송)					★				
계약(매매)					★				

【건-초구】

初九. 潛龍勿用.
초 구 잠 룡 물 용

초구이다. "물속에 잠겨 있는 용이니 쓰지 말라."

〈점괘〉

어떠한 일이든지 계획하고 검토하는 단계이다.

〈리더의 점괘〉

어떤 일이 미숙한 단계이므로, 채근하지 말고, 기다리면, 저력을 발휘
한다.

〈개별 점괘〉

No. 01 건(乾)	상상=매우 좋다. 상중=참 좋다. 상하=좋은 편이다.			중상=제법 괜찮다. 중중=괜찮다. 중하=그럭저럭하다.			하상=별로 좋지 않다. 하중=좋을 것이 없다. 하하=매우 나쁘다.		
01-01	상			중			하		
	상	중	하	상	중	하	상	중	하
소원(행운)			★						
재물(사업)						★			
직장(승진)					★				
건강(컨디션)					★				
연애(결혼)				★					
여행(이동)				★					
분쟁(소송)							★		
계약(매매)								★	

【건-구이】

九二. 見龍在田, 利見大人.
구 이 현 룡 재 전 리 견 대 인

구이이다. "나타난 용이 밭에 있으니, 대인을 보는 것이 이로울 것이다."

〈점괘〉

귀인이 돕는 운을 만났다. 재능을 갖추었다면, 발탁되거나 등용될 수 있다.

현재의 운(運)을 지키고 때를 보는 것이 좋다.

No. 01 건(乾)	상상=매우 좋다. 상중=참 좋다. 상하=좋은 편이다.			중상=제법 괜찮다. 중중=괜찮다. 중하=그럭저럭하다.			하상=별로 좋지 않다. 하중=좋을 것이 없다. 하하=매우 나쁘다.		
01-02	상			중			하		
	상	중	하	상	중	하	상	중	하
소원(행운)			★						
재물(사업)			★						
직장(승진)			★						
건강(컨디션)			★						
연애(결혼)				★					
여행(이동)				★					
분쟁(소송)		★							
계약(매매)		★							

【건-구삼】

九三. 君子終日乾乾, 夕惕若, 厲, 无咎.
구삼 군자종일건건 석척약 려 무구

구삼이다. "군자가 하루종일 쉼 없이 일하고, 저녁에는 근심스러운 듯하니,
위태롭지만, 허물이 없을 것이다."

〈점괘〉

큰 어려움을 겪지는 않지만, 시간 대비 들인 노력과 비용에 비해 결과
가 크지 않다.

〈리더의 점괘〉

추진하는 일이 본 궤도에 오른 것은 아니다. 주위 사람들은 아직 관망
중이다.

〈개별 점괘〉

No. 01 건(乾)	상상=매우 좋다. 상중=참 좋다. 상하=좋은 편이다.			중상=제법 괜찮다. 중중=괜찮다. 중하=그럭저럭하다.			하상=별로 좋지 않다. 하중=좋을 것이 없다. 하하=매우 나쁘다.		
01-03	상			중			하		
	상	중	하	상	중	하	상	중	하
소원(행운)						★			
재물(사업)					★				
직장(승진)						★			
건강(컨디션)				★					
연애(결혼)							★		
여행(이동)				★					
분쟁(소송)					★				
계약(매매)						★			

【건-구사】

九四. 或躍在淵, 无咎.
구 사 흑 약 재 연 무 구

구사이다. "혹 연못에서 뛰기도 하나, 허물이 없을 것이다."

〈점괘〉

현상적으로 불운한 느낌이 있으나, 후일은 그렇지 않으리라.

〈리더의 점괘〉

좋은 운기이나, 일의 성사를 위해 더욱 조심할 때이다.

〈개별 점괘〉

No. 01 건(乾)	상상=매우 좋다. 상중=참 좋다. 상하=좋은 편이다.			중상=제법 괜찮다. 중중=괜찮다. 중하=그럭저럭하다.			하상=별로 좋지 않다. 하중=좋을 것이 없다. 하하=매우 나쁘다.		
01-04	상			중			하		
	상	중	하	상	중	하	상	중	하
소원(행운)				★					
재물(사업)				★					
직장(승진)			★						
건강(컨디션)				★					
연애(결혼)				★					
여행(이동)			★						
분쟁(소송)		★							
계약(매매)		★							

【건-구오】

九五. 飛龍在天, 利見大人
구 오 비 룡 재 천 리 견 대 인

구오이다. "나는 용이 하늘에 있으니, 대인을 만나는 것이 이롭다."

〈점쾌〉

귀인(貴人)이 도와 실제적인 일을 행사한다.

〈리더의 점쾌〉

일을 추진할 수 있는 전권을 가지게 되며, 목표를 향해 진군한다.

〈개별 점쾌〉

No. 01 건(乾)	상상=매우 좋다. 상중=참 좋다. 상하=좋은 편이다.			중상=제법 괜찮다. 중중=괜찮다. 중하=그럭저럭하다.			하상=별로 좋지 않다. 하중=좋을 것이 없다. 하하=매우 나쁘다.		
01-05	상			중			하		
	상	중	하	상	중	하	상	중	하
소원(행운)	★								
재물(사업)	★								
직장(승진)	★								
건강(컨디션)	★								
연애(결혼)			★						
여행(이동)		★							

분쟁(소송)	★							
계약(매매)	★							

【건-상구】

上九. 亢龍有悔.
상구 항룡유회

상구이다. "가장 높이 올라간 용이니, 뉘우침이 있을 것이다."

〈점괘〉

일의 마무리가 틀어져서 낭패를 보게 된다.

〈리더의 점괘〉

추진하던 일에서 더 이상 힘을 행사해서는 안 되는 시점에 도달했다.

〈개별 점괘〉

No. 01 건(乾)	상상=매우 좋다. 상중=참 좋다. 상하=좋은 편이다.			중상=제법 괜찮다. 중중=괜찮다. 중하=그럭저럭하다.			하상=별로 좋지 않다. 하중=좋을 것이 없다. 하하=매우 나쁘다.		
01-06	상			중			하		
	상	중	하	상	중	하	상	중	하
소원(행운)							★		

재물(사업)							★	
직장(승진)							★	
건강(컨디션)						★		
연애(결혼)						★		
여행(이동)						★		
분쟁(소송)							★	
계약(매매)							★	

【건-용구】

用九. 見羣龍, 无首, 吉.
용구 현군룡 무수 길

용구이다. "여러 용들이 나타남에 머리가 없으니 길하다."

〈점괘〉

여럿이서 함께 하면서, 이윤을 내거나 이익을 도모하는 것에 길하다.

〈리더의 점괘〉

뒤로 물러나서 조언하고 배경이 되어 주면 길하다.

〈개별 점괘〉

No. 01 건(乾)	상상=매우 좋다. 상중=참 좋다. 상하=좋은 편이다.			중상=제법 괜찮다. 중중=괜찮다. 중하=그럭저럭하다.			하상=별로 좋지 않다. 하중=좋을 것이 없다. 하하=매우 나쁘다.		
01-07	상			중			하		
	상	중	하	상	중	하	상	중	하
소원(행운)				★					
재물(사업)						★			
직장(승진)							★		
건강(컨디션)					★				
연애(결혼)					★				
여행(이동)					★				
분쟁(소송)						★			
계약(매매)							★		

2. 곤(坤)

【坤卦第二】

重地坤

2. 중지곤

坤, 元, 亨, 利牝馬之貞. 君子有攸往.
곤 원 형 리빈마지정 군자유유왕

先迷, 後得主. 利西南得朋, 東北喪朋. 安貞吉.
선미 후득주 리서남득붕 동북상붕 안정길

初六. 履霜, 堅冰至.
초육 리상 견빙지

六二. 直方, 大不習, 无不利.
육이 직방 대불습 무불리

六三. 含章可貞. 或從王事, 无成有終.
육삼 함장가정 혹종왕사 무성유종

六四. 括囊, 无咎, 无譽.
육사 괄랑 무구 무예

六五. 黃裳, 元吉.
육오 황상 원길

上六. 龍戰于野, 其血玄黃.
상육 용전우야 기혈현황

用六, 利永貞.
용 육 리영정

坤, 元亨, 利牝馬之貞. 君子有攸往. 先迷, 後得主. 利西南得朋, 東北
곤 원형 리빈마지정 군자유유왕 선미 후득주 리서남득붕 동북
喪朋. 安貞吉.
상붕 안정길

곤은 크게 형통할 것이며, 암말을 쓰는 일에 이로울 것이다. 군자가 갈 곳이

있을 것이다. 앞에 서면 혼미하고, 뒤에서면 주인을 얻을 것이다. 서남쪽이

이로우니 친구를 얻을 것이며, 동북쪽에서는 친구를 잃을 것이다. 편안한

일을 하면 길할 것이다.

〈점괘〉

새로운 일을 추진하는 것은 이롭지 않고, 기존의 일을 지속하면 이롭

게 된다.

〈리더의 점괘〉

정책의 효과가 더디게 나타나더라도 조급하게 굴지 말라.

No. 02 곤(坤)	상상=매우 좋다. 상중=참 좋다. 상하=좋은 편이다.			중상=제법 괜찮다. 중중=괜찮다. 중하=그럭저럭하다.			하상=별로 좋지 않다. 하중=좋을 것이 없다. 하하=매우 나쁘다.		
02-00	상			중			하		
	상	중	하	상	중	하	상	중	하
소원(행운)			★						
재물(사업)		★							
직장(승진)						★			
건강(컨디션)		★							
연애(결혼)			★						
여행(이동)			★						
분쟁(소송)					★				
계약(매매)						★			

【곤-초육】

初六. 履霜, 堅冰至.
초 육 리 상 견 빙 지

초육이다. "서리를 밟았으니, 단단한 얼음이 이르게 될 것이다."

〈점괘〉

새로운 일을 하려는 사람은 지체가 예상된다.

<**리더의 점괘**>

점진적인 계획을 세워서 진행해야 한다.

<**개별 점괘**>

No. 02 곤(坤)	상상=매우 좋다. 상중=참 좋다. 상하=좋은 편이다.			중상=제법 괜찮다. 중중=괜찮다. 중하=그럭저럭하다.			하상=별로 좋지 않다. 하중=좋을 것이 없다. 하하=매우 나쁘다.		
02-01	상			중			하		
	상	중	하	상	중	하	상	중	하
소원(행운)							★		
재물(사업)							★		
직장(승진)							★		
건강(컨디션)						★			
연애(결혼)							★		
여행(이동)						★			
분쟁(소송)							★		
계약(매매)								★	

【곤-육이】

六二. 直方, 大不習, 无不利.
육 이 직 방 대 불 습 무 불 리

육이이다. "곧게 하고 방정하게 하지만, 강직함이 거듭되지 않으니 이롭지

않음이 없다."

〈점괘〉

친한 사람들과 일시적으로 소원하게 되나, 귀인을 만난다.

〈리더의 점괘〉

포용하는 리더십이 필요한 때이다. 그렇지 않으면 고립된다.

〈개별 점괘〉

No. 02 곤(坤)	상상=매우 좋다. 상중=참 좋다. 상하=좋은 편이다.			중상=제법 괜찮다. 중중=괜찮다. 중하=그럭저럭하다.			하상=별로 좋지 않다. 하중=좋을 것이 없다. 하하=매우 나쁘다.		
02-02	상			중			하		
	상	중	하	상	중	하	상	중	하
소원(행운)		★							
재물(사업)			★						
직장(승진)		★							
건강(컨디션)		★							
연애(결혼)		★							
여행(이동)				★					
분쟁(소송)			★						
계약(매매)				★					

【곤-육삼】

六三. 含章可貞. 或從王事, 无成有終.
육 삼 함 창 가 정 혹 종 왕 사 무 성 유 종

육삼이다. "문장을 안으로 품고 있으니, 일을 맡아 처리할 수 있다. 혹 임금의 일에 종사할 수도 있는데, 성취는 없으나 일을 마칠 수는 있다."

〈점괘〉

공을 이루기에는 아직 성숙하지 못하다.

〈리더의 점괘〉

득세(得勢)하지 못했으니, 가까운 훗날을 기대하라.

〈개별 점괘〉

No. 02 곤(坤)	상상=매우 좋다. 상중=참 좋다. 상하=좋은 편이다.			중상=제법 괜찮다. 중중=괜찮다. 중하=그럭저럭하다.			하상=별로 좋지 않다. 하중=좋을 것이 없다. 하하=매우 나쁘다.		
02-03	상			중			하		
	상	중	하	상	중	하	상	중	하
소원(행운)							★		
재물(사업)						★			
직장(승진)		★							
건강(컨디션)		★							
연애(결혼)	★								
여행(이동)			★						
분쟁(소송)				★					
계약(매매)					★				

【곤-육사】

六四. 括囊, 无咎, 无譽.
육 사 괄 낭 무 구 무 예

육사이다. "주머니를 묶는데, 허물도 없지만, 명예도 없다."

〈점괘〉

구설(口舌)이 있으며, 지인들이 떠날 수 있다.

〈리더의 점괘〉

선의가 오인되어 비난을 받는다.

〈개별 점괘〉

No. 02 곤(坤)	상상=매우 좋다. 상중=참 좋다. 상하=좋은 편이다.			중상=제법 괜찮다. 중중=괜찮다. 중하=그럭저럭하다.			하상=별로 좋지 않다. 하중=좋을 것이 없다. 하하=매우 나쁘다.		
02-04	상			중			하		
	상	중	하	상	중	하	상	중	하
소원(행운)							★		
재물(사업)					★				
직장(승진)						★			
건강(컨디션)					★				
연애(결혼)							★		
여행(이동)								★	

								★	
분쟁(소송)								★	
계약(매매)								★	

【곤-육오】

六五. 黃裳, 元吉.
육 오 황 상 원 길

육오이다. "누런 치마이니, 크게 길하다."

〈점괘〉

뜻을 같이 하는 사람들이 모여들어 새로운 일을 시작하게 된다.

〈리더의 점괘〉

외유내강(外柔內剛)의 리더십을 발휘하는 것이 좋다.

〈개별 점괘〉

No. 02 곤(坤)	상상=매우 좋다. 상중=참 좋다. 상하=좋은 편이다.			중상=제법 괜찮다. 중중=괜찮다. 중하=그럭저럭하다.			하상=별로 좋지 않다. 하중=좋을 것이 없다. 하하=매우 나쁘다.		
02-05	상			중			하		
	상	중	하	상	중	하	상	중	하
소원(행운)		★							

재물(사업)	★							
직장(승진)	★							
건강(컨디션)	★							
연애(결혼)	★							
여행(이동)		★						
분쟁(소송)	★							
계약(매매)	★							

【곤-상육】

上六. 龍戰于野, 其血玄黃.
상 육 용 전 우 야   기 혈 현 황

상육이다. "용이 들판에서 싸우니, 그 피가 검고 누렇다."

〈점괘〉

횡액(橫厄)을 겪으나, 적선(積善)의 공이 있다면 일신(一身)은 지킬 수 있다.

〈리더의 점괘〉

추진하고 있는 일이 좌초하니, 당장은 하늘에 비는 수밖에 없다.

No. 02 곤(坤)	상상=매우 좋다. 상중=참 좋다. 상하=좋은 편이다.			중상=제법 괜찮다. 중중=괜찮다. 중하=그럭저럭하다.			하상=별로 좋지 않다. 하중=좋을 것이 없다. 하하=매우 나쁘다.		
02-06	상			중			하		
	상	중	하	상	중	하	상	중	하
소원(행운)								★	
재물(사업)									★
직장(승진)									★
건강(컨디션)									★
연애(결혼)									★
여행(이동)								★	
분쟁(소송)								★	
계약(매매)								★	

【곤-용육】

用六. 利永貞.
용 육 리 영 정

용육이다. "시간이 걸리는 일은 이롭다."

〈점괘〉

요행수가 아니거든, 인내하면 빛을 보리라.

〈리더의 점괘〉

대계(大計)를 가진 자에게는 실패의 한 고리도 목표를 이루기 위한 과정이다.

〈개별 점괘〉

No. 02 곤(坤)	상상=매우 좋다. 상중=참 좋다. 상하=좋은 편이다.			중상=제법 괜찮다. 중중=괜찮다. 중하=그럭저럭하다.			하상=별로 좋지 않다. 하중=좋을 것이 없다. 하하=매우 나쁘다.		
02-07	상			중			하		
	상	중	하	상	중	하	상	중	하
소원(행운)			★						
재물(사업)			★						
직장(승진)					★				
건강(컨디션)			★						
연애(결혼)					★				
여행(이동)							★		
분쟁(소송)								★	
계약(매매)								★	

3. 준(屯)

【屯卦第三】   3. 수뢰준

屯, 元亨, 利貞. 勿用有攸往, 利建侯.
준 원형 리정 물용유유왕 리건후

水雷屯

初九. 磐桓, 利居貞, 利建侯.
초구 반환 리거정 리건후

六二. 屯如, 邅如. 乘馬班如. 匪寇婚媾. 女子貞不字, 十年乃字.
육이 준여 전여 승마반여 비구혼구 여자정부자 십년내자

六三. 卽鹿无虞, 惟入于林中. 君子幾, 不如舍. 往吝.
육삼 즉록무우 유입우림중 군자기 불여사 왕린

六四. 乘馬班如. 求婚媾往, 吉, 无不利.
육사 승마반여 구혼구왕 길 무불리

九五. 屯其膏. 小貞吉, 大貞凶.
구오 준기고 소정길 대정흉

上六. 乘馬班如. 泣血漣如.
상육 승마반여 읍혈연여

【준-단】

屯, 元亨, 利貞. 勿用有攸往, 利建侯.
준 원형 리정 물용유유왕 리건후

준은 크게 형통하고 일을 하는 것이 이롭다. 갈 바가 있어도 가지 말며, 제후를 세우는 것이 이롭다.

〈점괘〉

새로운 일은 뜻에 그칠 뿐 실현될 수 있는 힘이 아직 부족하다.

〈리더의 점괘〉

참신하고 혁신적인 계획은 은밀하게 진행해야 목적을 이룰 수 있다.

〈개별 점괘〉

No. 03 준(屯)	상상=매우 좋다. 상중=참 좋다. 상하=좋은 편이다.			중상=제법 괜찮다. 중중=괜찮다. 중하=그럭저럭하다.			하상=별로 좋지 않다. 하중=좋을 것이 없다. 하하=매우 나쁘다.		
03-01 단사	상			중			하		
	상	중	하	상	중	하	상	중	하
소원(행운)					★				
재물(사업)						★			
직장(승진)						★			
건강(컨디션)					★				
연애(결혼)					★				

						여행(이동)			
여행(이동)						★			
분쟁(소송)								★	
계약(매매)							★		

【준-초구】

初九. 磐桓, 利居貞, 利建侯.
초 구 반 환 리 거 정 리 건 후

초구이다. "절름발이가 걷듯이 머뭇거리지만, 거처를 옮기는 일을 하는 것
이 이로우며, 제후를 세우는 것이 이롭다."

〈점괘〉

어려움이 있지만, 쇠퇴하는 어려움이 아니라, 전진하는 어려움이다.

〈리더의 점괘〉

노고를 다하는 시기이다. 수하(手下)가 기쁘다면, 리더도 기쁘다.

No. 03 준(屯)	상상=매우 좋다. 상중=참 좋다. 상하=좋은 편이다.			중상=제법 괜찮다. 중중=괜찮다. 중하=그럭저럭하다.			하상=별로 좋지 않다. 하중=좋을 것이 없다. 하하=매우 나쁘다.		
03-01	상			중			하		
	상	중	하	상	중	하	상	중	하
소원(행운)					★				
재물(사업)						★			
직장(승진)							★		
건강(컨디션)				★					
연애(결혼)						★			
여행(이동)								★	
분쟁(소송)								★	
계약(매매)								★	

【준-육이】

六二. 屯如, 邅如. 乘馬班如. 匪寇婚媾. 女子貞不字, 十年乃字.
육 이 준 여 전 여 승 마 반 여 비 구 혼 구 여 자 정 부 자 십 년 내 자

육이이다. "준의 험난함처럼 머뭇거리며 방황하는구나. 말을 타고 되돌아오는 듯하다. 도적이 아니라 혼인을 맺고자 한다. 여자가 정절을 지켜 자식을 낳아 기르지 못하다가, 십년만에 자식을 낳아 기르게 된다."

〈점괘〉

긴 시간을 고통 속에서 보냈지만, 귀인의 인도로 성취를 맛본다.

〈리더의 점괘〉

감정과 직관, 포용과 이해의 여성적 리더십을 더 연마하라.

〈개별 점괘〉

No. 03 준(屯)	상상=매우 좋다. 상중=참 좋다. 상하=좋은 편이다.			중상=제법 괜찮다. 중중=괜찮다. 중하=그럭저럭하다.			하상=별로 좋지 않다. 하중=좋을 것이 없다. 하하=매우 나쁘다.		
03-02	상			중			하		
	상	중	하	상	중	하	상	중	하
소원(행운)		★							
재물(사업)				★					
직장(승진)					★				
건강(컨디션)					★				
연애(결혼)			★						
여행(이동)							★		
분쟁(소송)							★		
계약(매매)							★		

【준-육삼】

六三. 即鹿无虞, 惟入于林中. 君子幾, 不如舍. 往吝.
육 삼 즉 록 무 우 유 입 우 림 중 군 자 기 불 여 사 왕 린

육삼이다. "사슴을 쫓는데 산지기가 없으니, 그가 숲 속으로 들어갔기 때문이다. 군자는 기미를 잘 알아서, 쫓는 짐승을 놓아주는 것만 못하다. 계속 나아간다면 인색하게 된다."

〈점괘〉

새로운 일이 위험이 되는 것은 사려가 부족했기 때문이다.

〈리더의 점괘〉

참모들의 의견을 수렴하고, 가급적 결단의 시기를 늦춰라.

〈개별 점괘〉

No. 03 준(屯)	상상=매우 좋다. 상중=참 좋다. 상하=좋은 편이다.			중상=제법 괜찮다. 중중=괜찮다. 중하=그럭저럭하다.			하상=별로 좋지 않다. 하중=좋을 것이 없다. 하하=매우 나쁘다.		
03-03	상			중			하		
	상	중	하	상	중	하	상	중	하
소원(행운)								★	
재물(사업)								★	
식상(승신)								★	
건강(컨디션)								★	
연애(결혼)								★	
여행(이동)								★	
분쟁(소송)								★	
계약(매매)								★	

六四. 乘馬班如. 求婚媾往, 吉, 无不利.
육사 승마반여 구혼구왕 길 무불리

육사이다. "말을 타고 돌아온다. 혼인할 짝을 구하여 나아간다면 길하여, 이롭지 않음이 없을 것이다."

⟨점괘⟩

가만히 있지 말고 구하고 찾아야 이롭다.

⟨리더의 점괘⟩

발전을 도모하기 위해 도움을 구할 때이다.

⟨개별 점괘⟩

No. 03 준(屯)	상상=매우 좋다. 상중=참 좋다. 상하=좋은 편이다.			중상=제법 괜찮다. 중중=괜찮다. 중하=그럭저럭하다.			하상=별로 좋지 않다. 하중=좋을 것이 없다. 하하=매우 나쁘다.		
03-04	상			중			하		
	상	중	하	상	중	하	상	중	하
소원(행운)		★							
재물(사업)		★							
직장(승진)			★						
건강(컨디션)		★							
연애(결혼)		★							

여행(이동)	★						
분쟁(소송)	★						
계약(매매)		★					

【준-구오】

九五. 屯其膏. 小貞吉, 大貞凶.
구오 준기고 소정길 대정흉

구오이다. "그 혜택을 인색하게 베푼다. 작은 일에는 길하나, 큰 일에는 흉
하다."

〈점괘〉

작은 일은 되나, 큰 일에는 오히려 불리하다.

〈리더의 점괘〉

구태의연(舊態依然)하다면 성취하기는 어렵다.

No. 03 준(屯)	상상=매우 좋다. 상중=참 좋다. 상하=좋은 편이다.			중상=제법 괜찮다. 중중=괜찮다. 중하=그럭저럭하다.			하상=별로 좋지 않다. 하중=좋을 것이 없다. 하하=매우 나쁘다.		
03-05	상			중			하		
	상	중	하	상	중	하	상	중	하
소원(행운)							★		
재물(사업)						★			
직장(승진)						★			
건강(컨디션)					★				
연애(결혼)								★	
여행(이동)						★			
분쟁(소송)							★		
계약(매매)							★		

【준-상육】

上六. 乘馬班如. 泣血漣如.
상 육 승 마 반 여   읍 혈 연 여

상육이다. "말을 타고 돌아온다. 피눈물이 줄줄 흐른다."

〈점괘〉

갈등이 오래 간다.

〈리더의 점괘〉

고초를 겪고 손해가 심하다.

〈개별 점괘〉

No. 03 준(屯)	상상=매우 좋다. 상중=참 좋다. 상하=좋은 편이다.			중상=제법 괜찮다. 중중=괜찮다. 중하=그럭저럭하다.			하상=별로 좋지 않다. 하중=좋을 것이 없다. 하하=매우 나쁘다.		
03-06	상			중			하		
	상	중	하	상	중	하	상	중	하
소원(행운)								★	
재물(사업)								★	
직장(승진)							★		
건강(컨디션)							★		
연애(결혼)									★
여행(이동)								★	
분쟁(소송)								★	
계약(매매)								★	

4. 몽(蒙)

【蒙卦第四】

山水蒙

4. 산수몽

蒙, 亨. 匪我求童蒙, 童蒙求我.
몽 형 비아구동몽 동몽구아

初筮告, 再三瀆, 瀆則不告. 利貞.
초서고 재삼독 독즉불고 리정

初六. 發蒙. 利用刑人, 用說桎梏. 以往吝.
초육 발몽 리용형인 용탈질곡 이왕린

九二. 包蒙, 吉. 納婦, 吉. 子克家.
구이 포몽 길 납부 길 자극가

六三. 勿用. 取女見金, 夫不有躬, 无攸利.
육삼 물용 취녀견금 부불유궁 무유리

六四. 困蒙, 吝.
육사 곤몽 린

六五. 童蒙, 吉.
유오 동몽 길

上九. 擊蒙, 不利爲寇, 利禦寇.
상구 격몽 불리위구 리어구

【몽-단】

蒙, 亨. 匪我求童蒙, 童蒙求我. 初筮告, 再三瀆, 瀆則不告. 利貞.
몽 형 비 아 구 동 몽 동 몽 구 아 초 서 고 재 삼 독 독 즉 불 고 리 정

몽은 형통함이다. 내가 동몽을 구하는 것이 아니라, 동몽이 나를 구하는 것이다. 처음 점치면 알려주나, 두 번 세 번 점을 치면 이는 신을 모독한 것이니, 이러면 신은 알려주지 않는다. 일을 맡아 처리하면 이롭다.

〈점괘〉

귀인을 만나기는 하지만, 큰 도움을 얻기에는 아직 시기상조이다.

〈리더의 점괘〉

심사숙고가 결여된 예단(豫斷)을 하면, 낭패를 본다.

〈개별 점괘〉

No. 04 몽(蒙)	상상=매우 좋다. 상중=참 좋다. 상하=좋은 편이다.			중상=제법 괜찮다. 중중=괜찮다. 중하=그럭저럭하다.			하상=별로 좋지 않다. 하중=좋을 것이 없다. 하하=매우 나쁘다		
04-00	상			중			하		
	상	중	하	상	중	하	상	중	하
소원(행운)							★		
재물(사업)					★				
직장(승진)						★			
건강(컨디션)						★			

연애(결혼)					★			
여행(이동)					★			
분쟁(소송)							★	
계약(매매)							★	

【몽-초육】

初六. 發蒙. 利用刑人, 用說桎梏. 以往吝.
초육 발몽 리용형인 용탈질곡 이왕린

초육이다. "어리석음을 개발한다. 죄인에게 이로우니, 족쇄와 수갑을 벗겨

낸다. 가더라도 인색하다."

〈점괘〉

연장자에게 조언을 구하는 것부터 시작하라.

〈리더의 점괘〉

원칙에 의거한 기강(紀綱)을 세울 때이다.

No. 04 몽(蒙)	상상=매우 좋다. 상중=참 좋다. 상하=좋은 편이다.			중상=제법 괜찮다. 중중=괜찮다. 중하=그럭저럭하다.			하상=별로 좋지 않다. 하중=좋을 것이 없다. 하하=매우 나쁘다.		
04-01	상			중			하		
	상	중	하	상	중	하	상	중	하
소원(행운)				★					
재물(사업)							★		
직장(승진)					★				
건강(컨디션)				★					
연애(결혼)						★			
여행(이동)						★			
분쟁(소송)		★							
계약(매매)					★				

【몽-구이】

九二. 包蒙. 吉. 納婦. 吉. 子克家.
구 이 포 몽 길 납 부 길 자 극 가

구이이다. "어리석음을 포용하니 길하다. 부인을 맞이하니 길하다. 자식이 가정을 다스린다."

〈점괘〉

부모의 행실이 반듯하니, 어린 것들도 이를 따라 하는 격이다.

관용과 용서의 리더십이 더 큰 공을 이룰 것이다.

〈개별 점괘〉

No. 04 몽(蒙)	상상=매우 좋다. 상중=참 좋다. 상하=좋은 편이다.			중상=제법 괜찮다. 중중=괜찮다. 중하=그럭저럭하다.			하상=별로 좋지 않다. 하중=좋을 것이 없다. 하하=매우 나쁘다.		
04-02	상			중			하		
	상	중	하	상	중	하	상	중	하
소원(행운)			★						
재물(사업)			★						
직장(승진)		★							
건강(컨디션)		★							
연애(결혼)	★								
여행(이동)								★	
분쟁(소송)			★						
계약(매매)				★					

【몽-육삼】

六三. 勿用. 取女見金, 夫不有躬, 无攸利.
육삼 물용 취녀견금 부불유궁 무유리

육삼이다. "아내로 들여서는 안 된다. 여자를 얻고 재물을 맛보더라도, 지아

비는 몸 둘 곳이 없으며, 이로울 바가 없다."

〈점괘〉

사리에 어두우면, 드세거나 어리석기 쉽다.

〈리더의 점괘〉

음식(飮食)과 남녀(男女)는 도(道)의 시작이다.

〈개별 점괘〉

No. 04 몽(蒙)	상상=매우 좋다. 상중=참 좋다. 상하=좋은 편이다.			중상=제법 괜찮다. 중중=괜찮다. 중하=그럭저럭하다.			하상=별로 좋지 않다. 하중=좋을 것이 없다. 하하=매우 나쁘다.		
04-03	상			중			하		
	상	중	하	상	중	하	상	중	하
소원(행운)				★					
재물(사업)			★						
직장(승진)			★						
건강(컨디션)				★					
연애(결혼)								★	
여행(이동)							★		
분쟁(소송)							★		
계약(매매)							★		

【몽-육사】

六四. 困蒙, 吝.
육 사 곤 몽 린

육사이다. "어리석음으로 곤란하게 되었는데도, 인색하다."

〈점괘〉

인간관계의 일천(一淺)함이 화를 부를 수 있다.

〈리더의 점괘〉

자신을 알고 나야, 세상이 보인다.

〈개별 점괘〉

No. 04 몽(蒙)	상상=매우 좋다. 상중=참 좋다. 상하=좋은 편이다.			중상=제법 괜찮다. 중중=괜찮다. 중하=그럭저럭하다.			하상=별로 좋지 않다. 하중=좋을 것이 없다. 히히=매우 나쁘다.		
04-04	상			중			하		
	상	중	하	상	중	하	상	중	하
소원(행운)								★	
재물(사업)							★		
직장(승진)						★			
건강(컨디션)					★				
연애(결혼)						★			
여행(이동)								★	
분쟁(소송)								★	
계약(매매)								★	

【몽-육오】

六五. 童蒙, 吉.
육 오　동 몽　길

육오이다. "어린이가 모시고 있으니 길하다."

〈점괘〉

새로운 일을 시작하거나, 마음을 고쳐먹고 초발심을 돌이켜 볼 때도 길하다.

〈리더의 점괘〉

아랫사람을 더욱 포용하는 것이 필요하다.

〈개별 점괘〉

No. 04 몽(蒙)	상상=매우 좋다. 상중=참 좋다. 상하=좋은 편이다.			중상=제법 괜찮다. 중중=괜찮다. 중하=그럭저럭하다.			하상=별로 좋지 않다. 하중=좋을 것이 없다. 하하=매우 나쁘다.		
04 05	상			중			하		
	상	중	하	상	중	하	상	중	하
소원(행운)					★				
재물(사업)						★			
직장(승진)					★				
건강(컨디션)					★				
연애(결혼)		★							

							★	
여행(이동)							★	
분쟁(소송)								★
계약(매매)							★	

【몽-상구】

上九. 擊蒙, 不利爲寇, 利禦寇.
상 구 격 몽 불 리 위 구 리 어 구

상구이다. "어리석음을 쳐부수니, 도적에게는 불리하지만 도적을 막는데는
이롭다."

〈점괘〉

똘똘 뭉쳐야 외부의 환란을 극복한다.

〈리더의 점괘〉

리더와 일원이 합심하여 적을 물리치는 기상이 있다.

〈개별 점괘〉

No. 04 몽(蒙)	상상=매우 좋다. 상중=참 좋다. 상하=좋은 편이다.			중상=제법 괜찮다. 중중=괜찮다. 중하=그럭저럭하다.			하상=별로 좋지 않다. 하중=좋을 것이 없다. 하하=매우 나쁘다.		
04-06	상			중			하		
	상	중	하	상	중	하	상	중	하
소원(행운)		★							
재물(사업)	★								
직장(승진)			★						
건강(컨디션)		★							
연애(결혼)						★			
여행(이동)		★							
분쟁(소송)		★							
계약(매매)			★						

5. 수(需)

水天需

5. 수천수

需, 有孚, 光亨, 貞吉, 利涉大川.
수 유부 광형 정길 리섭대천

初九. 需于郊. 利用恒, 无咎.
초구 수우교 리용항 무구

九二. 需于沙. 小有言, 終吉.
구이 수우사 소유언 종길

九三. 需于泥, 致寇至.
구삼 수우니 치구지

六四. 需于血. 出自穴.
육사 수우혈 출자혈

九五. 需于酒食, 貞吉.
구오 수우주식 정길

上六. 入于穴. 有不速之客三人來. 敬之, 終吉.
상육 입우혈 유불속지객삼인래 경지 종길

【수-단】

需, 有孚, 光亨, 貞吉, 利涉大川.
수 유부 광형 정길 리섭대천

수는 믿음이 있으니 빛나고 형통하며, 일을 맡아 처리함이 길하니, 큰 내를 건너는 것이 이롭다.

〈점괘〉

믿음을 가지고 일보(一步)를 내디뎌라.

〈리더의 점괘〉

난국을 타개할 비전을 제시할 때이다.

〈개별 점괘〉

No. 05 수(需)	상상=매우 좋다. 상중=참 좋다. 상하=좋은 편이다.			중상=제법 괜찮다. 중중=괜찮다. 중하=그럭저럭하다.			하상=별로 좋지 않다. 하중=좋을 것이 없다. 하하=매우 나쁘다.		
05-00	상			중			하		
	상	중	하	상	중	하	상	중	하
소원(행운)			★						
재물(사업)				★					
직장(승진)			★						
건강(컨디션)				★					
연애(결혼)					★				

				★					
여행(이동)				★					
분쟁(소송)					★				
계약(매매)						★			

【수-초구】

初九. 需于郊. 利用恒, 无咎.
초구 수우교 리용항 무구

초구이다. "교외에서 천명을 기다린다. 항상됨을 지키는 것이 이로우니, 허물이 없다."

〈점괘〉

변화보다는 안정을 선택하는 것이 이롭다.

〈리더의 점괘〉

새로운 원칙을 제시하지 말고, 이전의 원칙을 강조한다.

No. 05 수(需)	상상=매우 좋다. 상중=참 좋다. 상하=좋은 편이다.			중상=제법 괜찮다. 중중=괜찮다. 중하=그럭저럭하다.			하상=별로 좋지 않다. 하중=좋을 것이 없다. 하하=매우 나쁘다.		
05-01	상			중			하		
	상	중	하	상	중	하	상	중	하
소원(행운)			★						
재물(사업)			★						
직장(승진)		★							
건강(컨디션)		★							
연애(결혼)					★				
여행(이동)				★					
분쟁(소송)					★				
계약(매매)						★			

【수-구이】

九二. 需于沙. 小有言, 終吉.
구 이   수 우 사   소 유 언   종 길

구이이다. "모래밭에서 기다린다. 조금 구설이 따르나, 끝은 길하다."

〈점괘〉

내면의 심지(心志)를 굳게 가져서 행동하는 것이 옳다.

〈리더의 점괘〉

때를 기다리니 길하다.

〈개별 점괘〉

No. 05 수(需)	상상=매우 좋다. 상중=참 좋다. 상하=좋은 편이다.			중상=제법 괜찮다. 중중=괜찮다. 중하=그럭저럭하다.			하상=별로 좋지 않다. 하중=좋을 것이 없다. 하하=매우 나쁘다.		
05-02	상			중			하		
	상	중	하	상	중	하	상	중	하
소원(행운)					★				
재물(사업)					★				
직장(승진)						★			
건강(컨디션)					★				
연애(결혼)							★		
여행(이동)							★		
분쟁(소송)								★	
계약(매매)								★	

【수-구삼】

九三. 需于泥. 致寇至.
구삼 수우니 치구지

구삼이다. "진흙에서 기다린다. 도적을 불러들인다."

〈점괘〉

생각지 못한 상황에 직면한다.

〈리더의 점괘〉

예상하지 않은 상황으로 인해 혼란에 빠진다.

〈개별 점괘〉

No. 05 수(需)	상상=매우 좋다. 상중=참 좋다. 상하=좋은 편이다.			중상=제법 괜찮다. 중중=괜찮다. 중하=그럭저럭하다.			하상=별로 좋지 않다. 하중=좋을 것이 없다. 하하=매우 나쁘다.		
05-03	상			중			하		
	상	중	하	상	중	하	상	중	하
소원(행운)							★		
재물(사업)								★	
직장(승진)								★	
건강(컨디션)								★	
연애(결혼)						★			
여행(이동)								★	
분쟁(소송)								★	
계약(매매)								★	

【수-육사】

六四. 需于血. 出自穴.
육 사　수 우 혈　출 자 혈

육사이다. "피를 흘리며 천명을 기다린다. 구덩이에서 탈출한다."

〈점괘〉

막 위험에서 나오니, 자세를 정비한다.

〈리더의 점괘〉

관련 분야의 전문가나 원로들의 자문을 많이 경청한다.

〈개별 점괘〉

No. 05 수(需)	상상=매우 좋다. 상중=참 좋다. 상하=좋은 편이다.			중상=제법 괜찮다. 중중=괜찮다. 중하=그럭저럭하다.			하상=별로 좋지 않다. 하중=좋을 것이 없다. 하하=매우 나쁘다.		
05-04	상			중			하		
	상	중	하	상	중	하	상	중	하
소원(행운)			★						
재물(사업)					★				
직장(승진)						★			
건강(컨디션)				★					
연애(결혼)							★		
여행(이동)						★			
분쟁(소송)					★				
계약(매매)					★				

【수-구오】

九五. 需于酒食, 貞吉.
구 오 수 우 주 식 정 길

구오이다. "술과 음식을 기다리니, 일을 맡아 처리하면 길하다."

〈점괘〉

어떤 일을 하더라도 처음부터 끝까지 순조롭다.

〈리더의 점괘〉

조직 전체가 순풍을 타고 목적지에 이른다.

〈개별 점괘〉

No. 05 수(需)	상상=매우 좋다. 상중=참 좋다. 상하=좋은 편이다.			중상=제법 괜찮다. 중중=괜찮다. 중하=그럭저럭하다.			하상=별로 좋지 않다. 하중=좋을 것이 없다. 하하=매우 나쁘다.		
05-05	상			중			하		
	상	중	하	상	중	하	상	중	하
소원(행운)		★							
재물(사업)		★							
직장(승진)			★						
건강(컨디션)		★							
연애(결혼)		★							
여행(이동)			★						

분쟁(소송)				★					
계약(매매)					★				

【수-상육】

上六. 入于穴. 有不速之客三人來. 敬之, 終吉.
상 육 입 우 혈 유 불 속 지 객 삼 인 래 경 지 종 길

상육이다. "구멍에 들어간다. 초대받지 않은 손님이 셋 온다. 그들을 공경하면, 마침내 길하다."

〈점괘〉

우연히 만난 사람이 귀인이 된다.

〈리더의 점괘〉

이전의 관계를 청산하고, 상대를 재평가하라.

〈개별 점괘〉

No. 05 수(需)	상상=매우 좋다. 상중=참 좋다. 상하=좋은 편이다.			중상=제법 괜찮다. 중중=괜찮다. 중하=그럭저럭하다.			하상=별로 좋지 않다. 하중=좋을 것이 없다. 하하=매우 나쁘다.		
05-06	상			중			하		
	상	중	하	상	중	하	상	중	하
소원(행운)					★				
재물(사업)						★			
직장(승진)						★			
건강(컨디션)							★		
연애(결혼)					★				
여행(이동)						★			
분쟁(소송)							★		
계약(매매)						★			

6. 송(訟)

【訟卦第六】

6. 천수송

天水訟

訟, 有孚, 窒惕中, 吉. 終凶. 利見大人, 不利涉大川.
송 유부 질척중 길 종흉 리견대인 불리섭대천

初六. 不永所事. 小有言, 終吉.
초육 불영소사 소유언 종길

九二. 不克訟, 歸而逋. 其邑人三百戶, 无眚.
구이 불극송 귀이포 기읍인삼백호 무생

六三. 食舊德, 貞厲, 終吉. 或從王事, 无成.
육삼 식구덕 정려 종길 혹종왕사 무성

九四. 不克訟. 復卽命. 渝, 安貞吉.
구사 불극송 복즉명 투 안정길

九五. 訟, 元吉.
구오 송 원길

上九. 或錫之鞶帶, 終朝三褫之.
상구 혹석지반대 종조삼치지

【송-단】

訟, 有孚, 窒惕中, 吉, 終凶. 利見大人, 不利涉大川.
송　유부　질척중　길　종흉　리견대인　불리섭대천

송은 믿음이 있으며, 성실한 마음을 가득 채워 두려워하니, 길하지만 끝내
는 흉하다. 대인을 보는 것이 이롭고, 큰 내를 건너는 것은 이롭지 않다.

〈점괘〉

불화(不和)의 와중에 놓이게 되나, 귀인의 조력이 있으니, 매사 경청하라.

〈리더의 점괘〉

시비(是非)의 분별이라는 합리주의의 덫에 걸리기 쉽다.

〈개별 점괘〉

No. 06 송(訟)	상상=매우 좋다. 상중=참 좋다. 상하=좋은 편이다.			중상=제법 괜찮다. 중중=괜찮다. 중하=그럭저럭하다.			하상=별로 좋지 않다. 하중=좋을 것이 없다. 하하=매우 나쁘다.		
06-00	상			중			하		
	상	중	하	상	중	하	상	중	하
소원(행운)							★		
재물(사업)						★			
직장(승진)					★				
건강(컨디션)							★		
연애(결혼)								★	

여행(이동)							★	
분쟁(소송)								★
계약(매매)							★	

【송-초구】

初六. 不永所事. 小有言, 終吉.
초 육 불 영 소 사 소 유 언 종 길

초구이다. "송사를 오래 끌지 말라. 조금은 구설이 따르나, 끝은 길하다."

〈점괘〉

분쟁을 속히 결정지어야 한다.

〈리더의 점괘〉

과감한 결단이 최선이다.

〈개별 점괘〉

No. 06 송(訟)	상상=매우 좋다. 상중=참 좋다. 상하=좋은 편이다.			중상=제법 괜찮다. 중중=괜찮다. 중하=그럭저럭하다.			하상=별로 좋지 않다. 하중=좋을 것이 없다. 하하=매우 나쁘다.		
06-01	상			중			하		
	상	중	하	상	중	하	상	중	하
소원(행운)			★						

재물(사업)			★				
직장(승진)				★			
건강(컨디션)				★			
연애(결혼)					★		
여행(이동)				★			
분쟁(소송)		★					
계약(매매)			★				

【송-구이】

九二. 不克訟, 歸而逋. 其邑人三百户, 无眚.
구이 불극송 귀이포 기읍인삼백호 무생

구이이다. "송사를 이길 수 없어서, 돌아와서 도망간다. 그 마을의 삼백 호에
는 재앙이 없다."

〈점괘〉

자신의 분수를 지키고, 정당성이 없는 일에 간여하지 말라.

〈리더의 점괘〉

원칙(原則)도 있지만, 변칙(變則)도 있다.

No. 06 송(訟)	상상=매우 좋다. 상중=참 좋다. 상하=좋은 편이다.			중상=제법 괜찮다. 중중=괜찮다. 중하=그럭저럭하다.			하상=별로 좋지 않다. 하중=좋을 것이 없다. 하하=매우 나쁘다.		
06-02	상			중			하		
	상	중	하	상	중	하	상	중	하
소원(행운)								★	
재물(사업)								★	
직장(승진)							★		
건강(컨디션)								★	
연애(결혼)								★	
여행(이동)							★		
분쟁(소송)									★
계약(매매)								★	

【송-육삼】

六三. 食舊德, 貞厲, 終吉. 或從王事, 无成.
육삼 식구덕 정려 종길 흑종왕사 무성

육삼이다. "옛 덕을 먹으니 일을 맡아 처리하면 위태롭지만, 끝내는 길하다.

혹시 왕의 일을 따르더라도 이루는 것이 없다."

〈점괘〉

옛 인연을 만나게 되어 일을 도모하나 무위(無爲)에 그친다.

〈리더의 점괘〉

리더에게는 원려(遠慮, 먼데까지 고려함)가 필요하다.

〈개별 점괘〉

No. 06 송(訟)	상상=매우 좋다. 상중=참 좋다. 상하=좋은 편이다.			중상=제법 괜찮다. 중중=괜찮다. 중하=그럭저럭하다.			하상=별로 좋지 않다. 하중=좋을 것이 없다. 하하=매우 나쁘다.		
06-03	상			중			하		
	상	중	히	상	중	하	상	중	하
소원(행운)					★				
재물(사업)			★						
직장(승진)		★							
건강(컨디션)			★						
연애(결혼)				★					
여행(이동)							★		
분쟁(소송)						★			
계약(매매)						★			

【송-구사】

九四. 不克訟. 復卽命. 渝, 安貞吉.
구사 불극송 복즉명 투 안정길

구사이다. "송사에서 나를 이길 수 없다. 다시 명령을 받고 나아간다. 상황이

변했으니, 안정된 일을 하면 길하다."

〈점괘〉

사태가 일진일퇴(一進一退)의 행보이니, 안정을 추구하라.

〈리더의 점괘〉

정책의 흐름에 기복(起伏)이 있는 상황이니, 논의를 지속하라.

〈개별 점괘〉

No. 06 송(訟)	상상=매우 좋다. 상중=참 좋다. 상하=좋은 편이다.			중상=제법 괜찮다. 중중=괜찮다. 중하=그럭저럭하다.			하상=별로 좋지 않다. 하중=좋을 것이 없다. 하하=매우 나쁘다.		
06-04	상			중			하		
	상	중	하	상	중	하	상	중	하
소원(행운)			★						
재물(사업)					★				
직상(승신)		★							
건강(컨디션)			★						
연애(결혼)					★				
여행(이동)						★			
분쟁(소송)	★								
계약(매매)			★						

【송-구오】

九五, 訟, 元吉.
구 오 송 원 길

구오이다. "송사에 크게 길하다."

〈점괘〉

불화의 기미가 가신다.

〈리더의 점괘〉

공적 기준이나 표준을 검토할 때이다.

〈개별 점괘〉

No. 06 송(訟)	상상=매우 좋다. 상중=참 좋다. 상하=좋은 편이다.			중상=제법 괜찮다. 중중=괜찮다. 중하=그럭저럭하다.			하상=별로 좋지 않다. 하중=좋을 것이 없다. 하하=매우 나쁘다.		
06-05	상			중			하		
	상	중	하	상	중	하	상	중	하
소원(행운)		★							
재물(사업)			★						
직장(승진)					★				
건강(컨디션)				★					
연애(결혼)		★							
여행(이동)					★				
분쟁(소송)	★								
계약(매매)		★							

上九. 或錫之鞶帶, 終朝三褫之.
상구 혹석지반대 종조삼치지

상구이다. "혹시 큰 가죽허리 띠를 하사받는 일이 있더라도, 조회를 마치기 전에 세 번 벗게 된다."

〈점괘〉

불화에서 벗어나기 위한 노력으로 결실이 있으나, 심신이 지쳐 있다.

〈리더의 점괘〉

문제를 해결하나, 인화(人和)를 도모하지는 못한다.

〈개별 점괘〉

No. 06 송(訟)	상상=매우 좋다. 상중=참 좋다. 상하=좋은 편이다.			중상=제법 괜찮다. 중중=괜찮다. 중하=그럭저럭하다.			하상=별로 좋지 않다. 하중=좋을 것이 없다. 하하=매우 나쁘다.		
06-06	상			중			하		
	상	중	하	상	중	하	상	중	하
소원(행운)				★					
재물(사업)			★						
직장(승진)				★					
건강(컨디션)					★				
연애(결혼)							★		

여행(이동)								★	
분쟁(소송)							★		
계약(매매)				★					

7. 사(師)

7. 지수사

地水師

師貞, 丈人吉, 无咎.
사정 장인길 무구

初六. 師出以律, 否臧凶.
초육 사출이률 비장흉

九二. 在師中吉, 无咎, 王三錫命.
구이 재사중길 무구 왕삼석명

六三. 師或輿尸, 凶.
육삼 사흑여시 흉

六四. 師左次, 无咎.
육사 사재차 무구

六五. 田有禽. 利執言, 无咎. 長子帥師, 弟子輿尸, 貞凶.
육오 전유금 리집언 무구 장자솔사 제자여시 정흉

上六. 大君有命, 開國承家, 小人勿用.
상육 대군유명 개국승가 소인물용

【사-단】

師貞, 丈人吉, 无咎.
사 정 장 인 길 무 구

통솔에 관한 일이니, 노련한 사람이라야 길하고 허물이 없도다.

〈점괘〉

바깥보다 안에 공을 들이는 것이 더 좋다.

〈리더의 점괘〉

능숙한 분야에 매진하여, 새로움을 기획하라.

〈개별 점괘〉

No. 07 사(師)	상상=매우 좋다. 상중=참 좋다. 상하=좋은 편이다.			중상=제법 괜찮다. 중중=괜찮다. 중하=그럭저럭하다.			하상=별로 좋지 않다. 하중=좋을 것이 없다. 하하=매우 나쁘다.		
07-00	상			중			하		
	상	중	하	상	중	하	상	중	하
소원(행운)			★						
재물(사업)				★					
직장(승진)			★						
건강(컨디션)			★						
연애(결혼)					★				
여행(이동)					★				

분쟁(소송)					★			
계약(매매)					★			

【사-초육】

初六. 師出以律, 否臧凶.
초 육 사 출 이 율 비 장 흉

초육이다. "장수가 출정할 때는 군율에 따르니, 순종하지 않으면 흉하다."

〈점괘〉

원칙에 따라 새로운 일을 추진하라, 그러지 않으면 화를 부른다.

〈리더의 점괘〉

융통(融通)이 병통(病通)이다. 원칙주의를 고수하라.

〈개별 점괘〉

No. 07 사(師)	상상=매우 좋다. 상중=참 좋다. 상하=좋은 편이다.			중상=제법 괜찮다. 중중=괜찮다. 중하=그럭저럭하다.			하상=별로 좋지 않다. 하중=좋을 것이 없다. 하하=매우 나쁘다.		
07-01	상			중			하		
	상	중	하	상	중	하	상	중	하
소원(행운)								★	

재물(사업)								★
직장(승진)							★	
건강(컨디션)							★	
연애(결혼)							★	
여행(이동)								★
분쟁(소송)							★	
계약(매매)								★

【사-구이】

九二. 在師中吉, 无咎. 王三錫命.
구 이   재 사 중 길   무 구   왕 삼 석 명

구이이다. "장수가 중군에 있으니 길하고 허물이 없다. 왕이 세 번 명을 내릴 것이다."

〈점괘〉

활로(活路)가 개척된다.

〈리더의 점괘〉

추진하는 일이 본격적으로 시행되는 단계이다.

〈개별 점괘〉

No. 07 사(師)	상상=매우 좋다. 상중=참 좋다. 상하=좋은 편이다.			중상=제법 괜찮다. 중중=괜찮다. 중하=그럭저럭하다.			하상=별로 좋지 않다. 하중=좋을 것이 없다. 하하=매우 나쁘다.		
07-02	상			중			하		
	상	중	하	상	중	하	상	중	하
소원(행운)	★								
재물(사업)	★								
직장(승진)	★								
건강(컨디션)			★						
연애(결혼)				★					
여행(이동)					★				
분쟁(소송)	★								
계약(매매)			★						

【사-육삼】

六三. 師或輿尸, 凶.
육 삼   사 혹 여 시   흉

육삼이다. "군사가 혹시 시신을 수레에 실을 수도 있으니, 흉하다."

〈점괘〉

이전의 미해결된 일로 인해 곤욕을 치른다.

〈리더의 점괘〉

공을 들인 일이지만, 시운(時運)이 따르지 않는다.

〈개별 점괘〉

No. 07 사(師)	상상=매우 좋다. 상중=참 좋다. 상하=좋은 편이다.			중상=제법 괜찮다. 중중=괜찮다. 중하=그럭저럭하다.			하상=별로 좋지 않다. 하중=좋을 것이 없다. 하하=매우 나쁘다.		
07-03	상			중			하		
	상	중	하	상	중	하	상	중	하
소원(행운)								★	
재물(사업)								★	
직장(승진)								★	
건강(컨디션)							★		
연애(결혼)								★	
여행(이동)									★
분쟁(소송)								★	
계약(매매)									★

【사-육사】

六四. 師左次, 无咎.
육 사   사 좌 차   무 구

육사이다. "군사가 진영을 후퇴시키나, 허물이 없다."

〈점괘〉

작전상 후퇴하라.

〈리더의 점괘〉

수용하는 전략을 먼저 취하고, 기회를 보라.

〈개별 점괘〉

No. 07 사(師)	상상=매우 좋다. 상중=참 좋다. 상하=좋은 편이다.			중상=제법 괜찮다. 중중=괜찮다. 중하=그럭저럭하다.			하상=별로 좋지 않다. 하중=좋을 것이 없다. 하하=매우 나쁘다.		
07-04	상			중			하		
	상	중	하	상	중	하	상	중	하
소원(행운)				★					
재물(사업)					★				
직장(승진)						★			
건강(컨디션)					★				
연애(결혼)						★			
여행(이동)								★	
분쟁(소송)						★			
계약(매매)						★			

【사-육오】

六五. 田有禽. 利執言, 无咎. 長子帥師, 弟子輿尸, 貞凶.
육오 전유금 리집언 무구 장자솔사 제자여시 정흉

육오이다. "밭에 날짐승이 있다. 말을 받드는 것이 이로우니, 허물이 없다.
큰아들이 군대를 통솔하고, 작은 아들은 시신을 수레에 싣게 되니, 올바르
게 일을 해도 흉하다."

〈점괘〉

갑(甲)에게는 이로우나, 을(乙)에게는 이로울 것이 없다.

〈리더의 점괘〉

일을 추진하는 데 있어서 주요 결정권자들과 불화한다.

〈개별 점괘〉

No. 07 사(師)	상상=매우 좋다. 상중=참 좋다. 상하=좋은 편이다.			중상=제법 괜찮다. 중중=괜찮다. 중하=그럭저럭하다.			하상=별로 좋지 않다. 하중=좋을 것이 없다. 하하=매우 나쁘다.		
07-05	상			중			하		
	상	중	하	상	중	하	상	중	하
소원(행운)							★		
재물(사업)								★	
직장(승진)							★		
건강(컨디션)								★	
연애(결혼)								★	
여행(이동)								★	
분쟁(소송)							★		
계약(매매)							★		

上六. 大君有命, 開國承家, 小人勿用.
상 육 대 군 유 명 개 국 승 가 소 인 물 용

상육이다. "대군이 명을 내려 나라를 열고 가업을 계승하니, 소인을 써서는
안된다."

〈점괘〉

옛 인연이 마냥 좋지만은 않다.

〈리더의 점괘〉

적은 친구의 모습을 하고 있다.

〈개별 점괘〉

No. 07 사(師)	상상=매우 좋다. 상중=참 좋다. 상하=좋은 편이다.			중상=제법 괜찮다. 중중=괜찮다. 중하=그럭저럭하다.			하상=별로 좋지 않다. 하중=좋을 것이 없다. 하하=매우 나쁘다.		
07-06	상			중			하		
	상	중	하	상	중	하	상	중	하
소원(행운)			★						
재물(사업)		★							
직장(승진)			★						
건강(컨디션)		★							
연애(결혼)					★				

여행(이동)				★				
분쟁(소송)			★					
계약(매매)			★					

8. 비(比)

水地比

8. 수지비

比, 吉. 原筮, 元永貞, 无咎. 不寧方來. 後夫凶.
비 길 원서 원영정 무구 불녕방래 후부흉

初六. 有孚比之, 无咎. 有孚盈缶, 終來有它, 吉.
초육 유부비지 무구 유부영부 종래유타 길

六二. 比之自內, 貞吉.
육이 비지자내 정길

六三. 比之匪人
육삼 비지비인

六四. 外比之, 貞吉.
육사 외비지 정길

九五. 顯比. 王用三驅, 失前禽. 邑人不誡. 吉.
구오 현비 왕용삼구 실전금 읍인불계 길

上六. 比之无首, 凶.
상육 비지무수 흉

【비-단】

比, 吉. 原筮, 元永貞, 无咎. 不寧方來. 後夫凶.
비 길 원 서 원 영 정 무 구 불 녕 방 래 후 부 흉

친하니 길하다. 거듭 점을 쳐서 오랜 시간이 걸리는 일을 시작하니, 허물이

없다. 편안하지 않으면, 바야흐로 돌아온다. 재혼해서 만난 남자는 흉하다.

〈점괘〉

분수에 맞는 일을 하고, 허풍과 사치의 심리를 주의하라.

〈리더의 점괘〉

많은 이들이 모이기 때문에 조화가 일의 성패(成敗)를 좌우한다.

〈개별 점괘〉

No. 08 비(比)	상상=매우 좋다. 상중=참 좋다. 상하=좋은 편이다.			중상=제법 괜찮다. 중중=괜찮다. 중하=그럭저럭하다.			하상=별로 좋지 않다. 하중=좋을 것이 없다. 하하=매우 나쁘다.		
08 00	상			중			하		
	상	중	하	상	중	하	상	중	하
소원(행운)			★						
재물(사업)		★							
직장(승진)				★					
건강(컨디션)		★							
연애(결혼)							★		

여행(이동)					★		
분쟁(소송)						★	
계약(매매)						★	

【비-초육】

初六. 有孚比之, 无咎. 有孚盈缶, 終來有它, 吉.
초육 유부비지 무구 유부영부 종래유타 길

초육이다. "믿음을 가지고 친밀하면, 허물이 없다. 믿음이 질그릇에 가득 찬 듯하면, 끝에 가서 뜻밖의 다른 일이 생기더라도 길하다."

〈점괘〉
새로운 일을 추진하면서 기회를 내 것으로 만든다.

〈리더의 점괘〉
지인들의 원조와 후원을 기대하니, 평소 인적 네트워크의 힘을 느낀다.

No. 08 비(比)	상상=매우 좋다. 상중=참 좋다. 상하=좋은 편이다.			중상=제법 괜찮다. 중중=괜찮다. 중하=그럭저럭하다.			하상=별로 좋지 않다. 하중=좋을 것이 없다. 하하=매우 나쁘다.		
08-01	상			중			하		
	상	중	하	상	중	하	상	중	하
소원(행운)		★							
재물(사업)		★							
직장(승진)			★						
건강(컨디션)			★						
연애(결혼)				★					
여행(이동)					★				
분쟁(소송)				★					
계약(매매)				★					

【비-육이】

六二. 比之自内, 貞吉.
육 이 비 지 자 내 정 길

육이이다. "친하기를 안에서부터 하니, 일을 맡아 처리하는 것이 길하다."

〈점괘〉

줏대를 가지고 일을 하라.

〈리더의 점괘〉

시너지 효과를 추구하라.

〈개별 점괘〉

No. 08 비(比)	상상=매우 좋다. 상중=참 좋다. 상하=좋은 편이다.			중상=제법 괜찮다. 중중=괜찮다. 중하=그럭저럭하다.			하상=별로 좋지 않다. 하중=좋을 것이 없다. 하하=매우 나쁘다.		
08-02	상			중			하		
	상	중	하	상	중	하	상	중	하
소원(행운)		★							
재물(사업)		★							
직장(승진)			★						
건강(컨디션)		★							
연애(결혼)			★						
여행(이동)				★					
분쟁(소송)					★				
계약(매매)					★				

【비-육삼】

六三. 比之匪人.
육 삼   비 지 비 인

육삼이다. "인간 같지 않은 것과 친한 것이다."

〈점괘〉

주변 관계를 정리하라.

〈리더의 점괘〉

배신은 신뢰하는 자로부터 온다.

〈개별 점괘〉

No. 08 비(比)	상상=매우 좋다. 상중=참 좋다. 상하=좋은 편이다.			중상=제법 괜찮다. 중중=괜찮다. 중하=그럭저럭하다.			하상=별로 좋지 않다. 하중=좋을 것이 없다. 하하=매우 나쁘다.		
08-03	상			중			하		
	상	중	하	상	중	하	상	중	하
소원(행운)								★	
재물(사업)								★	
직장(승진)							★		
건강(컨디션)								★	
연애(결혼)								★	
여행(이동)							★		
분쟁(소송)								★	
계약(매매)									★

【비—육사】

六四. 外比之, 貞吉.
육 사 외 비 지 정 길

육사이다. "밖에서 현명한 사람들과 친하니, 일을 맡아 처리하는 것이 길
하다."

〈점괘〉

다양한 외적 관계에 노출돼라.

〈리더의 점괘〉

실력자와 회동(會同)하라.

〈개별 점괘〉

No. 08 비(比)	상상=매우 좋다. 상중=참 좋다. 상하=좋은 편이다.			중상=제법 괜찮다. 중중=괜찮다. 중하=그럭저럭하다.			하상=별로 좋지 않다. 하중=좋을 것이 없다. 하하=매우 나쁘다.		
08-04	상			중			하		
	상	중	하	상	중	하	상	중	하
소원(행운)			★						
재물(사업)		★							
직장(승진)				★					
건강(컨디션)					★				
연애(결혼)					★				
여행(이동)				★					
분쟁(소송)					★				
계약(매매)					★				

【비-구오】

九五. 顯比. 王用三驅, 失前禽. 邑人不誡. 吉.
구오 현비 왕용삼구 실전금 읍인불계 길

구오이다. "친함을 드러낸다. 왕이 세 번 말을 몰아 사냥을 할 때 앞으로 온 짐승들은 놓아 준다. 마을 사람들이 경계하지 않고 사니 길하다."

〈점괘〉

솔직하게 소통하면 길하나, 음험하면 대패(大敗)다.

〈리더의 점괘〉

좀 더 적극적이고 진취적이며 개방적이고 소통 중심적이어야 한다.

〈개별 점괘〉

No. 08 비(比)	상상=매우 좋다. 상중=참 좋다. 상하=좋은 편이다.			중상=제법 괜찮다. 중중=괜찮다. 중하=그럭저럭하다.			하상=별로 좋지 않다. 하중=좋을 것이 없다. 하하=매우 나쁘다.		
08-05	상			중			하		
	상	중	하	상	중	하	상	중	하
소원(행운)	★								
재물(사업)	★								
직장(승진)		★							
건강(컨디션)		★							
연애(결혼)		★							

		★							
여행(이동)		★							
분쟁(소송)		★							
계약(매매)		★							

【비-상육】

上六. 比之无首, 凶.
상 육　비 지 무 수　흉

상육이다. "친하게 지내다 머리가 없어졌으니, 흉하다."

〈점괘〉

묵은 것은 털어내라.

〈리더의 점괘〉

인적 쇄신(刷新)을 단행하라.

〈개별 점괘〉

No. 08 비(比)	상상=매우 좋다. 상중=참 좋다. 상하=좋은 편이다.			중상=제법 괜찮다. 중중=괜찮다. 중하=그럭저럭하다.			하상=별로 좋지 않다. 하중=좋을 것이 없다. 하하=매우 나쁘다.		
08-06	상			중			하		
	상	중	하	상	중	하	상	중	하
소원(행운)				★					
재물(사업)					★				
직장(승진)						★			
건강(컨디션)					★				
연애(결혼)							★		
여행(이동)							★		
분쟁(소송)				★					
계약(매매)				★					

9. 소축(小畜)

【小畜卦第九】

風天小畜

9. 풍천소축

小畜, 亨. 密雲不雨. 自我西郊.
소 축 형 밀운불우 자아서교

初九. 復自道, 何其咎. 吉.
초구 복자도 하기구 길

九二. 牽復, 吉.
구이 견복 길

九三. 輿說輻. 夫妻反目.
구삼 여탈복 부처반목

六四. 有孚, 血去惕出, 无咎.
육사 유부 혈거척출 무구

九五. 有孚攣如, 富以其鄰.
구오 유부연여 부이기린

上九. 旣雨旣處, 尙德, 載婦, 貞厲. 月幾望, 君子, 征凶.
상구 기우기처 상덕 재부 정려 월기망 군자 정흉

112

小畜, 亨. 密雲不雨. 自我西郊.
소 축 형 밀 운 불 우 자 아 서 교

소축은 형통하다. 짙은 구름이 끼었는데도 비는 오지 않는다. 우리의 서쪽
교외에서 제사를 올린다.

〈점괘〉

일의 성취를 기대하기 어려우나, 외부의 조짐에 귀를 기우려라.

〈리더의 점괘〉

좌뇌(이성)보다는 우뇌(감성)의 기능을 발휘하라.

〈개별 점괘〉

No. 09 소축(小畜)	상상=매우 좋다. 상중=참 좋다. 상하=좋은 편이다.			중상=제법 괜찮다. 중중=괜찮다. 중하=그럭저럭하다.			하상=별로 좋지 않다. 하중=좋을 것이 없다. 하하=매우 나쁘다.		
09-00	상			중			하		
	상	중	하	상	중	하	상	중	하
소원(행운)							★		
재물(사업)								★	
직장(승진)								★	
건강(컨디션)						★			
연애(결혼)							★		

여행(이동)						★		
분쟁(소송)							★	
계약(매매)								★

【소축-초구】

初九. 復自道, 何其咎. 吉.
초 구 복 자 도 하 기 구 길

초구이다. "길에서 되돌아오니, 그것이 무슨 허물이 되겠는가? 길하다."

〈점괘〉

오래된 것에 애정을 쏟아라.

〈리더의 점괘〉

대업(大業)일수록 적과 동침하라.

〈개별 점괘〉

No. 09 소축(小畜)	상상=매우 좋다. 상중=참 좋다. 상하=좋은 편이다.			중상=제법 괜찮다. 중중=괜찮다. 중하=그럭저럭하다.			하상=별로 좋지 않다. 하중=좋을 것이 없다. 하하=매우 나쁘다.		
09-01	상			중			하		
	상	중	하	상	중	하	상	중	하
소원(행운)			★						

			★						
재물(사업)			★						
직장(승진)				★					
건강(컨디션)				★					
연애(결혼)				★					
여행(이동)			★						
분쟁(소송)			★						
계약(매매)			★						

【소축-구이】

九二. 牽復. 吉.
구 이 　 견 복 　 길

구이이다. "끌고 돌아오니, 길하다."

〈점괘〉

줏대가 매력이다.

〈리더의 점괘〉

인재들은 그대의 변함없는 마음이 그립다.

No. 09 소축(小畜)	상상=매우 좋다. 상중=참 좋다. 상하=좋은 편이다.			중상=제법 괜찮다. 중중=괜찮다. 중하=그럭저럭하다.			하상=별로 좋지 않다. 하중=좋을 것이 없다. 하하=매우 나쁘다.		
09-02	상			중			하		
	상	중	하	상	중	하	상	중	하
소원(행운)		★							
재물(사업)		★							
직장(승진)		★							
건강(컨디션)		★							
연애(결혼)		★							
여행(이동)		★							
분쟁(소송)		★							
계약(매매)		★							

【소축-구삼】

九三. 輿說輻. 夫妻反目.
구삼 여 탈 복 부 처 반 목

구삼이다. "수레에서 바퀴살이 벗겨진다. 부부가 눈길을 돌리고 미워한다."

〈점괘〉

가정이나 소규모의 인간관계가 반목(反目)한다.

〈리더의 점괘〉

물은 거꾸로 흐르지 않는다.

〈개별 점괘〉

No. 09 소축(小畜)	상상=매우 좋다. 상중=참 좋다. 상하=좋은 편이다.			중상=제법 괜찮다. 중중=괜찮다. 중하=그럭저럭하다.			하상=별로 좋지 않다. 하중=좋을 것이 없다. 하하=매우 나쁘다.		
09-03	상			중			하		
	상	종	하	상	중	하	상	중	하
소원(행운)								★	
재물(사업)									★
직장(승진)								★	
건강(컨디션)								★	
연애(결혼)									★
여행(이동)								★	
분쟁(소송)									★
계약(매매)								★	

【소축-육사】

六四. 有孚, 血去惕出, 无咎.
육사 유부 혈거척출 무구

육사이다. "믿음을 가지고서, 피를 제거하고 두려움에서 벗어나니, 허물이 없다."

〈점괘〉

사태들이 해결될 조짐이다.

〈리더의 점괘〉

공존과 제휴를 통해 목표를 달성하라.

〈개별 점괘〉

No. 09 소축(小畜)	상상=매우 좋다. 상중=참 좋다. 상하=좋은 편이다.			중상=제법 괜찮다. 중중=괜찮다. 중하=그럭저럭하다.			하상=별로 좋지 않다. 하중=좋을 것이 없다. 하하=매우 나쁘다.		
09-04	상			중			하		
	상	중	하	상	중	하	상	중	하
소원(행운)			★						
재물(사업)			★						
직장(승진)			★						
건강(컨디션)		★							
연애(결혼)			★						
여행(이동)				★					
분쟁(소송)			★						
계약(매매)		★							

【소축-구오】

九五. 有孚攣如, 富以其鄰.
구오 유부연여 부이기린

구오이다. "믿음을 지니는 것은 마치 한쪽 팔이 꺾여도 다른 쪽 팔이 있어 서로 의지하는 것 같으니, 이웃을 부유하게 해준다."

〈점괘〉

새로운 인연을 맺는다.

〈리더의 점괘〉

일을 추진하는 동력의 축이 바뀌는 시점이다.

〈개별 점괘〉

No. 09 소축(小畜)	상상=매우 좋다. 상중=참 좋다. 상하=좋은 편이다.			중상=제법 괜찮다. 중중=괜찮다. 중하=그럭저럭하다.			하상=별로 좋지 않다. 하중=좋을 것이 없다. 하하=매우 나쁘다.		
09-05	상			중			하		
	상	중	하	상	중	하	상	중	하
소원(행운)		★							
재물(사업)	★								
직장(승진)		★							
건강(컨디션)		★							
연애(결혼)	★								
여행(이동)			★						
분쟁(소송)				★					
계약(매매)		★							

上九. 旣雨旣處. 尙德, 載婦. 貞厲. 月幾望, 君子, 征凶.
상 구 기 우 기 처 상 덕 재 부 정 려 월 기 망 군 자 정 흉

상구이다. "이미 비가 내리고 이미 머무르고 있다. 덕이 있는 사람을 승상하
니, 그 부인을 수레에 태운다. 일을 맡아 처리하면 위태롭다. 달이 음력 14일
에 있으니, 군자가 정벌을 나서면 흉하다."

〈점괘〉

정체 상황이니, 회복의 시간이 필요하다.

〈리더의 점괘〉

의견 일치가 없이 행동하면 낭패다.

〈개별 점괘〉

No. 09 소축(小畜)	상상=매우 좋다. 상중=참 좋다. 상하=좋은 편이다.			중상=제법 괜찮다. 중중=괜찮다. 중하=그럭저럭하다.			하상=별로 좋지 않다. 하중=좋을 것이 없다. 하하=매우 나쁘다.		
09-06	상			중			하		
	상	중	하	상	중	하	상	중	하
소원(행운)							★		
재물(사업)							★		
직장(승진)								★	
건강(컨디션)								★	

연애(결혼)				★					
여행(이동)									★
분쟁(소송)								★	
계약(매매)								★	

10. 리(履)

10. 천택리

天澤履

履虎尾, 不咥人, 亨.
리호미 부질인 형

初九. 素履, 往无咎.
초구 소리 왕무구

九二. 履道坦坦, 幽人貞吉.
구이 리도탄탄 유인정길

六三. 眇能視, 跛能履. 履虎尾咥人, 凶. 武人爲于大君.
육삼 묘능시 파능리 리호미질인 흉 무인위우대군

九四. 履虎尾, 愬愬, 終吉.
구사 리호미 색색 종길

九五. 夬履, 貞厲.
구오 쾌리 정려

上九. 視履考祥. 其旋, 元吉.
상구 시리고상 기선 원길

【리-단】

履虎尾, 不咥人, 亨.
리 호 미 부 질 인 형

호랑이의 꼬리를 밟았어도 사람을 물지 않으니 형통하다.

〈점괘〉

리스크가 클수록 이익도 큰 법이다.

〈리더의 점괘〉

적절한 견제 시스템을 갖추라.

〈개별 점괘〉

No. 10 리(履)	상상=매우 좋다. 상중=참 좋다. 상하=좋은 편이다.			중상=제법 괜찮다. 중중=괜찮다. 중하=그럭저럭하다.			하상=별로 좋지 않다. 하중=좋을 것이 없다. 하하=매우 나쁘다.		
10-00	상			중			하		
	상	중	하	상	중	하	상	중	하
소원(행운)		★							
재물(사업)		★							
직장(승진)			★						
건강(컨디션)			★						
연애(결혼)				★					
여행(이동)					★				

분쟁(소송)				★			
계약(매매)				★			

【리-초구】

初九. 素履, 往无咎.
초구 소리 왕무구

초구이다. "평소대로 실천하니, 가더라도 허물이 없다."

〈점괘〉

지금은 독립을 위한 시기이다.

〈리더의 점괘〉

협력하던 세력이 분화되어 나간다.

〈개별 점괘〉

No. 10 리(履)	상상=매우 좋다. 상중=참 좋다. 상하=좋은 편이다.			중상=제법 괜찮다. 중중=괜찮다. 중하=그럭저럭하다.			하상=별로 좋지 않다. 하중=좋을 것이 없다. 하하=매우 나쁘다.		
10-01	상			중			하		
	상	중	하	상	중	하	상	중	하
소원(행운)				★					

재물(사업)					★			
직장(승진)						★		
건강(컨디션)					★			
연애(결혼)						★		
여행(이동)					★			
분쟁(소송)						★		
계약(매매)						★		

【리-구이】

九二. 履道坦坦, 幽人貞吉.
구이 리도탄탄 유인정길

구이이다. "밟는 길이 탄탄대로이니, 은자라야 일을 처리하는 데 길하다."

〈점괘〉

한 걸음 물러나서 내공을 쌓아라.

〈리더의 점괘〉

현안에 집착하지 말고, 거리를 두는 전략을 취해야 이롭다.

No. 10 리(履)	상상=매우 좋다. 상중=참 좋다. 상하=좋은 편이다.			중상=제법 괜찮다. 중중=괜찮다. 중하=그럭저럭하다.			하상=별로 좋지 않다. 하중=좋을 것이 없다. 하하=매우 나쁘다.		
10-02	상			중			하		
	상	중	하	상	중	하	상	중	하
소원(행운)					★				
재물(사업)						★			
직장(승진)						★			
건강(컨디션)				★					
연애(결혼)							★		
여행(이동)							★		
분쟁(소송)				★					
계약(매매)								★	

【리-육삼】

六三. 眇能視, 跛能履. 履虎尾咥人, 凶. 武人爲于大君.
<small>육 삼 묘 능 시 파 능 리 리 호 미 질 인 흉 무 인 위 우 대 군</small>

육삼이다. "애꾸눈이 볼 수 있으며, 절름발이가 걷게 된다. 호랑이 꼬리를 밟으면 사람을 물 것이니 흉하다. 무인이 대군이 될 것이다."

〈점괘〉

무례(無禮)하게 굴어서는 아무 일도 안 된다.

상황 해결의 열쇠를 적(敵)이 쥔 형국이다.

〈개별 점괘〉

No. 10 리(履)	상상=매우 좋다. 상중=참 좋다. 상하=좋은 편이다.			중상=제법 괜찮다. 중중=괜찮다. 중하=그럭저럭하다.			하상=별로 좋지 않다. 하중=좋을 것이 없다. 하하=매우 나쁘다.		
10-03	상			중			하		
	상	중	하	상	중	하	상	중	하
소원(행운)						★			
재물(사업)						★			
직장(승진)							★		
건강(컨디션)								★	
연애(결혼)								★	
여행(이동)								★	
분쟁(소송)									★
계약(매매)									★

【리-구사】

九四. 履虎尾, 愬愬, 終吉.
구 사 리 호 미 색 색 종 길

구사이다. "호랑이 꼬리를 밟으니 무섭고 무서우나, 끝은 길하다."

<점괘>

호랑이에게 물려 가도 정신만 차리면 산다.

<리더의 점괘>

적폐(積弊)를 해소할 시기이다.

<개별 점괘>

No. 10 리(履)	상상=매우 좋다. 상중=참 좋다. 상하=좋은 편이다.			중상=제법 괜찮다. 중중=괜찮다. 중하=그럭저럭하다.			하상=별로 좋지 않다. 하중=좋을 것이 없다. 하하=매우 나쁘다.		
10-04	상			중			하		
	상	중	하	상	중	하	상	중	하
소원(행운)		★							
재물(사업)		★							
직장(승진)		★							
건강(컨디션)		★							
연애(결혼)		★							
여행(이동)				★					
분쟁(소송)		★							
계약(매매)		★							

【리-구오】

九五. 夬履, 貞厲.
구 오 쾌 리 정 려

구오이다. "즐겁게 실천하나, 일을 맡아 처리하면, 위태롭다."

〈점괘〉

석 잔 술에 만족하라.

〈리더의 점괘〉

강한 리더십을 발휘하라.

〈개별 점괘〉

No. 10 리(履)	상상=매우 좋다. 상중=참 좋다. 상하=좋은 편이다.			중상=제법 괜찮다. 중중=괜찮다. 중하=그럭저럭하다.			하상=별로 좋지 않다. 하중=좋을 것이 없다. 하하=매우 나쁘다.		
10-05	상			중			하		
	상	중	하	상	중	하	상	중	하
소원(행운)					★				
재물(사업)							★		
직장(승진)								★	
건강(컨디션)					★				
연애(결혼)							★		
여행(이동)						★			
분쟁(소송)								★	
계약(매매)								★	

上九. 視履考祥. 其旋, 元吉.
상 구 시 리 고 상 기 선 원 길

상구이다. "보고 밟고, 길흉의 조짐을 살핀다. 이전 것이 다시 돌아오니 크게
길하다."

〈점괘〉

신중하게 처신하면 이롭다.

〈리더의 점괘〉

주도면밀(周到綿密)한 계획과 웅대한 원려(遠慮)를 세우라.

〈개별 점괘〉

No. 10 리(履)	상상=매우 좋다. 상중=참 좋다. 상하=좋은 편이다.			중상=제법 괜찮다. 중중=괜찮다. 중하=그럭저럭하다.			하상=별로 좋지 않다. 하중=좋을 것이 없다. 하하=매우 나쁘다.		
10-06	상			중			하		
	상	중	하	상	중	하	상	중	하
소원(행운)		★							
재물(사업)		★							
직장(승진)		★							
건강(컨디션)		★							
연애(결혼)		★							

여행(이동)		★						
분쟁(소송)		★						
계약(매매)		★						

11. 태(泰)

【泰卦第十一】　　　11. 지천태

地天泰

泰, 小往大來, 吉, 亨.
태 소왕대래 길 형

初九. 拔茅茹, 以其彙. 征吉.
초구 발모여 이기휘 정길

九二. 包荒, 用馮河, 不遐遺, 朋亡, 得尚于中行.
구이 포황 용빙하 불하유 붕망 득상우중행

九三. 无平不陂, 无往不復. 艱貞无咎. 勿恤, 其孚. 于食有福.
구삼 무평불피 무왕불복 난정무구 물휼 기부 우식유복

六四. 翩翩. 不富以其鄰. 不戒以孚.
육사 편편 불부이기린 불계이부

六五. 帝乙歸妹, 以祉, 元吉.
육오 제을귀매 이지 원길

上六. 城復于隍, 勿用師. 自邑告命. 貞吝.
상육 성복우황 물용사 자읍고명 정린

132

【태-단】

泰, 小往大來, 吉, 亨.

태　소왕대래　길　형

태는 작은 것이 가고 큰 것이 오니, 길하고 형통하도다.

〈점괘〉

장애가 있더라도 용기를 가지고 전진하라.

〈리더의 점괘〉

적대 세력이 있으나, 내실을 기하는 행보를 지속하라.

〈개별 점괘〉

No. 11 태(泰)	상상=매우 좋다. 상중=참 좋다. 상하=좋은 편이다.			중상=제법 괜찮다. 중중=괜찮다. 중하=그럭저럭하다.			하상=별로 좋지 않다. 하중=좋을 것이 없다. 하하=매우 나쁘다.		
11-00	상			중			하		
	상	중	하	상	중	하	상	중	하
소원(행운)		★							
재물(사업)		★							
직장(승진)		★							
건강(컨디션)		★							
연애(결혼)			★						
여행(이동)		★							

분쟁(소송)					★			
계약(매매)			★					

【태-초구】

初九. 拔茅茹, 以其彙. 征吉.
초구 발모여 이기휘 정길

초구이다. "띠풀의 뿌리를 뽑을 때는 띠풀이 모여 있는 덩어리로써 한다. 정

벌에 나서면 길하다."

〈점괘〉

줄을 잘 서라.

〈리더의 점괘〉

동조 세력과 함께 새로운 일을 추진하는 시기이다.

〈개별 점괘〉

No. 11 태(泰)	상상=매우 좋다. 상중=참 좋다. 상하=좋은 편이다.			중상=제법 괜찮다. 중중=괜찮다. 중하=그럭저럭하다.			하상=별로 좋지 않다. 하중=좋을 것이 없다. 하하=매우 나쁘다.		
11-01	상			중			하		
	상	중	하	상	중	하	상	중	하
소원(행운)			★						
재물(사업)		★							
직장(승진)		★							
건강(컨디션)			★						
연애(결혼)			★						
여행(이동)		★							
분쟁(소송)			★						
계약(매매)			★						

【태-구이】

九二. 包荒, 用馮河, 不遐遺朋亡, 得尚于中行.
구 이 포 황 용 빙 하 불 하 유 붕 망 득 상 우 중 행

구이이다. "거친 자들을 포용하고, 강을 건널 때 친구들을 멀리 버리는 일이

없이, 큰 길 위에 올라가게 된다."

〈점괘〉

인간관계 때문에 고통스러울 수도 있으나, 하늘이 돕는다.

모험적인 상황을 타개해 나가며, 이질적인 세력을 포용하라.

〈개별 점괘〉

No. 11 태(泰)	상상=매우 좋다. 상중=참 좋다. 상하=좋은 편이다.			중상=제법 괜찮다. 중중=괜찮다. 중하=그럭저럭하다.			하상=별로 좋지 않다. 하중=좋을 것이 없다. 하하=매우 나쁘다.		
11-02	상			중			하		
	상	중	하	상	중	하	상	중	하
소원(행운)			★						
재물(사업)			★						
직장(승진)					★				
건강(컨디션)			★						
연애(결혼)						★			
여행(이동)					★				
분쟁(소송)							★		
계약(매매)						★			

【태-구삼】

九三. 无平不陂, 无往不復. 艱貞无咎. 勿恤, 其孚. 于食有福.
구삼 무평불피 무왕불복 난정무구 물휼 기부 우식유복

구삼이다. "평평하기만 하고 기울지 않는 것은 없으며, 가기만 하고 되돌아

오지 않는 것은 없다. 어려운 일을 만나겠으나, 허물은 없다. 근심하지 말고

믿음을 가져라. 먹을 복이 있겠다."

〈점괘〉

서서히 곤경에서 벗어나고, 살 길이 열린다.

〈리더의 점괘〉

사방에서 뜻을 알고 후원과 원조를 아끼지 않는다.

〈개별 점괘〉

No. 11 태(泰)	상상=매우 좋다. 상중=참 좋다. 상하=좋은 편이다.			중상=제법 괜찮다. 중중=괜찮다. 중하=그럭저럭하다.			하상=별로 좋지 않다. 하중=좋을 것이 없다. 하하=매우 나쁘다.		
11-03	상			중			하		
	상	중	하	상	중	하	상	중	하
소원(행운)		★							
재물(사업)	★								
직장(승진)			★						
건강(컨디션)		★							
연애(결혼)			★						
여행(이동)			★						
분쟁(소송)			★						
계약(매매)			★						

六四. 翩翩. 不富以其鄰. 不戒以孚.
육사 편편 블부이기린 블게이부

육사이다. "훨훨 난다. 그 이웃을 부유하게 만들지 못한다. 훈계하지 않아도
믿음으로 따른다."

〈점괘〉

손에 잡힐 듯하나 기회는 날아간다.

〈리더의 점괘〉

다소 곤란한 상황을 겪으나, 인화(人和)가 있어서 일을 추진한다.

〈개별 점괘〉

No. 11 태(泰)	상상=매우 좋다. 상중=참 좋다. 상하=좋은 편이다.			중상=제법 괜찮다. 중중=괜찮다. 중하=그럭저럭하다.			하상=별로 좋지 않다. 하중=좋을 것이 없다. 하하=매우 나쁘다.		
11-04	상			중			하		
	상	중	하	상	중	하	상	중	하
소원(행운)						★			
재물(사업)					★				
직장(승진)							★		
건강(컨디션)						★			
연애(결혼)								★	

여행(이동)					★		
분쟁(소송)							★
계약(매매)						★	

【태-육오】

六五. 帝乙歸妹, 以祉, 元吉.
육오 제을귀매 이지 원길

육오이다. "제을이 누이동생을 시집보내니, 그렇게 해서 복을 받으며, 크게
길하다."

〈점괘〉

혼란에 빠진 사람은 제 자리를 찾아가는 조짐이 들어난다.

〈리더의 점괘〉

힘을 결집시키니 길하다.

〈개별 점괘〉

No. 11 태(泰)	상상=매우 좋다. 상중=참 좋다. 상하=좋은 편이다.			중상=제법 괜찮다. 중중=괜찮다. 중하=그럭저럭하다.			하상=별로 좋지 않다. 하중=좋을 것이 없다. 하하=매우 나쁘다.		
11-05	상			중			하		
	상	중	하	상	중	하	상	중	하
소원(행운)		★							
재물(사업)		★							
직장(승진)		★							
건강(컨디션)		★							
연애(결혼)		★							
여행(이동)					★				
분쟁(소송)			★						
계약(매매)			★						

【태-상육】

上六. 城復于隍, 勿用師. 自邑告命. 貞吝.
상 육 성 복 우 황 물 용 사 자 읍 고 명 정 린

상육이다. "성이 무너져 해자로 되돌아가니, 군대를 동원하지 말라. 고을 입구에서 부고를 전한다. 일을 맡아 처리해도 인색하다."

〈점괘〉

새로운 일을 시작하거나, 발전을 기대하기는 어렵다.

〈리더의 점쾌〉

사업의 성패(成敗)가 기로에 놓였다.

〈개별 점쾌〉

No. 11 태(泰)	상상=매우 좋다. 상중=참 좋다. 상하=좋은 편이다.			중상=제법 괜찮다. 중중=괜찮다. 중하=그럭저럭하다.			하상=별로 좋지 않다. 하중=좋을 것이 없다. 하하=매우 나쁘다.		
11-06	상			중			하		
	상	중	하	상	중	하	상	중	하
소원(행운)								★	
재물(사업)									★
직장(승진)								★	
건강(컨디션)								★	
연애(결혼)								★	
여행(이동)									★
분쟁(소송)								★	
계약(매매)									★

12. 비(否)

【否卦第十二】

天地否

12. 천지비

否之匪人, 不利, 君子貞. 大往小來.
비지비인 블리 군자정 대왕소래

初六. 拔茅茹, 以其彙. 貞吉, 亨.
초육 발모여 이기휘 정길 형

六二. 包承, 小人吉, 大人否, 亨.
육이 포승 소인길 대인비 형

六三. 包羞.
육삼 포수

九四. 有命, 无咎, 疇離祉.
구사 유명 무구 주리지

九五. 休否, 大人吉. 其亡其亡, 繫于苞桑.
구오 휴비 대인길 기망기망 계우포상

上九. 傾否, 先否後喜.
상구 경비 선비후희

【비-단】

否之匪人, 不利君子貞. 大往小來.
비 지 비 인   불 리 군 자 정   대 왕 소 래

비는 소인의 괘이니 군자의 일에는 이롭지 않다. 큰 것이 가고 작은 것이
온다.

〈점괘〉

사방이 꽉 막힌 형국이다.

〈리더의 점괘〉

적대적인 세력이 세(勢)를 얻고 있다.

〈개별 점괘〉

No. 12 비(否)	상상=매우 좋다. 상중=참 좋다. 상하=좋은 편이다.			중상=제법 괜찮다. 중중=괜찮다. 중하=그럭저럭하다.			하상=별로 좋지 않다. 하중=좋을 것이 없다. 하하=매우 나쁘다.		
12-00	상			중			하		
	상	중	하	상	중	하	상	중	하
소원(행운)							★		
재물(사업)							★		
직장(승진)							★		
건강(컨디션)								★	
연애(결혼)								★	

								★	
여행(이동)								★	
분쟁(소송)									★
계약(매매)									★

【비-초육】

初六. 拔茅茹, 以其彙. 貞吉, 亨.
초육 발모여 이기휘 정길 형

초육이다. "띠풀의 뿌리를 뽑을 때는 띠풀이 모여 있는 덩어리로써 한다. 일을 맡아치리하면 길히고 형통하다."

〈점괘〉

혈연, 학연, 지연 등의 연고나 지인의 덕을 기대하라.

〈리더의 점괘〉

실권자와 긴밀한 관계를 맺으니, 과감해져라.

No. 12 비(否)	상상=매우 좋다. 상중=참 좋다. 상하=좋은 편이다.			중상=제법 괜찮다. 중중=괜찮다. 중하=그럭저럭하다.			하상=별로 좋지 않다. 하중=좋을 것이 없다. 하하=매우 나쁘다.		
12-01	상			중			하		
	상	중	하	상	중	하	상	중	하
소원(행운)		★							
재물(사업)		★							
직장(승진)		★							
건강(컨디션)			★						
연애(결혼)						★			
여행(이동)					★				
분쟁(소송)					★				
계약(매매)					★				

【비-구이】

六二. 包承, 小人吉. 大人否, 亨.
육 이 포 승 소 인 길 대 인 비 형

육이이다. "떠받드는 자를 포용하니, 소인은 길하다. 대인은 막힘이 있겠으나, 형통하다."

〈점괘〉

분수에 따르면 길하다.

가급적 원론적인 자세로 일을 하는 것이 좋다.

〈개별 점괘〉

No. 12 비(否)	상상=매우 좋다. 상중=참 좋다. 상하=좋은 편이다.			중상=제법 괜찮다. 중중=괜찮다. 중하=그럭저럭하다.			하상=별로 좋지 않다. 하중=좋을 것이 없다. 하하=매우 나쁘다.		
12-02	상			중			하		
	상	중	하	상	중	하	상	중	하
소원(행운)					★				
재물(사업)						★			
직장(승진)					★				
건강(컨디션)					★				
연애(결혼)						★			
여행(이동)						★			
분쟁(소송)							★		
계약(매매)							★		

【비-육삼】

六三. 包羞.
육 삼   포 수

육삼이다. "수치스러운 행동을 포용한다."

〈점괘〉

일이 '끝물'이다.

〈리더의 점괘〉

보수적인 행보를 취하며, 향후를 대비하라.

〈개별 점괘〉

No. 12 비(否)	상상=매우 좋다. 상중=참 좋다. 상하=좋은 편이다.			중상=제법 괜찮다. 중중=괜찮다. 중하=그럭저럭하다.			하상=별로 좋지 않다. 하중=좋을 것이 없다. 하하=매우 나쁘다.		
12-03	상			중			하		
	상	중	하	상	중	하	상	중	하
소원(행운)			★						
재물(사업)			★						
직장(승진)			★						
건강(컨디션)		★							
연애(결혼)		★							
여행(이동)						★			
분쟁(소송)								★	
계약(매매)								★	

【비-구사】

九四. 有命, 无咎. 疇離祉.
구 사 유 명 무 구 주 리 지

구사이다. "명을 보존하니 허물이 없다. 밭을 일구며 사는 것이 복이다."

〈점괘〉

앉은 자리가 꽃방석이다.

〈리더의 점괘〉

귀거래(歸去來)하라.

〈개별 점괘〉

No. 12 비(否)	상상=매우 좋다. 상중=참 좋다. 상하=좋은 편이다.			중상=제법 괜찮다. 중중=괜찮다. 중하=그럭저럭하다.			하상=별로 좋지 않다. 하중=좋을 것이 없다. 하하=매우 나쁘다.		
12-04	상			중			하		
	상	중	하	상	중	하	상	중	하
소원(행운)						★			
재물(사업)					★				
직장(승진)						★			
건강(컨디션)				★					
연애(결혼)					★				
여행(이동)		★							
분쟁(소송)				★					
계약(매매)				★					

【비-구오】

九五. 休否, 大人吉. 其亡其亡, 繫于苞桑.
구 오 휴 비 대 인 길 기 망 기 망 계 우 포 상

구오이다. "소인이 쉬니 대인이 길하다. 망하지 않을까 염려하는데, 뽕나무
열매가 뽕나무 가지 중간에 매달린다."

〈점괘〉

어려운 일에 대비하라.

〈리더의 점괘〉

당장은 호기 같으나, 낙관하기 어렵다.

〈개별 점괘〉

No. 12 비(否)	상상=매우 좋다. 상중=참 좋다. 상하=좋은 편이다.			중상=제법 괜찮다. 중중=괜찮다. 중하=그럭저럭하다.			하상=별로 좋지 않다. 하중=좋을 것이 없다. 하하=매우 나쁘다.		
12-05	상			중			하		
	상	중	하	상	중	하	상	중	하
소원(행운)					★				
재물(사업)						★			
직장(승진)						★			
건강(컨디션)					★				
연애(결혼)							★		

여행(이동)							★		
분쟁(소송)								★	
계약(매매)								★	

【비-상구】

上九. 傾否. 先否後喜.
상 구   경 비   선 비 후 희

상구이다. "막힌 상황이 뒤집힌다. 먼저는 막혔더라도 나중에는 기뻐한다."

〈점괘〉

새로운 일을 찾고 다시 시작할 수 있는 운기다.

〈리더의 점괘〉

주변을 독려하고, 선두에 서라.

〈개별 점괘〉

No. 12 비(否)	상상=매우 좋다. 상중=참 좋다. 상하=좋은 편이다.			중상=제법 괜찮다. 중중=괜찮다. 중하=그럭저럭하다.			하상=별로 좋지 않다. 하중=좋을 것이 없다. 하하=매우 나쁘다.		
12-06	상			중			하		
	상	중	하	상	중	하	상	중	하
소원(행운)		★							
재물(사업)			★						
직장(승진)				★					
건강(컨디션)			★						
연애(결혼)			★						
여행(이동)			★						
분쟁(소송)				★					
계약(매매)					★				

13. 동인(同人)

【同人卦第十三】

天火同人

13. 천화동인

同人于野, 亨. 利涉大川. 利君子貞.
동인우야 형 리섭대천 리군자정

初九. 同人于門, 无咎.
초구 동인우문 무구

六二. 同人于宗, 吝.
육이 동인우종 린

九三. 伏戎于莽, 升其高陵, 三歲不興.
구삼 복융우망 승기고릉 삼세불흥

九四. 乘其墉, 弗克攻, 吉.
구사 승기용 불극공 길

九五. 同人, 先號咷而後笑, 大師克相遇.
구오 동인 선호도이후소 대사극상우

上九. 同人于郊, 无悔.
상구 동인우교 무회

同人于野, 亨. 利涉大川. 利君子貞.
동 인 우 야　형　리 섭 대 천　리 군 자 정

들에서 사람들이 함께 모이니 형통하다. 큰 내를 건너면 이롭다. 군자의 일
은 이롭다.

〈점괘〉

계속 순항한다.

〈리더의 점괘〉

허심탄회하게 나간다면 이롭다.

〈개별 점괘〉

No. 13 동인(同人)	상상=매우 좋다. 상중=참 좋다. 상하=좋은 편이다.			중상=제법 괜찮다. 중중=괜찮다. 중하=그럭저럭하다.			하상=별로 좋지 않다. 하중=좋을 것이 없다. 하하=매우 나쁘다.		
13-00	상			중			하		
	상	중	하	상	중	하	상	중	하
소원(행운)			★						
재물(사업)			★						
직장(승진)				★					
건강(컨디션)				★					
연애(결혼)				★					

여행(이동)			★					
분쟁(소송)			★					
계약(매매)				★				

【동인-초구】

初九. 同人于門, 无咎.
초구 동인우문 무구

초구이다. "문에서 사람을 만나니, 허물이 없다."

〈점괘〉

배려의 마음이 일을 만든다.

〈리더의 점괘〉

먼저 내주는 전략이 필요하다.

No. 13 동인(同人)	상상=매우 좋다. 상중=참 좋다. 상하=좋은 편이다.			중상=제법 괜찮다. 중중=괜찮다. 중하=그럭저럭하다.			하상=별로 좋지 않다. 하중=좋을 것이 없다. 하하=매우 나쁘다.		
13-01	상			중			하		
	상	중	하	상	중	하	상	중	하
소원(행운)		★							
재물(사업)			★						
직장(승진)				★					
건강(컨디션)			★						
연애(결혼)					★				
여행(이동)		★							
분쟁(소송)			★						
계약(매매)			★						

【동인-육이】

六二. 同人于宗, 吝.
육 이   동 인 우 종   린

육이이다. "종가 사람들만을 만나니, 인색하다."

〈점괘〉

융통성이 그립다.

줄을 세우지 말라.

〈개별 점괘〉

No. 13 동인(同人)	상상=매우 좋다. 상중=참 좋다. 상하=좋은 편이다.			중상=제법 괜찮다. 중중=괜찮다. 중하=그럭저럭하다.			하상=별로 좋지 않다. 하중=좋을 것이 없다. 하하=매우 나쁘다.		
13-02	상			중			하		
	상	중	하	상	중	하	상	중	하
소원(행운)							★		
재물(사업)						★			
직장(승진)					★				
건강(컨디션)					★				
연애(결혼)						★			
여행(이동)							★		
분쟁(소송)					★				
계약(매매)						★			

【동인-구삼】

九三. 伏戎于莽, 升其高陵, 三歲不興.
구삼 복융우망 승기고릉 삼세불흥

구삼이다. "우거진 숲에 군사를 매복시켜 놓고, 높은 곳에 오르니, 적이 3년 동안 일어나지 않는다."

〈점괘〉

잠깐 자리(시간)를 때우는 것만으로는 안 된다.

〈리더의 점괘〉

교토삼굴(狡兎三窟, 영리한 토끼는 도망칠 굴을 세 개 파둔다.)하라.

〈개별 점괘〉

No. 13 동인(同人)	상상=매우 좋다. 상중=참 좋다. 상하=좋은 편이다.			중상=제법 괜찮다. 중중=괜찮다. 중하=그럭저럭하다.			하상=별로 좋지 않다. 하중=좋을 것이 없다. 하하=매우 나쁘다.		
13-03	상			중			하		
	상	중	하	상	중	하	상	중	하
소원(행운)					★				
재물(사업)						★			
직장(승진)						★			
건강(컨디션)					★				
연애(결혼)						★			
여행(이동)							★		
분쟁(소송)						★			
계약(매매)						★			

【동인-구사】

九四. 乘其墉, 弗克攻, 吉.
구사 승기용 불극공 길

구사이다. "담을 타고 넘어서 공격해도 이길 수 없으니, 길하다."

〈점괘〉

대세를 따르라.

〈리더의 점괘〉

매사 우호적이어야 한다.

〈개별 점괘〉

No. 13 동인(同人)	상상=매우 좋다. 상중=참 좋다. 상하=좋은 편이다.			중상=제법 괜찮다. 중중=괜찮다. 중하=그럭저럭하다.			하상=별로 좋지 않다. 하중=좋을 것이 없다. 하하=매우 나쁘다.		
13-04	상			중			하		
	상	중	하	상	중	하	상	중	하
소원(행운)			★						
재물(사업)		★							
직장(승진)			★						
건강(컨디션)			★						
연애(결혼)					★				
여행(이동)						★			
분쟁(소송)		★							
계약(매매)			★						

九五. 同人, 先號咷而後笑. 大師克相遇.
구오 동인 선호도이후소 대사극상우

구오이다. "사람들이 만날 때 먼저는 울부짖다가 나중에는 웃는다. 큰 군대
가 만나는 상대방을 이긴다."

〈점괘〉

말로는 이기나 마음까지 이기지 못한다.

〈리더의 점괘〉

'기브앤테이크(give & take)'는 우주의 법칙이다.

〈개별 점괘〉

No. 13 동인(同人)	상상=매우 좋다. 상중=참 좋다. 상하=좋은 편이다.			중상=제법 괜찮다. 중중=괜찮다. 중하=그럭저럭하다.			하상=별로 좋지 않다. 하중=좋을 것이 없다. 하하=매우 나쁘다.		
13-05	상			중			하		
	상	중	하	상	중	하	상	중	하
소원(행운)		★							
재물(사업)		★							
직장(승진)			★						
건강(컨디션)							★		
연애(결혼)							★		

여행(이동)							★		
분쟁(소송)						★			
계약(매매)								★	

【동인-상구】

上九. 同人于郊, 无悔.
상 구 동 인 우 교 무 회

상구이다. "하늘에 지내는 제사에 사람들이 동참하니, 바뀐 것이 없다."

〈점괘〉

훗날을 기약하라.

〈리더의 점괘〉

말을 잘 지켜야 한다.

〈개별 점괘〉

No. 13 동인(同人)	상상=매우 좋다. 상중=참 좋다. 상하=좋은 편이다.			중상=제법 괜찮다. 중중=괜찮다. 중하=그럭저럭하다.			하상=별로 좋지 않다. 하중=좋을 것이 없다. 하하=매우 나쁘다.		
13-06	상			중			하		
	상	중	하	상	중	하	상	중	하
소원(행운)							★		
재물(사업)						★			
직장(승진)							★		
건강(컨디션)				★					
연애(결혼)							★		
여행(이동)							★		
분쟁(소송)								★	
계약(매매)								★	

14. 대유(大有)

【大有卦第十四】

火天大有

14. 화천대유

大有, 元亨.
대유 원형

初九. 无交害, 匪咎, 艱則无咎.
초구 무교해 비구 난즉무구

九二. 大車以載, 有攸往, 无咎.
구이 대거이재 유유왕 무구

九三. 公用亨于天子, 小人弗克.
구삼 공용형우천자 소인불극

九四. 匪其彭, 无咎.
구사 비기팽 무구

六五. 厥孚交如, 威如, 吉.
육오 궐부교여 위여 길

上九. 自天祐之, 吉无不利.
상구 자천우지 길무불리

【대유-단】

大有, 元亨.
대 유   원 형

대유는 크게 형통하다.

〈점괘〉

작은 일도 잘 풀리는 때이다.

〈리더의 점괘〉

좋은 흐름에 접어들고 있다.

〈개별 점괘〉

No. 14 대유(大有)	상상=매우 좋다. 상중=참 좋다. 상하=좋은 편이다.			중상=제법 괜찮다. 중중=괜찮다. 중하=그럭저럭하다.			하상=별로 좋지 않다. 하중=좋을 것이 없다. 하하=매우 나쁘다.		
14-00	상			중			하		
	상	중	하	상	중	하	상	중	하
소원(행운)	★								
재물(사업)		★							
직장(승진)			★						
건강(컨디션)		★							
연애(결혼)			★						
여행(이동)					★				

분쟁(소송)			★					
계약(매매)					★			

【대유-초구】

初九. 无交害, 匪咎. 艱則无咎.
초구 무교해 비구 난즉무구

초구이다. "서로 해치지 않으니, 허물이 없다. 험난한 일에는 허물이 없을
것이다."

〈점괘〉

주위의 도움이 있다.

〈리더의 점괘〉

더 얻고 싶다면, 새로운 일이 좋다.

〈개별 점괘〉

No. 14 대유(大有)	상상=매우 좋다. 상중=참 좋다. 상하=좋은 편이다.			중상=제법 괜찮다. 중중=괜찮다. 중하=그럭저럭하다.			하상=별로 좋지 않다. 하중=좋을 것이 없다. 하하=매우 나쁘다.		
14-01	상			중			하		
	상	중	하	상	중	하	상	중	하
소원(행운)		★							
재물(사업)			★						
직장(승진)			★						
건강(컨디션)		★							
연애(결혼)						★			
여행(이동)					★				
분쟁(소송)			★						
계약(매매)			★						

【대유-구이】

九二. 大車以載, 有攸往, 无咎.
구 이 대 거 이 재 유 유 왕 무 구

구이이다. "큰 수레에 실으니, 갈 곳이 있으면 허물이 없다."

〈점괘〉

좋은 인연이 기다린다.

〈리더의 점쾌〉

많은 이익을 나누게 된다.

〈개별 점쾌〉

No. 14 대유(大有)	상상=매우 좋다. 상중=참 좋다. 상하=좋은 편이다.			중상=제법 괜찮다. 중중=괜찮다. 중하=그럭저럭하다.			하상=별로 좋지 않다. 하중=좋을 것이 없다. 하하=매우 나쁘다.		
14-02	상			중			하		
	상	중	하	상	중	하	상	중	하
소원(행운)		★							
재물(사업)		★							
직장(승진)			★						
건강(컨디션)		★							
연애(결혼)	★								
여행(이동)		★							
분쟁(소송)		★							
계약(매매)		★							

【대유-구삼】

九三. 公用亨于天子, 小人弗克.
구 삼 공 용 형 우 천 자 소 인 불 극

구삼이다. "제후가 천자에게 향응을 받으니, 소인은 군자를 이길 수 없다."

〈점괘〉

접대를 받는데, 경거망동하면 끝이 별로다.

〈리더의 점괘〉

소신껏 일할수록 길하다.

〈개별 점괘〉

No. 14 대유(大有)	상상=매우 좋다. 상중=참 좋다. 상하=좋은 편이다.			중상=제법 괜찮다. 중중=괜찮다. 중하=그럭저럭하다.			하상=별로 좋지 않다. 하중=좋을 것이 없다. 하하=매우 나쁘다.		
14-03	상			중			하		
	상	중	하	상	중	하	상	중	하
소원(행운)			★						
재물(사업)		★							
직장(승진)		★							
건강(컨디션)				★					
연애(결혼)					★				
여행(이동)					★				
분쟁(소송)			★						
계약(매매)			★						

【대유-구사】

九四. 匪其彭, 无咎.
구 사 비 기 팽 무 구

구사이다. "그 길이 아니나, 허물이 없다."

〈점괘〉

유혹에 빠질 우려가 있다.

〈리더의 점괘〉

상황 돌파를 위해 과감해져야 한다.

〈개별 점괘〉

No. 14 대유(大有)	상상=매우 좋다. 상중=참 좋다. 상하=좋은 편이다.			중상=제법 괜찮다. 중중=괜찮다. 중하=그럭저럭하다.			하상=별로 좋지 않다. 하중=좋을 것이 없다. 하하=매우 나쁘다.		
14-04	상			중			하		
	상	중	하	상	중	하	상	중	하
소원(행운)					★				
재물(사업)						★			
직장(승진)					★				
건강(컨디션)			★						
연애(결혼)							★		
여행(이동)								★	
분쟁(소송)							★		
계약(매매)							★		

【대유-육오】

六五. 厥孚交如, 威如, 吉.
　　유오　궐부교여　위여　길

육오이다. "그 믿음을 가지고 교제하니 위엄을 갖추어 길하다."

〈점괘〉

기세가 강해 못할 일이 없는 듯하다.

〈리더의 점괘〉

국면을 장악한다.

〈개별 점괘〉

No. 14 대유(大有)	상상=매우 좋다. 상중=참 좋다. 상하=좋은 편이다.			중상=제법 괜찮다. 중중=괜찮다. 중하=그럭저럭하다.			하상=별로 좋지 않다. 하중=좋을 것이 없다. 하하=매우 나쁘다.		
14-05	상			중			하		
	상	중	하	상	중	하	상	중	하
소원(행운)	★								
재물(사업)		★							
직장(승진)	★								
건강(컨디션)		★							
연애(결혼)						★			
여행(이동)			★						

분쟁(소송)			★					
계약(매매)						★		

【대유-상구】

上九. 自天祐之, 吉无不利.
상구 자천우지 길무불리

상구이다. "하늘이 보우하시니, 길하며 이롭지 않음이 없다."

〈점괘〉

허밍(humming)할 일이 생긴다.

〈리더의 점괘〉

마음이 맑아야 한다.

〈개별 점괘〉

No. 14 대유(大有)	상상=매우 좋다. 상중=참 좋다. 상하=좋은 편이다.			중상=제법 괜찮다. 중중=괜찮다. 중하=그럭저럭하다.			하상=별로 좋지 않다. 하중=좋을 것이 없다. 하하=매우 나쁘다.		
14-06	상			중			하		
	상	중	하	상	중	하	상	중	하
소원(행운)	★								

재물(사업)	★								
직장(승진)	★								
건강(컨디션)	★								
연애(결혼)						★			
여행(이동)		★							
분쟁(소송)		★							
계약(매매)		★							

15. 겸(謙)

【謙卦第十五】

15. 지산겸

地山謙

謙, 亨, 君子有終.
겸 형 군자유종

初六. 謙謙君子, 用涉大川, 吉.
초육 겸겸군자 용섭대천 길

六二. 鳴謙, 貞吉.
육이 명겸 정길

九三. 勞謙, 君子有終, 吉.
구삼 노겸 군자유종 길

六四. 无不利, 撝謙
육사 무불리 휘겸

六五. 不富以其鄰. 利用侵伐, 无不利.
육오 블부이기린 리용침벌 무블리

上六. 鳴謙, 利用行師, 征邑國.
상육 명겸 리용행사 정읍극

【겸-단】

謙, 亨, 君子有終.
겸   형   군자유종

겸은 형통하니, 군자는 끝마침이 있다.

〈점괘〉

기분은 좋지만 일은 아직 멀었다.

〈리더의 점괘〉

인내와 신념이 있으면, 빛을 발한다.

〈개별 점괘〉

No. 15 겸(謙)	상상=매우 좋다. 상중=참 좋다. 상하=좋은 편이다.			중상=제법 괜찮다. 중중=괜찮다. 중하=그럭저럭하다.			하상=별로 좋지 않다. 하중=좋을 것이 없다. 하하=매우 나쁘다.		
15-00	상			중			하		
	상	중	하	상	중	하	상	중	하
소원(행운)		★							
재물(사업)			★						
직장(승진)					★				
건강(컨디션)				★					
연애(결혼)							★		
여행(이동)					★				

분쟁(소송)						★		
계약(매매)						★		

【겸-초육】

初六. 謙謙君子, 用涉大川, 吉.
초 육 겸 겸 군 자 용 섭 대 천 길

초육이다. "겸손하고 겸손한 군자가 큰 내를 건너니 길하다.

〈점쾌〉

분수를 지키지 않으면, 어려움에 빠지는 수가 있다.

〈리더의 점쾌〉

고된 느낌이나 종국에는 이롭다.

〈개별 점쾌〉

No. 15 겸(謙)	상상=매우 좋다. 상중=참 좋다. 상하=좋은 편이다.			중상=제법 괜찮다. 중중=괜찮다. 중하=그럭저럭하다.			하상=별로 좋지 않다. 하중=좋을 것이 없다. 하하=매우 나쁘다.		
15-01	상			중			하		
	상	중	하	상	중	하	상	중	하
소원(행운)			★						

재물(사업)			★					
직장(승진)				★				
건강(컨디션)				★				
연애(결혼)					★			
여행(이동)	★							
분쟁(소송)					★			
계약(매매)			★					

【겸-육이】

六二. 鳴謙, 貞吉.
육 이 명 겸 정 길

육이이다. "명성이 진동하나 겸손하니, 일을 맡아 처리하면 길하다."

〈점괘〉

구석에서 인기를 얻는다.

〈리더의 점괘〉

명예를 지킬수록 이롭다.

No. 15 겸(謙)	상상=매우 좋다. 상중=참 좋다. 상하=좋은 편이다.			중상=제법 괜찮다. 중중=괜찮다. 중하=그럭저럭하다.			하상=별로 좋지 않다. 하중=좋을 것이 없다. 하하=매우 나쁘다.		
15-02	상			중			하		
	상	중	하	상	중	하	상	중	하
소원(행운)	★								
재물(사업)	★								
직장(승진)			★						
건강(컨디션)				★					
연애(결혼)						★			
여행(이동)			★						
분쟁(소송)	★								
계약(매매)			★						

【겸-구삼】

九三. 勞謙, 君子有終, 吉.
구 삼 노 겸 군 자 유 종 길

구삼이다. "노력하면서도 겸손하니, 군자가 끝마치는 것이 있어 길하다."

〈점괘〉

손해 보는 듯 살면 마음이 편하다.

〈리더의 점괘〉

리더의 수고는 만인의 휴식이 되니 어찌 할 것인가?

〈개별 점괘〉

No. 15 겸(謙)	상상=매우 좋다. 상중=참 좋다. 상하=좋은 편이다.			중상=제법 괜찮다. 중중=괜찮다. 중하=그럭저럭하다.			하상=별로 좋지 않다. 하중=좋을 것이 없다. 하하=매우 나쁘다.		
15-03	상			중			하		
	상	중	하	상	중	하	상	중	하
소원(행운)			★						
재물(사업)					★				
직장(승진)	★								
건강(컨디션)					★				
연애(결혼)						★			
여행(이동)				★					
분쟁(소송)						★			
계약(매매)			★						

【겸-육사】

六四. 无不利, 撝謙.
육사 무불리 휘겸

육사이다. "이롭지 않음이 없으니, 겸손한 사람을 높이 들어올린다."

〈점괘〉

여자는 더욱 이롭다.

〈리더의 점괘〉

원칙과 소신으로 전진하라.

〈개별 점괘〉

No. 15 겸(謙)	상상=매우 좋다. 상중=참 좋다. 상하=좋은 편이다.			중상=제법 괜찮다. 중중=괜찮다. 중하=그럭저럭하다.			하상=별로 좋지 않다. 하중=좋을 것이 없다. 하하=매우 나쁘다.		
15-04	상			중			하		
	상	중	하	상	중	하	상	중	하
소원(행운)	★								
재물(사업)		★							
직장(승진)			★						
건강(컨디션)					★				
연애(결혼)							★		
여행(이동)			★						
분쟁(소송)							★		
계약(매매)		★							

【겸-육오】

六五. 不富以其鄰. 利用侵伐, 无不利.
육 오   불부이기린   리용침벌   무불리

육오이다. "그 이웃 때문에 부유하지 못한다. 침투와 정벌이 이로우니, 이롭지 않음이 없다."

〈점괘〉

단호해지라.

〈리더의 점괘〉

강한 리더십이 필요하다.

〈개별 점괘〉

No. 15 겸(謙)	상상=매우 좋다. 상중=참 좋다. 상하=좋은 편이다.			중상=제법 괜찮다. 중중=괜찮다. 중하=그럭저럭하다.			하상=별로 좋지 않다. 하중=좋을 것이 없다. 하하=매우 나쁘다.		
15-05	상			중			하		
	상	중	하	상	중	하	상	중	하
소원(행운)			★						
재물(사업)		★							
직장(승진)		★							
건강(컨디션)						★			
연애(결혼)							★		
여행(이동)			★						
분쟁(소송)		★							
계약(매매)		★							

【겸-상육】

上六. 鳴謙, 利用行師, 征邑國.
상 육 명 겸 리 용 행 사 정 읍 국

상육이다. "명성이 진동하나 겸손하니, 군사를 출동시키는 것이 이롭고, 내

나라의 일부분을 정벌하게 된다."

〈점괘〉

산 속에 들어가고픈 심정이다.

〈리더의 점괘〉

집 안 단속을 잘 해야 한다.

〈개별 점괘〉

No. 15 겸(謙)	상상=매우 좋다. 상중=참 좋다. 상하=좋은 편이다.			중상=제법 괜찮다. 중중=괜찮다. 중하=그럭저럭하다.			하상=별로 좋지 않다. 하중=좋을 것이 없다. 하하=매우 나쁘다.		
15-06	상			중			하		
	상	중	하	상	중	하	상	중	하
소원(행운)				★					
재물(사업)		★							
직장(승진)				★					
건강(컨디션)						★			
연애(결혼)						★			

여행(이동)				★				
분쟁(소송)			★					
계약(매매)						★		

16. 예(豫)

【豫卦第十六】　　16.뇌지예

豫, 利建侯行師.
예 리건후행사

雷地豫

初六. 鳴豫, 凶.
초육 명예 흉

六二. 介于石, 不終日, 貞吉.
육이 개우석 부종일 정길

六三. 盱豫. 悔遲, 有悔.
육삼 우예 회지 유회

九四. 由豫, 大有得. 勿疑. 朋盍簪.
구사 유예 대유득 물의 붕합잠

六五. 貞疾, 恒不死.
육오 정질 항불사

上六. 冥豫. 成有渝. 无咎.
상육 명예 성유투 무구

【예-단】

豫, 利建侯行師.
예   리건후행사

예는 제후를 세우는 것이 이롭고 군대를 출동시키는 것이 이로우니라.

〈점괘〉

혼자하지 말고 의뢰하라.

〈리더의 점괘〉

경쟁자를 제압할 때다.

〈개별 점괘〉

No. 16 예(豫)	상상=매우 좋다. 상중=참 좋다. 상하=좋은 편이다.			중상=제법 괜찮다. 중중=괜찮다. 중하=그럭저럭하다.			하상=별로 좋지 않다. 하중=좋을 것이 없다. 하하=매우 나쁘다.		
16-00	상			중			하		
	상	중	하	상	중	하	상	중	하
소원(행운)				★					
재물(사업)			★						
직장(승진)			★						
건강(컨디션)					★				
연애(결혼)							★		
여행(이동)		★							

								★	
분쟁(소송)								★	
계약(매매)							★		

【예-초육】

初六. 鳴豫, 凶.
초 육　명 예 · 흉

　초육이다. "풍악을 울리면서 즐기니, 흉하다."

〈점괘〉

지름길로 가지 말라.

〈리더의 점괘〉

동료나 수하들의 일탈에 대비하라.

〈개별 점괘〉

No. 16 예(豫)	상상=매우 좋다. 상중=참 좋다. 상하=좋은 편이다.			중상=제법 괜찮다. 중중=괜찮다. 중하=그럭저럭하다.			하상=별로 좋지 않다. 하중=좋을 것이 없다. 하하=매우 나쁘다.		
16-01	상			중			하		
	상	중	하	상	중	하	상	중	하
소원(행운)							★		

재물(사업)						★		
직장(승진)								★
건강(컨디션)				★				
연애(결혼)							★	
여행(이동)			★					
분쟁(소송)						★		
계약(매매)						★		

【예-육이】

六二. 介于石, 不終日, 貞吉.
육 이 개 우 석 부 종 일 정 길

육이이다. "돌 사이에 끼여 있으니, 온 종일 기다리지 말며, 속히 일을 처리

하면 길하다."

〈점괘〉

우유부단하면 손해다.

〈리더의 점괘〉

위기관리의 리더십이 요구된다.

No. 16 예(豫)	상상=매우 좋다. 상중=참 좋다. 상하=좋은 편이다.			중상=제법 괜찮다. 중중=괜찮다. 중하=그럭저럭하다.			하상=별로 좋지 않다. 하중=좋을 것이 없다. 하하=매우 나쁘다.		
16-02	상			중			하		
	상	중	하	상	중	하	상	중	하
소원(행운)			★						
재물(사업)			★						
직장(승진)			★						
건강(컨디션)					★				
연애(결혼)						★			
여행(이동)							★		
분쟁(소송)					★				
계약(매매)				★					

【예-육삼】

六三. 盱豫. 悔遲, 有悔.
육삼 우예 회지 유회

육삼이다. "눈을 부릅뜨나 즐겁고 편안하다. 변화가 더디나, 변화하게 된다."

〈점괘〉

누울 자리를 보고 다리를 뻗어야 한다.

<리더의 점괘>

아랫사람들에게 신임을 받지 못하는 수가 있다.

<개별 점괘>

No. 16 예(豫)	상상=매우 좋다. 상중=참 좋다. 상하=좋은 편이다.			중상=제법 괜찮다. 중중=괜찮다. 중하=그럭저럭하다.			하상=별로 좋지 않다. 하중=좋을 것이 없다. 하하=매우 나쁘다.		
16-03	상			중			하		
	상	중	하	상	중	하	상	중	하
소원(행운)					★				
재물(사업)						★			
직장(승진)							★		
건강(컨디션)							★		
연애(결혼)							★		
여행(이동)			★						
분쟁(소송)							★		
계약(매매)								★	

【예-구사】

九四. 由豫, 大有得. 勿疑. 朋盍簪.
구 사 유 예 대 유 득 물 의 붕 합 잠

구사이다. "예괘가 예괘일 수 있는 이유이니, 크게 얻는 것이 있다. 의심하
지 말라. 친구들이 와서 비녀를 꽂아준다."

〈점괘〉

뜻밖의 귀인들이 찾아온다.

〈리더의 점괘〉

의사결정권을 가지게 된다.

〈개별 점괘〉

No. 16 예(豫)	상상=매우 좋다. 상중=참 좋다. 상하=좋은 편이다.			중상=제법 괜찮다. 중중=괜찮다. 중하=그럭저럭하다.			하상=별로 좋지 않다. 하중=좋을 것이 없다. 하하=매우 나쁘다.		
16-04	상			중			하		
	상	중	하	상	중	하	상	중	하
소원(행운)	★								
재물(사업)	★								
직장(승진)	★								
건강(컨디션)		★							
연애(결혼)					★				
여행(이동)		★							
분쟁(소송)			★						
계약(매매)			★						

【예-육오】

六五. 貞疾, 恒不死.
육 오 정 질 항 불 사

육오이다. "고질병이 들었으나, 오래 살 것이며 죽지 않는다."

〈점괘〉

골치 아픈 일이 있다.

〈리더의 점괘〉

제거하기 어려운 일을 만난다.

〈개별 점괘〉

No. 16 예(豫)	상상=매우 좋다. 상중=참 좋다. 상하=좋은 편이다.			중상=제법 괜찮다. 중중=괜찮다. 중하=그럭저럭하다.			하상=별로 좋지 않다. 하중=좋을 것이 없다. 하하=매우 나쁘다.		
16-05	상			중			하		
	상	중	하	상	중	하	상	중	하
소원(행운)					★				
재물(사업)					★				
직장(승진)						★			
건강(컨디션)			★						
연애(결혼)							★		
여행(이동)								★	
분쟁(소송)								★	
계약(매매)								★	

上六. 冥豫. 成有渝. 无咎.
상 육　명 예　성 유 투　무 구

상육이다. "높은 곳에서 편안하고 즐겁게 있다. 서약에 변화가 있다. 허물이
없다."

〈점괘〉

하던 일이 중단되기 쉽다.

〈리더의 점괘〉

지난 일을 탓하지 않아야 이롭다.

〈개별 점괘〉

No. 16 예(豫)	상상=매우 좋다. 상중=참 좋다. 상하=좋은 편이다.			중상=제법 괜찮다. 중중=괜찮다. 중하=그럭저럭하다.			하상=별로 좋지 않다. 하중=좋을 것이 없다. 하하=매우 나쁘다.		
16-06	상			중			하		
	상	중	하	상	중	하	상	중	하
소원(행운)							★		
재물(사업)						★			
직장(승진)						★			
건강(컨디션)		★							
연애(결혼)						★			

190

여행(이동)				★					
분쟁(소송)									★
계약(매매)									★

17. 수(隨)

17. 택뢰수

澤雷隨

隨, 元亨, 利貞, 无咎.
수 원형 리정 무구

初九. 官有渝. 貞吉. 出門交有功.
초구 관유투 정길 출문교유공

六二. 係小子, 失丈夫.
육이 계소자 실장부

六三. 係丈夫, 失小子. 隨有求得, 利居貞.
육삼 계장부 실소자 수유구득 리거정

九四. 隨有獲. 貞凶. 有孚, 在道, 以明, 何咎.
구사 수유획 정흉 유부 재도 이명 하구

九五. 孚于嘉, 吉.
구오 부우가 길

上六. 拘係之, 乃從維之. 王用亨于西山.
상육 구계지 내종유지 왕용형우서산

【수-단】

隨, 元亨, 利貞, 无咎.
수 원형 리정 무구

수는 크게 형통하고 일을 맡아 처리하는 것이 이로우니, 허물이 없다.

〈점괘〉

손발을 놀려 일할 때다

〈리더의 점괘〉

현장 속으로 가라.

〈개별 점괘〉

No. 17 수(隨)	상상=매우 좋다. 상중=참 좋다. 상하=좋은 편이다.			중상=제법 괜찮다. 중중=괜찮다. 중하=그럭저럭하다.			하상=별로 좋지 않다. 하중=좋을 것이 없다. 하하=매우 나쁘다.		
17-00	상			중			하		
	상	중	하	상	중	하	상	중	하
소원(행운)		★							
재물(사업)		★							
직장(승진)		★							
건강(컨디션)		★							
연애(결혼)	★								
여행(이동)			★						

분쟁(소송)								★	
계약(매매)						★			

【수-초구】

初九. 官有渝. 貞吉. 出門交有功.
초구 관유투 정길 출문교유공

초구이다. "관에 변화가 있다. 일을 맡아 처리하면 길하다. 문밖을 나서 교
제하면 공이 있다."

〈점괘〉

변화의 조짐이 좋다.

〈리더의 점괘〉

관(官)에 속한다면 더 좋은 일이 생긴다.

〈개별 점괘〉

No. 17 수(隨)	상상=매우 좋다. 상중=참 좋다. 상하=좋은 편이다.			중상=제법 괜찮다. 중중=괜찮다. 중하=그럭저럭하다.			하상=별로 좋지 않다. 하중=좋을 것이 없다. 하하=매우 나쁘다.		
17-01	상			중			하		
	상	중	하	상	중	하	상	중	하
소원(행운)			★						
재물(사업)			★						
직장(승진)	★								
건강(컨디션)				★					
연애(결혼)						★			
여행(이동)					★				
분쟁(소송)							★		
계약(매매)							★		

【수-육이】

六二. 係小子, 失丈夫.
육 이　계 소 자　실 장 부

육이이다. "소자를 묶었으나 장부를 놓친다."

〈점괘〉

손실이 생각보다 크게 될지도 모른다.

일을 추진하는 동력이 일부분 상실된다.

〈개별 점괘〉

No. 17 수(隨)	상상=매우 좋다. 상중=참 좋다. 상하=좋은 편이다.			중상=제법 괜찮다. 중중=괜찮다. 중하=그럭저럭하다.			하상=별로 좋지 않다. 하중=좋을 것이 없다. 하하=매우 나쁘다.		
17-02	상			중			하		
	상	중	하	상	중	하	상	중	하
소원(행운)							★		
재물(사업)							★		
직장(승진)						★			
건강(컨디션)					★				
연애(결혼)				★					
여행(이동)						★			
분쟁(소송)			★						
계약(매매)		★							

【수-육삼】

六三. 係丈夫, 失小子. 隨有求得. 利居貞.
육 삼 계 장 부 실 소 자 수 유 구 득 리 거 정

육삼이다. "장부를 묶었으나 소자를 놓친다. 따라가면 구하던 것을 얻는다. 거처하는 일은 이롭다."

〈점괘〉

작은 이익이 있겠다.

〈리더의 점괘〉

상대의 전술에 말려들었다.

〈개별 점괘〉

No. 17 수(隨)	상상=매우 좋다. 상중=참 좋다. 상하=좋은 편이다.			중상=제법 괜찮다. 중중=괜찮다. 중하=그럭저럭하다.			하상=별로 좋지 않다. 하중=좋을 것이 없다. 하하=매우 나쁘다.		
17-03	상			중			하		
	상	중	하	상	중	하	상	중	하
소원(행운)								★	
재물(사업)								★	
직장(승진)								★	
건강(컨디션)						★			
연애(결혼)					★				
여행(이동)						★			
분쟁(소송)							★		
계약(매매)						★			

【수-구사】

九四. 隨有獲. 貞凶. 有孚, 在道, 以明, 何咎.
구사 수유획 정흉 유부 재도 이명 하구

구사이다. "위에서 뚝 떨어졌으나 얻는다. 하지만 일을 맡아 처리하면 흉하다. 믿음을 가지고 길 위에서 명백하게 밝힌다면, 무슨 허물이 있겠는가?"

〈점괘〉

윗사람 덕을 입는다.

〈리더의 점괘〉

일체의 사안에서 손을 떼게 된다.

〈개별 점괘〉

No. 17 수(隨)	상상=매우 좋다. 상중=참 좋다. 상하=좋은 편이다.			중상=제법 괜찮다. 중중=괜찮다. 중하=그럭저럭하다.			하상=별로 좋지 않다. 하중=좋을 것이 없다. 하하=매우 나쁘다.		
17-04	상			중			하		
	상	중	하	상	중	하	상	중	하
소원(행운)							★		
재물(사업)				★					
직장(승진)							★		
건강(컨디션)						★			
연애(결혼)					★				
여행(이동)			★						
분쟁(소송)						★			
계약(매매)					★				

【수-구오】

九五. 孚于嘉, 吉.
_{구 오 부 우 가 길}

구오이다. "아름다운 일에 믿음을 두니, 길하다."

〈점괘〉

만남은 본래 좋은 것이다.

〈리더의 점괘〉

위와 아래가 화합하니 이롭다.

〈개별 점괘〉

No. 17 수(隨)	상상=매우 좋다. 상중=참 좋다. 상하=좋은 편이다.			중상=제법 괜찮다. 중중=괜찮다. 중하=그럭저럭하다.			하상=별로 좋지 않다. 하중=좋을 것이 없다. 하하=매우 나쁘다.		
17-05	상			중			하		
	상	중	하	상	중	하	상	중	하
소원(행운)		★							
재물(사업)		★							
직장(승진)			★						
건강(컨디션)				★					
연애(결혼)	★								
여행(이동)						★			

분쟁(소송)						★		
계약(매매)							★	

【수-상육】

上六. 拘係之, 乃從維之. 王用亨于西山.
상 육 구 계 지 내 종 유 지 왕 용 형 우 서 산

상육이다. "잡아서 붙들어 매고 바로 끌어다 묶는다. 왕이 서산에서 제사를 올린다."

⟨점괘⟩

귀인 대접에 성의를 다하라.

⟨리더의 점괘⟩

큰 일일수록 공을 들여야 한다.

No. 17 수(隨)	상상=매우 좋다. 상중=참 좋다. 상하=좋은 편이다.			중상=제법 괜찮다. 중중=괜찮다. 중하=그럭저럭하다.			하상=별로 좋지 않다. 하중=좋을 것이 없다. 하하=매우 나쁘다.		
17-06	상			중			하		
	상	중	하	상	중	하	상	중	하
소원(행운)		★							
재물(사업)		★							
직장(승진)		★							
건강(컨디션)		★							
연애(결혼)							★		
여행(이동)		★							
분쟁(소송)							★		
계약(매매)								★	

18. 고(蠱)

【蠱卦第十八】

山風蠱

18. 산풍고

蠱, 元亨, 利涉大川. 先甲三日, 後甲三日.
고 원형 리섭대천 선갑삼일 후갑삼일

初六. 幹父之蠱, 有子, 考无咎. 厲, 終吉.
초육 간부지고 유자 고무구 려 종길

九二. 幹母之蠱, 不可貞.
구이 간모지고 불가정

九三. 幹父之蠱, 小有悔, 无大咎.
구삼 간부지고 소유회 무대구

六四. 裕父之蠱. 往見, 吝.
육사 유부지고 왕견 린

六五. 幹父之蠱, 用譽.
육오 간부지고 용예

上九. 不事王侯, 高尚其事.
상구 불사왕후 고상기사

【고-단】

蠱, 元亨, 利涉大川. 先甲三日, 後甲三日.
고　원형　리섭대천　선갑삼일　후갑삼일

고는 크게 형통하고 큰 내를 건너는 것이 이롭다. 갑일(처음 일을 하는 날) 이전
3일이고, 갑일 이후 3일이다.

〈점쾌〉

용의주도하다면 이롭다.

〈리더의 점쾌〉

계획은 신중하고 행동은 과감하다면 길하다.

〈개별 점쾌〉

No. 18 고(蠱)	상상=매우 좋다. 상중=참 좋다. 상하=좋은 편이다.			중상=제법 괜찮다. 중중=괜찮다. 중하=그럭저럭하다.			하상=별로 좋지 않다. 하중=좋을 것이 없다. 하하=매우 나쁘다.		
18-00	상			중			하		
	상	중	하	상	중	하	상	중	하
소원(행운)			★						
재물(사업)				★					
직장(승진)					★				
건강(컨디션)					★				
연애(결혼)			★						

		★							
여행(이동)		★							
분쟁(소송)		★							
계약(매매)		★							

【고-초육】

初六. 幹父之蠱, 有子, 考无咎. 厲, 終吉.
초 육 간 부 지 고 유 자 고 무 구 려 종 길

초육이다. "아버지의 허물을 잘 보완하니, 자식을 잘 둔 덕에 죽은 아버지가

허물이 없다. 위태하나, 끝은 길하다."

〈점괘〉

과거 때문에 발목이 잡힐 수 있으나, 정직이 최선이다.

〈리더의 점괘〉

신구(新舊)의 조화를 꾀하라.

No. 18 고(蠱)	상상=매우 좋다. 상중=참 좋다. 상하=좋은 편이다.		중상=제법 괜찮다. 중중=괜찮다. 중하=그럭저럭하다.		하상=별로 좋지 않다. 하중=좋을 것이 없다. 하하=매우 나쁘다.	

18-01	상			중			하		
	상	중	하	상	중	하	상	중	하
소원(행운)			★						
재물(사업)				★					
직장(승진)						★			
건강(컨디션)		★							
연애(결혼)								★	
여행(이동)						★			
분쟁(소송)		★							
계약(매매)		★							

【고-구이】

九二. 幹母之蠱, 不可貞.
구 이   간 모 지 고   불 가 정

구이이다. "어머니의 허물을 수습하나, 일을 맡아 처리할 수는 없다."

〈점쾌〉

일을 더 이상 진행하면 불리하다.

합리적이지 않은 해결을 모색하라.

〈개별 점괘〉

No. 18 고(蠱)	상상=매우 좋다. 상중=참 좋다. 상하=좋은 편이다.			중상=제법 괜찮다. 중중=괜찮다. 중하=그럭저럭하다.			하상=별로 좋지 않다. 하중=좋을 것이 없다. 하하=매우 나쁘다.		
18-02	상			중			하		
	상	중	하	상	중	하	상	중	하
소원(행운)								★	
재물(사업)							★		
직장(승진)									★
건강(컨디션)					★				
연애(결혼)								★	
여행(이동)								★	
분쟁(소송)								★	
계약(매매)								★	

【고-구삼】

九三. 幹父之蠱, 小有悔, 无大咎.
구삼 간부지고 소유회 무대구

구삼이다. "아버지의 허물을 보완하니 약간의 변화는 있겠으나, 큰 허물은
없다."

〈점괘〉

약간의 목표 수정은 괜찮다.

〈리더의 점괘〉

본래 목표를 수정하지 않고 전진하라.

〈개별 점괘〉

No. 18 고(蠱)	상상=매우 좋다. 상중=참 좋다. 상하=좋은 편이다.			중상=제법 괜찮다. 중중=괜찮다. 중하=그럭저럭하다.			하상=별로 좋지 않다. 하중=좋을 것이 없다. 하하=매우 나쁘다.		
18-03	상			중			하		
	상	중	하	상	중	하	상	중	하
소원(행운)			★						
재물(사업)			★						
직장(승진)					★				
건강(컨디션)		★							
연애(결혼)						★			
여행(이동)			★						
분쟁(소송)				★					
계약(매매)				★					

【고-육사】

六四. 裕父之蠱. 往見, 吝.
육사 유부지고 왕견 린

육사이다. "아버지의 허물을 너그럽게 한다. 나아가더라도 인색하다.

〈점괘〉

상황이 우호적이지 않으니, 지성(至誠)을 다해라.

〈리더의 점괘〉

동력 상실의 우려가 있다.

〈개별 점괘〉

No. 18 고(蠱)	상상=매우 좋다. 상중=참 좋다. 상하=좋은 편이다.			중상=제법 괜찮다. 중중=괜찮다. 중하=그럭저럭하다.			하상=별로 좋지 않다. 하중=좋을 것이 없다. 하하=매우 나쁘다.		
18-04	상			중			하		
	상	중	하	상	중	하	상	중	하
소원(행운)				★					
재물(사업)					★				
직장(승진)						★			
건강(컨디션)				★					
연애(결혼)						★			
여행(이동)					★				
분쟁(소송)							★		
계약(매매)								★	

六五. 幹父之蠱, 用譽.
육 오 간 부 지 고 용 예

육오이다. "아버지의 허물을 보완하니, 칭찬받는다."

〈점괘〉

후원을 받는다.

〈리더의 점괘〉

예상하던 것보다 더 큰 결실이 있다.

〈개별 점괘〉

No. 18 고(蠱)	상상=매우 좋다. 상중=참 좋다. 상하=좋은 편이다.			중상=제법 괜찮다. 중중=괜찮다. 중하=그럭저럭하다.			하상=별로 좋지 않다. 하중=좋을 것이 없다. 하하=매우 나쁘다.		
18-05	상			중			하		
	상	중	하	상	중	하	상	중	하
소원(행운)				★					
재물(사업)		★							
직장(승진)			★						
건강(컨디션)				★					
연애(결혼)						★			
여행(이동)			★						

분쟁(소송)		★						
계약(매매)	★							

【고-상구】

上九. 不事王侯, 高尙其事.
상 구 불 사 왕 후 고 상 기 사

상구이다. "왕이나 제후를 섬기지 않고, 자신의 일을 고상하게 한다."

〈점괘〉

망신을 당할지도 모른다.

〈리더의 점괘〉

후일을 본다면 소신대로 하는 것이 더 이롭다.

〈개별 점괘〉

No. 18 고(蠱)	상상=매우 좋다. 상중=참 좋다. 상하=좋은 편이다.			중상=제법 괜찮다. 중중=괜찮다. 중하=그럭저럭하다.			하상=별로 좋지 않다. 하중=좋을 것이 없다. 하하=매우 나쁘다.		
18-06	상			중			하		
	상	중	하	상	중	하	상	중	하
소원(행운)							★		

재물(사업)					★			
직장(승진)							★	
건강(컨디션)					★			
연애(결혼)	★							
여행(이동)	★							
분쟁(소송)		★						
계약(매매)	★							

19. 림(臨)

【臨卦第十九】

19. 지택림

地澤臨

臨, 元亨, 利貞. 至于八月, 有凶.
임 원형 리정 지우팔월 유흉

初九. 咸臨, 貞吉.
초구 함림 정길

九二. 咸臨, 吉, 无不利.
구이 함림 길 무불리

六三. 甘臨, 无攸利. 旣憂之, 无咎.
육삼 감림 무유리 기우지 무구

六四. 至臨, 无咎.
육사 지림 무구

六五. 知臨, 大君之宜, 吉.
육오 지림 대군지의 길

上六. 敦臨, 吉, 无咎.
상육 돈림 길 무구

【림-단】

臨, 元亨, 利貞. 至于八月, 有凶.
임 원형 리정 지우팔월 유흉

임은 크게 형통하고 일을 맡아 처리하는 것이 이롭다. 팔월에 이르면 흉함
이 있게 된다.

〈점쾌〉

속전속결이 이롭다.

〈리더의 점쾌〉

다음 고비를 준비하며 일을 추진한다.

〈개별 점쾌〉

No. 19 림(臨)	상상=매우 좋다. 상중=참 좋다. 상하=좋은 편이다.			중상=제법 괜찮다. 중중=괜찮다. 중하=그럭저럭하다.			하상=별로 좋지 않다. 하중=좋을 것이 없다. 하하=매우 나쁘다.		
19-00	상			중			하		
	상	중	하	상	중	하	상	중	하
소원(행운)		★							
재물(사업)		★							
직장(승진)		★							
건강(컨디션)		★							
연애(결혼)					★				

여행(이동)	★								
분쟁(소송)					★				
계약(매매)					★				

【림-초구】

初九. 咸臨, 貞吉.
초구 함림 정길

초구이다. "감동시켜서 군림하는 것이니 일을 맡아 처리하면 길하다."

〈점괘〉

부탁하면 다 들어줄 정도이다.

〈리더의 점괘〉

본인의 뜻에 호응(呼應)한다.

No. 19 림(臨)	상상=매우 좋다. 상중=참 좋다. 상하=좋은 편이다.			중상=제법 괜찮다. 중중=괜찮다. 중하=그럭저럭하다.			하상=별로 좋지 않다. 하중=좋을 것이 없다. 하하=매우 나쁘다.		
19-01	상			중			하		
	상	중	하	상	중	하	상	중	하
소원(행운)	★								
재물(사업)	★								
직장(승진)		★							
건강(컨디션)		★							
연애(결혼)			★						
여행(이동)		★							
분쟁(소송)					★				
계약(매매)					★				

【림-구이】

九二. 咸臨, 吉, 无不利.
구 이 함 림 길 무 불 리

구이이다. "감동시켜 군림하니, 길하며, 이롭지 않음이 없다."

〈점괘〉

일사천리(一瀉千里, 강물이 흘러 천리를 간다.)지만, 기세가 강하니 조심하라.

일을 추진하되, 향후 연착륙을 위한 대책이 필요하다.

〈개별 점괘〉

No. 19 림(臨)	상상=매우 좋다. 상중=참 좋다. 상하=좋은 편이다.			중상=제법 괜찮다. 중중=괜찮다. 중하=그럭저럭하다.			하상=별로 좋지 않다. 하중=좋을 것이 없다. 하하=매우 나쁘다.		
19-02	상			중			하		
	상	중	하	상	중	하	상	중	하
소원(행운)	★								
재물(사업)		★							
직장(승진)			★						
건강(컨디션)	★								
연애(결혼)			★						
여행(이동)		★							
분쟁(소송)	★								
계약(매매)		★							

【림-육삼】

六三. 甘臨, 无攸利. 旣憂之, 无咎.
육 삼 감 림 무 유 리 기 우 지 무 구

육삼이다. "달콤하게 군림하니, 이로운 바가 없다. 이미 근심하고 있으니, 허물은 없다."

〈점괘〉

게으름을 버려야 하니, 남 탓하기 쉽다.

〈리더의 점괘〉

우환(憂患)이 깊으나, 곧 가신다.

〈개별 점괘〉

No. 19 림(臨)	상상=매우 좋다. 상중=참 좋다. 상하=좋은 편이다.			중상=제법 괜찮다. 중중=괜찮다. 중하=그럭저럭하다.			하상=별로 좋지 않다. 하중=좋을 것이 없다. 하하=매우 나쁘다.		
19-03	상			중			하		
	상	중	하	상	중	하	상	중	하
소원(행운)						★			
재물(사업)					★				
직장(승진)						★			
건강(컨디션)							★		
연애(결혼)			★						
여행(이동)		★							
분쟁(소송)		★							
계약(매매)		★							

【림-구사】

六四. 至臨, 无咎.
육 사 지 림 무 구

육사이다. "다가가서 임하니, 허물이 없다."

〈점괘〉

적극적으로 나서면 얻는다.

〈리더의 점괘〉

중책을 맡는다.

〈개별 점괘〉

No. 19 림(臨)	상상=매우 좋다. 상중=참 좋다. 상하=좋은 편이다.			중상=제법 괜찮다. 중중=괜찮다. 중하=그럭저럭하다.			하상=별로 좋지 않다. 하중=좋을 것이 없다. 하하=매우 나쁘다.		
19-04	상			중			하		
	상	중	하	상	중	하	상	중	하
소원(행운)			★						
재물(사업)		★							
직장(승진)			★						
건강(컨디션)					★				
연애(결혼)	★								
여행(이동)			★						
분쟁(소송)					★				
계약(매매)						★			

【림-육오】

六五. 知臨, 大君之宜, 吉.
육 오　지 림　대 군 지 의　길

육오이다. "지혜로 군림하니, 대군의 마땅함이 있어 길하다."

〈점괘〉

일에 장애가 없이 순조롭고, 평소보다 일이 잘되니 이롭다.

〈리더의 점괘〉

어디로든 다 통한다.

〈개별 점괘〉

No. 19 림(臨)	상상=매우 좋다. 상중=참 좋다. 상하=좋은 편이다.			중상=제법 괜찮다. 중중=괜찮다. 중하=그럭저럭하다.			하상=별로 좋지 않다. 하중=좋을 것이 없다. 하하=매우 나쁘다.		
19-05	상			중			하		
	상	중	하	상	중	하	상	중	하
소원(행운)	★								
재물(사업)	★								
직장(승진)	★								
건강(컨디션)	★								
연애(결혼)	★								
여행(이동)						★			

분쟁(소송)						★		
계약(매매)					★			

【림-상육】

上六. 敦臨, 吉, 无咎.
상 육 돈 림 길 무 구

상육이다. "돈독하게 군림하니, 길하며, 허물이 없다."

〈점괘〉

묵은 원한을 푼다.

〈리더의 점괘〉

먼저 주어야 크게 받을 수 있다.

〈개별 점괘〉

No. 19 림(臨)	상상=매우 좋다. 상중=참 좋다. 상하=좋은 편이다.			중상=제법 괜찮다. 중중=괜찮다. 중하=그럭저럭하다.			하상=별로 좋지 않다. 하중=좋을 것이 없다. 하하=매우 나쁘다.		
19-06	상			중			하		
	상	중	하	상	중	하	상	중	하
소원(행운)	★								

재물(사업)	★								
직장(승진)	★								
건강(컨디션)	★								
연애(결혼)	★								
여행(이동)				★					
분쟁(소송)		★							
계약(매매)		★							

20. 관(觀)

【觀卦第二十】

20. 풍지관

風地觀

觀. 盥而不薦. 有孚顒若.
관 관이블천 유부옹약

初六. 童觀. 小人无咎. 君子吝.
초육 동관 소인무구 군자린

六二. 闚觀. 利女貞.
육이 규관 리여정

六三. 觀我生, 進退.
육삼 관아생 진퇴

六四. 觀國之光, 利用賓于王.
육사 관국지광 리용빈우왕

九五. 觀我生, 君子无咎.
구오 관아생 군자무구

上九. 觀其生, 君子无咎.
상구 관기생 군자무구

觀. 盥而不薦. 有孚顒若.
관 관 이 불 천 유 부 옹 약

관은 손을 씻었으나 제수를 올리지 못했다. 믿음을 가지고 우러러 보는 듯

하다.

〈점쾌〉

공을 더 들여야 한다.

〈리더의 점쾌〉

큰 일은 귀신이 보우(保佑)해야 한다.

〈개별 점쾌〉

No. 20 관(觀)	상상=매우 좋다. 상중=참 좋다. 상하=좋은 편이다.			중상=제법 괜찮다. 중중=괜찮다. 중하=그럭저럭하다.			하상=별로 좋지 않다. 하중=좋을 것이 없다. 하하=매우 나쁘다.		
20-00	상			중			하		
	상	중	하	상	중	하	상	중	하
소원(행운)			★						
재물(사업)				★					
직장(승진)					★				
건강(컨디션)			★						
연애(결혼)						★			

여행(이동)							★	
분쟁(소송)								★
계약(매매)								★

【관-초구】

初六. 童觀, 小人无咎, 君子吝.
초 육 동 관 소 인 무 구 군 자 린

초육이다. "동자로 본다. 소인은 허물이 없으나, 군자는 인색하다."

〈점괘〉

보통은 약진의 계기가 된다.

〈리더의 점괘〉

전면 검토해야 위기를 기회로 만든다.

No. 20 관(觀)	상상=매우 좋다. 상중=참 좋다. 상하=좋은 편이다.			중상=제법 괜찮다. 중중=괜찮다. 중하=그럭저럭하다.			하상=별로 좋지 않다. 하중=좋을 것이 없다. 하하=매우 나쁘다.		
20-01	상			중			하		
	상	중	하	상	중	하	상	중	하
소원(행운)				★					
재물(사업)				★					
직장(승진)			★						
건강(컨디션)					★				
연애(결혼)			★						
여행(이동)					★				
분쟁(소송)					★				
계약(매매)							★		

【관-육이】

六二. 闚觀, 利女貞.
육 이 규 관 리 여 정

육이이다. "몰래 엿보니, 여자의 일에는 이롭다."

〈점괘〉

여자에게 길하며, 남자는 여자에게 잘 못하면 망신당할 수다.

〈리더의 점괘〉

구설을 조심하라.

〈개별 점괘〉

No. 20 관(觀)	상상=매우 좋다. 상중=참 좋다. 상하=좋은 편이다.			중상=제법 괜찮다. 중중=괜찮다. 중하=그럭저럭하다.			하상=별로 좋지 않다. 하중=좋을 것이 없다. 하하=매우 나쁘다.		
20-02	상			중			하		
	상	중	하	상	중	하	상	중	하
소원(행운)						★			
재물(사업)				★					
직장(승진)							★		
건강(컨디션)							★		
연애(결혼)				★					
여행(이동)						★			
분쟁(소송)					★				
계약(매매)								★	

【관-육삼】

六三. 觀我生, 進退.
육 삼 관 아 생 진 퇴

육삼이다. "내가 살려내는 것을 보니, 나아가게 하고 물러나게 하는 것이다."

〈점괘〉

활로(活路)를 찾는다.

〈리더의 점괘〉

궁리(窮理)하면 통(通)한다.

〈개별 점괘〉

No. 20 관(觀)	상상=매우 좋다. 상중=참 좋다. 상하=좋은 편이다.			중상=제법 괜찮다. 중중=괜찮다. 중하=그럭저럭하다.			하상=별로 좋지 않다. 하중=좋을 것이 없다. 하하=매우 나쁘다.		
20-03	상			중			하		
	상	중	하	상	중	하	상	중	하
소원(행운)		★							
재물(사업)		★							
직장(승진)				★					
건강(컨디션)	★								
연애(결혼)		★							
여행(이동)							★		
분쟁(소송)							★		
계약(매매)							★		

【관-육사】

六四. 觀國之光, 利用賓于王.
육사 관 극 지 광 리 용 빈 우 왕

육사이다. "나라의 빛나는 것들을 보는 것이니, 왕에게 손님이 되는 것이 이롭다."

〈점괘〉

새로운 전기(轉機)가 있다.

〈리더의 점괘〉

명예가 높다.

〈개별 점괘〉

No. 20 관(觀)	상상=매우 좋다. 상중=참 좋다. 상하=좋은 편이다.			중상=제법 괜찮다. 중중=괜찮다. 중하=그럭저럭하다.			하상=별로 좋지 않다. 하중=좋을 것이 없다. 하하=매우 나쁘다.		
20-04	상			중			하		
	상	중	하	상	중	하	상	중	하
소원(행운)			★						
재물(사업)	★								
직장(승진)	★								
건강(컨디션)				★					
연애(결혼)		★							
여행(이동)						★			
분쟁(소송)					★				
계약(매매)					★				

【관-구오】

九五. 觀我生, 君子无咎.
구 오 관 아 생 군 자 무 구

구오이다. "내가 살아나는 것을 보이니, 군자는 허물이 없다."

〈점괘〉

기사회생(起死回生)한다.

〈리더의 점괘〉

멸사봉공(滅私奉公, 이기적인 태도를 버리고 공적인 태도를 갖춘다.)하라.

〈개별 점괘〉

No. 20 관(觀)	상상=매우 좋다. 상중=참 좋다. 상하=좋은 편이다.			중상=제법 괜찮다. 중중=괜찮다. 중하=그럭저럭하다.			하상=별로 좋지 않다. 하중=좋을 것이 없다. 하하=매우 나쁘다.		
20-05	상			중			하		
	상	중	하	상	중	하	상	중	하
소원(행운)		★							
재물(사업)				★					
직장(승진)				★					
건강(컨디션)	★								
연애(결혼)				★					
여행(이동)			★						

분쟁(소송)	★								
계약(매매)		★							

【관-상구】

上九. 觀其生, 君子无咎.
상 구 관 기 생 군 자 무 구

상구이다. "그 살려내는 것을 보니, 군자는 허물이 없다."

〈점괘〉

구태(舊態)를 벗는다면 기대할 만하다.

〈리더의 점괘〉

지금보다 더 나은 곳으로 시선을 돌려라.

〈개별 점괘〉

No. 20 관(觀)	상상=매우 좋다. 상중=참 좋다. 상하=좋은 편이다.			중상=제법 괜찮다. 중중=괜찮다. 중하=그럭저럭하다.			하상=별로 좋지 않다. 하중=좋을 것이 없다. 하하=매우 나쁘다.		
20-06	상			중			하		
	상	중	하	상	중	하	상	중	하
소원(행운)				★					

재물(사업)			★					
직장(승진)					★			
건강(컨디션)					★			
연애(결혼)						★		
여행(이동)							★	
분쟁(소송)		★						
계약(매매)						★		

21. 서합(噬嗑)

【噬嗑卦第二十一】

火雷噬嗑

21. 화뢰서합

噬嗑, 亨, 利用獄.
서합 형 리용옥

初九. 屢校滅趾, 无咎.
초구 구교멸지 무구

六二. 噬膚, 滅鼻. 无咎.
육이 서부 멸비 무구

六三. 噬腊肉, 遇毒. 小吝, 无咎.
육삼 서석육 우독 소린 무구

九四. 噬乾胏, 得金矢, 利艱貞, 吉.
구사 서건자 득금시 리난정 길

六五. 噬乾肉, 得黃金. 貞厲, 无咎.
육오 서건육 득황금 정려 무구

上九. 何校, 滅耳, 凶.
상구 하교 멸이 흉

232

【서합-단】

噬嗑, 亨, 利用獄
서 합   형   리 용 옥

서합은 형통하니, 옥사를 처리하는 것이 이롭다.

〈점괘〉

결단하라.

〈리더의 점괘〉

속히 실행하라.

〈개별 점괘〉

No. 21 서합(噬嗑)	상상=매우 좋다. 상중=참 좋다. 상하=좋은 편이다.			중상=제법 괜찮다. 중중=괜찮다. 중하=그럭저럭하다.			하상=별로 좋지 않다. 하중=좋을 것이 없다. 하하=매우 나쁘다.		
21-00	상			중			하		
	상	중	하	상	중	하	상	중	하
소원(행운)			★						
재물(사업)		★							
직장(승진)				★					
건강(컨디션)			★						
연애(결혼)		★							
여행(이동)			★						

분쟁(소송)				★					
계약(매매)							★		

【서합-초구】

初九. 屨校滅趾, 无咎.
초 구 구교멸지 무구

초구이다. "족쇄를 차서 발이 잘리지만, 허물이 없다."

〈점괘〉

달게 받아들이는 것이 이롭다.

〈리더의 점괘〉

상황을 있는 그대로 수용하라.

〈개별 점괘〉

No. 21 서합(噬嗑)	상상=매우 좋다. 상중=참 좋다. 상하=좋은 편이다.			중상=제법 괜찮다. 중중=괜찮다. 중하=그럭저럭하다.			하상=별로 좋지 않다. 하중=좋을 것이 없다. 하하=매우 나쁘다.		
21-01	상			중			하		
	상	중	하	상	중	하	상	중	하
소원(행운)			★						

재물(사업)		★						
직장(승진)				★				
건강(컨디션)			★					
연애(결혼)		★						
여행(이동)			★					
분쟁(소송)				★				
계약(매매)							★	

【서합-육이】

六二. 噬膚, 滅鼻. 无咎.
육이 서부 멸비 무구

육이이다. "고기를 씹다가 코를 잘리는 벌을 받는다. 허물은 없다."

〈점쾌〉

위신을 크게 상하니 두렵다.

〈리더의 점쾌〉

방해물을 제거해야 나아갈 수 있다.

No. 21 서합(噬嗑)	상상=매우 좋다. 상중=참 좋다. 상하=좋은 편이다.			중상=제법 괜찮다. 중중=괜찮다. 중하=그럭저럭하다.			하상=별로 좋지 않다. 하중=좋을 것이 없다. 하하=매우 나쁘다.		
21-02	상			중			하		
	상	중	하	상	중	하	상	중	하
소원(행운)							★		
재물(사업)								★	
직장(승진)								★	
건강(컨디션)							★		
연애(결혼)						★			
여행(이동)							★		
분쟁(소송)					★				
계약(매매)						★			

【서합-육삼】

六三. 噬腊肉, 遇毒. 小吝, 无咎.
육삼 서석육 우독 소린 무구

육삼이다. "육포를 씹다가 독을 만난다. 작은 인색함이 있으나, 허물이 없다."

〈점괘〉

지나친 스트레스 상황에 놓여 있다.

〈리더의 점괘〉

난국을 타개할 수 있는 강인함이 요구된다.

〈개별 점괘〉

No. 21 서합(噬嗑)	상상=매우 좋다. 상중=참 좋다. 상하=좋은 편이다.			중상=제법 괜찮다. 중중=괜찮다. 중하=그럭저럭하다.			하상=별로 좋지 않다. 하중=좋을 것이 없다. 하하=매우 나쁘다.		
21-03	상			중			하		
	상	중	하	상	중	하	상	중	하
소원(행운)						★			
재물(사업)							★		
직장(승진)								★	
건강(컨디션)								★	
연애(결혼)			★						
여행(이동)						★			
분쟁(소송)							★		
계약(매매)								★	

【서합-구사】

九四. 噬乾胏, 得金矢, 利艱貞, 吉.
구사 서건자 득금시 리난정 길

구사이다. "육포를 씹다가 쇠로 만든 화살촉을 얻으니, 어려운 일을 맡아
처리하면 길하다."

〈점괘〉

어려움이 큰 자일수록 길하다.

〈리더의 점괘〉

디테일보다는 큰 그림을 그리는 것이 더 낫다.

〈개별 점괘〉

No. 21 서합(噬嗑)	상상=매우 좋다. 상중=참 좋다. 상하=좋은 편이다.			중상=제법 괜찮다. 중중=괜찮다. 중하=그럭저럭하다.			하상=별로 좋지 않다. 하중=좋을 것이 없다. 하하=매우 나쁘다.		
21-04	상			중			하		
	상	중	하	상	중	하	상	중	하
소원(행운)			★						
재물(사업)		★							
직장(승진)				★					
건강(컨디션)					★				
연애(결혼)							★		
여행(이동)								★	
분쟁(소송)		★							
계약(매매)			★						

【서합-육오】

六五. 噬乾肉, 得黃金. 貞厲, 无咎.
육 오 서건육 득황금 정려 무구

육오이다. "마른 육포를 씹다가 황금을 얻는다. 일은 위태로우나, 허물은 없다."

〈점괘〉

행운이 문밖에 있다.

〈리더의 점괘〉

번뇌가 심했으나, 기회를 얻는다.

〈개별 점괘〉

No. 21 서합(噬嗑)	상상=매우 좋다. 상중=참 좋다. 상하=좋은 편이다.			중상=제법 괜찮다. 중중=괜찮다. 중하=그럭저럭하다.			하상=별로 좋지 않다. 하중=좋을 것이 없다. 하하=매우 나쁘다.		
21-05	상			중			하		
	상	중	하	상	중	하	상	중	하
소원(행운)		★							
재물(사업)		★							
직장(승진)					★				
건강(컨디션)					★				
연애(결혼)								★	
여행(이동)			★						
분쟁(소송)							★		
계약(매매)								★	

【서합-상구】

上九. 何校, 滅耳, 凶.
상 구 하 교 멸 이 흉

상구이다. "형틀을 쓰고, 귀가 잘리니, 흉하다."

〈점괘〉

남의 말을 주의 깊게 들어야 할 때이다.

〈리더의 점괘〉

경청(敬聽)하고, 겸손하라.

〈개별 점괘〉

No. 21 서합(噬嗑)	상상=매우 좋다. 상중=참 좋다. 상하=좋은 편이다.			중상=제법 괜찮다. 중중=괜찮다. 중하=그럭저럭하다.			하상=별로 좋지 않다. 하중=좋을 것이 없다. 하하=매우 나쁘다.		
21-06	상			중			하		
	상	중	하	상	중	하	상	중	하
소원(행운)									★
재물(사업)									★
직장(승진)									★
건강(컨디션)						★			
연애(결혼)						★			
여행(이동)		★							

분쟁(소송)							★		
계약(매매)							★		

22. 비(賁)

22. 산화비

山火賁

賁, 亨, 小利有攸往.
비 형 소리유유왕

初九. 賁其趾, 舍車而徒.
초구 비기지 사거이도

六二. 賁其須.
육이 비기수

九三. 賁如, 濡如, 永貞吉.
구삼 비여 유여 영정길

六四. 賁如, 皤如, 白馬翰如, 匪寇, 婚媾.
육사 비여 파여 백마한여 비구 혼구

六五. 賁于丘園. 束帛戔戔. 吝, 終吉.
육오 비우구원 속백전전 린 종길

上九. 白賁, 无咎.
상구 백비 무구

【비-단】

賁, 亨, 小利有攸往.
비 형 소 리 유 유 왕

비는 형통하며, 작은 일로 갈 바가 있으면 이로울 것이다.

〈점괘〉

소소한 재미가 있다.

〈리더의 점괘〉

평상심(平常心)이 도(道)이다.

〈개별 점괘〉

No. 22 비(賁)	상상=매우 좋다. 상중=참 좋다. 상하=좋은 편이다.			중상=제법 괜찮다. 중중=괜찮다. 중하=그럭저럭하다.			하상=별로 좋지 않다. 하중=좋을 것이 없다. 하하=매우 나쁘다.		
22-00	상			중			하		
	상	중	하	상	중	하	상	중	하
소원(행운)			★						
재물(사업)				★					
직장(승진)				★					
건강(컨디션)			★						
연애(결혼)			★						
여행(이동)						★			

분쟁(소송)					★			
계약(매매)							★	

【비-초구】

初九. 賁其趾, 舍車而徒.
초 구 비 기 지 사 거 이 도

초구이다. "그 발을 꾸미되, 수레를 버리고 걷는다."

〈점괘〉

혼자 걸어야 한다.

〈리더의 점괘〉

수준에 맞는 사람들과 어울려야 한다.

〈개별 점괘〉

No. 22 비(賁)	상상=매우 좋다. 상중=참 좋다. 상하=좋은 편이다.			중상=제법 괜찮다. 중중=괜찮다. 중하=그럭저럭하다.			하상=별로 좋지 않다. 하중=좋을 것이 없다. 하하=매우 나쁘다.		
22-01	상			중			하		
	상	중	하	상	중	하	상	중	하
소원(행운)						★			

재물(사업)						★		
직장(승진)							★	
건강(컨디션)					★			
연애(결혼)							★	
여행(이동)								★
분쟁(소송)						★		
계약(매매)						★		

【비-육이】

六二. 賁其須.
육 이   비 기 수

육이이다. "그 수염을 꾸민다."

〈점쾌〉
후원과 주목을 받을 것이다.

〈리더의 점쾌〉
여론의 호응이 있다.

〈개별 점쾌〉

No. 22 비(賁)	상상=매우 좋다. 상중=참 좋다. 상하=좋은 편이다.			중상=제법 괜찮다. 중중=괜찮다. 중하=그럭저럭하다.			하상=별로 좋지 않다. 하중=좋을 것이 없다. 하하=매우 나쁘다.		
22-02	상			중			하		
	상	중	하	상	중	하	상	중	하
소원(행운)				★					
재물(사업)					★				
직장(승진)				★					
건강(컨디션)		★							
연애(결혼)		★							
여행(이동)						★			
분쟁(소송)		★							
계약(매매)		★							

【비-구삼】

九三. 賁如, 濡如, 永貞吉.
구 삼　비 여　유 여　영 정 길

구삼이다. "문채나는 것이 물에 젖는 듯하니, 오랜 시일이 걸리는 일에 길

하다."

〈점쾌〉

스타일을 구기기 쉽다.

잠시 쉬면서 초심을 되새길 때이다.

〈개별 점괘〉

No. 22 비(賁)	상상=매우 좋다. 상중=참 좋다. 상하=좋은 편이다.			중상=제법 괜찮다. 중중=괜찮다. 중하=그럭저럭하다.			하상=별로 좋지 않다. 하중=좋을 것이 없다. 하하=매우 나쁘다.		
22-03	상			중			하		
	상	중	하	상	중	하	상	중	하
소원(행운)			★						
재물(사업)				★					
직장(승진)				★					
건강(컨디션)		★							
연애(결혼)					★				
여행(이동)					★				
분쟁(소송)		★							
계약(매매)		★							

【비-육사】

六四. 賁如, 皤如, 白馬翰如, 匪寇, 婚媾.
육 사 비 여 파 여 백 마 한 여 비 구 혼 구

육사이다. "빛나는 듯, 희끗희끗한 듯, 백마가 날아오는 듯한데, 도적이 아
니고 혼인을 맺을 상대이다."

〈점괘〉

예(禮)를 다하면 뜻밖의 운을 만난다.

〈리더의 점괘〉

의혹을 버리고 단호하게 결정하라.

〈개별 점괘〉

No. 22 비(賁)	상상=매우 좋다. 상중=참 좋다. 상하=좋은 편이다.			중상=제법 괜찮다. 중중=괜찮다. 중하=그럭저럭하다.			하상=별로 좋지 않다. 하중=좋을 것이 없다. 하하=매우 나쁘다.		
22-04	상			중			하		
	상	중	하	상	중	하	상	중	하
소원(행운)		★							
재물(사업)		★							
직장(승진)		★							
건강(컨디션)		★							
연애(결혼)		★							
여행(이동)		★							
분쟁(소송)					★				
계약(매매)						★			

【비-육오】

六五. 賁于丘園. 束帛戔戔. 吝, 終吉.
육 오 비 우 구 원 속 백 전 전 린 종 길

육오이다. "언덕의 정원에서 빛난다. 비단의 예물이 약소하다. 인색하나, 끝
에는 길하다."

〈점괘〉

자존감을 회복한다.

〈리더의 점괘〉

제안을 받을 일이 있다.

〈개별 점괘〉

No. 22 비(賁)	상상=매우 좋다. 상중=참 좋다. 상하=좋은 편이다.			중상=제법 괜찮다. 중중=괜찮다. 중하=그럭저럭하다.			하상=별로 좋지 않다. 하중=좋을 것이 없다. 하하=매우 나쁘다.		
22-05	상			중			하		
	상	중	하	상	중	하	상	중	하
소원(행운)		★							
재물(사업)		★							
직장(승진)	★								
건강(컨디션)		★							
연애(결혼)		★							
여행(이동)			★						
분쟁(소송)		★							
계약(매매)		★							

上九. 白賁, 无咎.
상 구 백 비 무 구

상구이다. "흰색으로 꾸미니, 허물이 없다."

〈점괘〉

화려한 컴백(come back)의 상이 있다.

〈리더의 점괘〉

자만하지 않으니 전도(前途)를 연다.

〈개별 점괘〉

No. 22 비(賁)	상상=매우 좋다. 상중=참 좋다. 상하=좋은 편이다.			중상=제법 괜찮다. 중중=괜찮다. 중하=그럭저럭하다.			하상=별로 좋지 않다. 하중=좋을 것이 없다. 하하=매우 나쁘다.		
22-06	상			중			하		
	상	중	하	상	중	하	상	중	하
소원(행운)		★							
재물(사업)		★							
직장(승진)	★								
건강(컨디션)		★							
연애(결혼)		★							
여행(이동)						★			

분쟁(소송)					★			
계약(매매)						★		

23. 박(剝)

23. 산지박

山地剝

剝, 不利有攸往.
박 불리유유왕

初六. 剝牀以足, 蔑. 貞凶.
초육 박상이족 멸 정흉

六二. 剝牀, 以辨蔑. 貞凶.
육이 박상 이변멸 정흉

六三. 剝之. 无咎.
육삼 박지 무구

六四. 剝牀以膚, 凶.
육사 박상이부 흉

六五. 貫魚, 以宮人寵, 无不利.
육오 관어 이궁인총 무불리

上九. 碩果不食. 君子得輿, 小人剝廬.
상구 석과불식 군자득여 소인박려

【박-단】

剝, 不利有攸往.
박　불　리　유　유　왕

박은 갈 바가 있는 것이 이롭지 않다.

〈점괘〉

본전 생각이 난다.

〈리더의 점괘〉

보수적으로 대처해야 할 때이다.

〈개별 점괘〉

No. 23 박(剝)	상상=매우 좋다. 상중=참 좋다. 상하=좋은 편이다.			중상=제법 괜찮다. 중중=괜찮다. 중하=그럭저럭하다.			하상=별로 좋지 않다. 하중=좋을 것이 없다. 하하=매우 나쁘다.		
23-00	상			중			하		
	상	중	하	상	중	하	상	중	하
소원(행운)								★	
재물(사업)								★	
직장(승진)								★	
건강(컨디션)								★	
연애(결혼)								★	
여행(이동)									★

분쟁(소송)						★		
계약(매매)						★		

【박-초육】

初六. 剝牀, 以足蔑. 貞凶.
초 육 박 상 이 족 멸 정 흉

초육이다. "침상을 걷어내니 다리가 없어졌다. 일을 처리하면 흉하다."

〈점괘〉

방향을 잃었다.

〈리더의 점괘〉

최후의 순간까지 집중해야 한다.

〈개별 점괘〉

No. 23 박(剝)	상상=매우 좋다. 상중=참 좋다. 상하=좋은 편이다.			중상=제법 괜찮다. 중중=괜찮다. 중하=그럭저럭하다.			하상=별로 좋지 않다. 하중=좋을 것이 없다. 하하=매우 나쁘다.		
23-01	상			중			하		
	상	중	하	상	중	하	상	중	하
소원(행운)									★

재물(사업)								★
직장(승진)								★
건강(컨디션)						★		
연애(결혼)						★		
여행(이동)							★	
분쟁(소송)					★			
계약(매매)					★			

【박-육이】

六二. 剝牀, 以辨蔑. 貞凶.
육 이 박 상 이 변 멸 정 흉

육이이다. "침상을 벗겨내니, 사타구니가 헐었다. 일을 처리하면 흉하다."

〈점괘〉

심신이 피폐하다.

〈리더의 점괘〉

길이 아니라면 가지 않는다.

No. 23 박(剝)	상상=매우 좋다. 상중=참 좋다. 상하=좋은 편이다.			중상=제법 괜찮다. 중중=괜찮다. 중하=그럭저럭하다.			하상=별로 좋지 않다. 하중=좋을 것이 없다. 하하=매우 나쁘다.		
23-02	상			중			하		
	상	중	하	상	중	하	상	중	하
소원(행운)									★
재물(사업)									★
직장(승진)									★
건강(컨디션)									★
연애(결혼)									★
여행(이동)									★
분쟁(소송)									★
계약(매매)									★

【박-육삼】

六三. 剝之, 无咎.
육 삼 박 지 무 구

육삼이다. "박으로 간 것이다. 허물이 없다.

〈점괘〉

호전의 기미가 보이나 아직 힘이 약하다.

〈리더의 점괘〉

아직 세력이 모이지 않았다.

〈개별 점괘〉

No. 23 박(剝)	상상=매우 좋다. 상중=참 좋다. 상하=좋은 편이다.			중상=제법 괜찮다. 중중=괜찮다. 중하=그럭저럭하다.			하상=별로 좋지 않다. 하중=좋을 것이 없다. 하하=매우 나쁘다.		
23-03	상			중			하		
	상	중	하	상	중	하	상	중	하
소원(행운)								★	
재물(사업)								★	
직장(승진)									★
건강(컨디션)								★	
연애(결혼)								★	
여행(이동)									★
분쟁(소송)							★		
계약(매매)							★		

【박-육사】

六四. 剝牀以膚, 凶.
육 사 박 상 이 부 흉

육사이다. "침상을 걷어내는 것은 살갗을 대어서니, 흉하다."

〈점괘〉

은인이 원수가 되니 애석하다.

〈리더의 점괘〉

다가오는 적을 멀리하지 말아야 하나, 가까이 해서도 안 된다.

〈개별 점괘〉

No. 23 박(剝)	상상=매우 좋다. 상중=참 좋다. 상하=좋은 편이다.			중상=제법 괜찮다. 중중=괜찮다. 중하=그럭저럭하다.			하상=별로 좋지 않다. 하중=좋을 것이 없다. 하하=매우 나쁘다.		
23-04	상			중			하		
	상	중	하	상	중	하	상	중	하
소원(행운)									★
재물(사업)									★
직장(승진)									★
건강(컨디션)								★	
연애(결혼)									★
여행(이동)					★				
분쟁(소송)				★					
계약(매매)			★						

【박-육오】

六五. 貫魚, 以宮人寵, 无不利.
육오 관어 이궁인총 무불리

육오이다. "물고기를 꿰어 두고, 궁인의 신분으로 왕의 총애를 받으니, 이롭
지 않은 것이 없다."

〈점괘〉

누가 귀인인지 모르니, 친절한 태도와 겸손한 몸가짐을 갖추라.

〈리더의 점괘〉

고속승진에는 간혹 욕된 경우가 있다.

〈개별 점괘〉

No. 23 박(剝)	상상=매우 좋다. 상중=참 좋다. 상하=좋은 편이다.			중상=제법 괜찮다. 중중=괜찮다. 중하=그럭저럭하다.			하상=별로 좋지 않다. 하중=좋을 것이 없다. 하하=매우 나쁘다.		
23-05	상			중			하		
	상	중	하	상	중	하	상	중	하
소원(행운)			★						
재물(사업)		★							
직장(승진)		★							
건강(컨디션)						★			
연애(결혼)						★			
여행(이동)							★		
분쟁(소송)			★						
계약(매매)		★							

上九. 碩果不食. 君子得輿, 小人剝廬.
상구 석과불식 군자득여 소인박려

상구이다. "큰 과일은 먹지 않는다. 군자는 수레를 얻으나, 소인은 오두막이 박살난다."

〈점괘〉

미약한 인연을 더욱 중시해야 하는 때이다.

〈리더의 점괘〉

명심하라, 쉬지 않으면 위태롭다.

〈개별 점괘〉

No. 23 박(剝)	상상=매우 좋다. 상중=참 좋다. 상하=좋은 편이다.			중상=제법 괜찮다. 중중=괜찮다. 중하=그럭저럭하다.			하상=별로 좋지 않다. 하중=좋을 것이 없다. 하하=매우 나쁘다.		
23-06	상			중			하		
	상	중	하	상	중	하	상	중	하
소원(행운)					★				
재물(사업)					★				
직장(승진)						★			
건강(컨디션)					★				
연애(결혼)								★	

여행(이동)							★		
분쟁(소송)						★			
계약(매매)						★			

24. 복(復)

【復卦第二十四】

地雷復

24. 지뢰복

復, 亨, 出入无疾, 朋來无咎. 反復其道, 七日來復. 利
복 형 출입무질 붕래무구 반복기도 칠일래복 리
有攸往.
유유왕

初九. 不遠復, 无祗悔. 元吉.
초구 불원복 무지회 원길

六二. 休復, 吉.
육이 휴복 길

六三. 頻復, 厲, 无咎.
육삼 빈복 려 무구

六四. 中行, 獨復.
육사 중행 독복

六五. 敦復, 无悔.
육오 돈복 무회

上六. 迷復, 凶. 有災眚. 用行師, 終有大敗. 以其國, 君凶. 至于十年,
상육 미복 흉 유재생 용행사 종유대패 이기국 군흉 지우십년
不克征.
불극정

【복-단】

復亨, 出入无疾, 朋來无咎. 反復其道, 七日來復, 利有攸往.
복형　출입무질　붕래무구　반복기도　칠일래복　리유유왕

복은 형통하니, 나가고 들어옴에 병이 없으며, 친구가 옴에 허물이 없다.

그 도를 반복하는 것이 7일 만에 다시 회복하니 갈 바가 있는 것이 이롭다.

〈점괘〉

인연이 있지만, 아직 인내해야 만난다.

〈리더의 점괘〉

준비가 되었으니, 신발 끈을 단단히 끌러 맬 때이다.

〈개별 점괘〉

No. 24 복(復)	상상=매우 좋다. 상중=참 좋다. 상하=좋은 편이다.			중상=제법 괜찮다. 중중=괜찮다. 중하=그럭저럭하다.			하상=별로 좋지 않다. 하중=좋을 것이 없다. 하하=매우 나쁘다.		
24-00	상			중			하		
	상	중	하	상	중	하	상	충	하
소원(행운)		★							
재물(사업)				★					
직장(승진)				★					
건강(컨디션)				★					
연애(결혼)						★			

여행(이동)			★						
분쟁(소송)		★							
계약(매매)				★					

【복-초구】

初九. 不遠復, 无祗悔. 元吉.
초구 불원복 무지회 원길

초구이다. "멀리 가지 않아서 되돌아오니, 큰 변화에 이르지는 않는다. 크게 형통하다."

〈점괘〉

돌아가는 것 같지만, 그것이 지름길이다.

〈리더의 점괘〉

잠시 현재를 면밀히 살펴볼 때이다.

〈개별 점괘〉

No. 24 복(復)	상상=매우 좋다. 상중=참 좋다. 상하=좋은 편이다.			중상=제법 괜찮다. 중중=괜찮다. 중하=그럭저럭하다.			하상=별로 좋지 않다. 하중=좋을 것이 없다. 하하=매우 나쁘다.		
24-01	상			중			하		
	상	중	하	상	중	하	상	중	하
소원(행운)		★							
재물(사업)				★					
직장(승진)				★					
건강(컨디션)			★						
연애(결혼)						★			
여행(이동)			★						
분쟁(소송)		★							
계약(매매)				★					

【복-육이】

六二. 休復, 吉.
육 이 휴 복 길

유이이다. "휴식을 위해 놀아오니, 길하다."

〈점괘〉

어렵고 고되지만, 대가는 반드시 주어진다.

하느님도 쉬면서 일한다.

〈개별 점괘〉

No. 24 복(復)	상상=매우 좋다. 상중=참 좋다. 상하=좋은 편이다.			중상=제법 괜찮다. 중중=괜찮다. 중하=그럭저럭하다.			하상=별로 좋지 않다. 하중=좋을 것이 없다. 하하=매우 나쁘다.		
24-02	상			중			하		
	상	중	하	상	중	하	상	중	하
소원(행운)		★							
재물(사업)				★					
직장(승진)					★				
건강(컨디션)			★						
연애(결혼)						★			
여행(이동)							★		
분쟁(소송)						★			
계약(매매)						★			

【복-육삼】

六三. 頻復, 厲, 无咎.
육 삼 빈 복 려 무 구

육삼이다. "위기에 처해 되돌아오니, 위태로우나 허물은 없다."

⟨점괘⟩

주위로부터 빈축을 살 수도 있다.

⟨리더의 점괘⟩

독단으로 인해 다소 정체된다.

⟨개별 점괘⟩

No. 24 복(復)	상상=매우 좋다. 상중=참 좋다. 상하=좋은 편이다.			중상=제법 괜찮다. 중중=괜찮다. 중하=그럭저럭하다.			하상=별로 좋지 않다. 하중=좋을 것이 없다. 하하=매우 나쁘다.		
24-03	상			중			하		
	상	중	하	상	중	하	상	중	하
소원(행운)						★			
재물(사업)						★			
직장(승진)						★			
건강(컨디션)					★				
연애(결혼)						★			
여행(이동)								★	
분쟁(소송)							★		
계약(매매)							★		

【복-육사】

六四. 中行, 獨復.
육사 중행 독복

육사이다. "가운데 길을 걷다가 홀로 되돌아온다."

〈점괘〉

갈 곳이 있으면 좋다.

〈리더의 점괘〉

처음의 결정이 최선이다.

〈개별 점괘〉

No. 24 복(復)	상상=매우 좋다. 상중=참 좋다. 상하=좋은 편이다.			중상=제법 괜찮다. 중중=괜찮다. 중하=그럭저럭하다.			하상=별로 좋지 않다. 하중=좋을 것이 없다. 하하=매우 나쁘다.		
24-04	상			중			하		
	상	중	하	상	중	하	상	중	하
소원(행운)				★					
재물(사업)					★				
직장(승진)					★				
건강(컨디션)		★							
연애(결혼)					★				
여행(이동)		★							
분쟁(소송)						★			
계약(매매)						★			

【복-육오】

六五. 敦復, 无悔.
육 오 돈 복 무 회

육오이다. "돈독히 쌓아 돌아오나, 변하지 않은 것도 있다."

〈점괘〉

자수성가(自手成家)의 상이다.

〈리더의 점괘〉

인재를 영입해야 한다.

〈개별 점괘〉

No. 24 복(復)	상상=매우 좋다. 상중=참 좋다. 상하=좋은 편이다.			중상=제법 괜찮다. 중중=괜찮다. 중하=그럭저럭하다.			하상=별로 좋지 않다. 하중=좋을 것이 없다. 하하=매우 나쁘다.		
24-05	상			중			하		
	상	중	하	상	중	하	상	중	하
소원(행운)			★						
재물(시업)		★							
직장(승진)			★						
건강(컨디션)			★						
연애(결혼)						★			
여행(이동)						★			

분쟁(소송)			★					
계약(매매)		★						

【복-상육】

上六. 迷復, 凶. 有災眚. 用行師, 終有大敗. 以其國, 君凶. 至于十年,
_{상 육 미 복 흉 유 재 생 용 행 사 종 유 대 패 이 기 국 군 흉 지 우 십 년}
不克征.
_{불 극 정}

상육이다. "혼미하게 되돌아오니 흉하다. 재앙이 생겨난다. 군대를 동원하면 결국은 대패한다. 정벌에 나선 군주는 흉하게 된다. 10년이 되어도 정복하지 못한다."

〈점쾌〉

인과관계가 뚜렷하지 않은 크고 작은 재앙이 있다.

〈리더의 점쾌〉

어리석은 독단을 어찌 하려는가.

〈개별 점괘〉

No. 24 복(復)	상상=매우 좋다. 상중=참 좋다. 상하=좋은 편이다.			중상=제법 괜찮다. 중중=괜찮다. 중하=그럭저럭하다.			하상=별로 좋지 않다. 하중=좋을 것이 없다. 하하=매우 나쁘다.		
24-06	상			중			하		
	상	중	하	상	중	하	상	중	하
소원(행운)									★
재물(사업)									★
직장(승진)									★
건강(컨디션)						★			
연애(결혼)							★		
여행(이동)								★	
분쟁(소송)								★	
계약(매매)								★	

25. 무망(无妄)

【无妄卦第二十五】

25. 천뢰무망

天雷无妄

无妄, 元亨, 利貞. 其匪正有眚, 不利有攸往.
무망 원형 리정 기비정유생 불리유유왕

初九. 无妄, 往吉.
초구 무망 왕길

六二. 不耕穫, 不菑畬, 則利有攸往.
육이 불경확 불치여 즉리유유왕

六三. 无妄之災, 或繫之牛. 行人之得, 邑人之災.
육삼 무망지재 혹계지우 행인지득 읍인지재

九四. 可貞, 无咎.
구사 가정 무구

九五. 无妄之疾, 勿藥有喜.
구오 무망지질 물약유희

上九. 无妄行, 有眚, 无攸利.
상구 무망행 유생 무유리

无妄, 元亨, 利貞. 其匪正有眚, 不利有攸往.
무 망 원 형 리 정 기 비 정 유 생 불 리 유 유 왕

무망은 크게 형통하고 일을 맡아 처리하는 것이 이롭다. 바르지 못한 일을 하면 재앙이 생기니, 가는 바가 있음이 이롭지 않다.

〈점괘〉

지금 하는 일에서, 일탈하지 말라. 여자라면 더욱 그렇다.

〈리더의 점괘〉

새로운 제안은 부담스럽다.

〈개별 점괘〉

No. 25 무망 (无妄)	상상=매우 좋다. 상중=참 좋다. 상하=좋은 편이다.			중상=제법 괜찮다. 중중=괜찮다. 중하=그럭저럭하다.			하상=별로 좋지 않다. 하중=좋을 것이 없다. 하하=매우 나쁘다.		
25-00	상			중			하		
	상	중	하	상	중	하	상	중	하
소원(행운)	★								
재물(사업)		★							
직장(승진)		★							
건강(컨디션)		★							
연애(결혼)						★			

		★							
여행(이동)		★							
분쟁(소송)							★		
계약(매매)							★		

【무망-초구】

初九. 无妄往, 吉.
초 구 무 망 왕 길

초구이다. "경망스럽게 도망가지 못하니, 길하다."

〈점괘〉

혼란한 상황이 가라앉는다.

〈리더의 점괘〉

언행을 가볍게 발출하지 말라.

No. 25 무망 (无妄)	상상=매우 좋다. 상중=참 좋다. 상하=좋은 편이다.			중상=제법 괜찮다. 중중=괜찮다. 중하=그럭저럭하다.			하상=별로 좋지 않다. 하중=좋을 것이 없다. 하하=매우 나쁘다.		
25-01	상			중			하		
	상	중	하	상	중	하	상	중	하
소원(행운)			★						
재물(사업)			★						
직장(승진)			★						
건강(컨디션)			★						
연애(결혼)						★			
여행(이동)					★				
분쟁(소송)							★		
계약(매매)							★		

【무망-육이】

六二. 不耕穫, 不菑畬, 則利有攸往.
육 이 불 경 확 불 치 여 즉 리 유 유 왕

육이이다. "밭을 경작하지 않았는데 수확하고, 잡초를 제거하지 않았는데
도 수확하니, 가는 바가 있어 이롭다."

〈점괘〉

창조보다는 모방이 더 낫다.

구설(口舌)이 잦아들고 나서 움직여라.

〈개별 점괘〉

No. 25 무망 (无妄)	상상=매우 좋다. 상중=참 좋다. 상하=좋은 편이다.			중상=제법 괜찮다. 중중=괜찮다. 중하=그럭저럭하다.			하상=별로 좋지 않다. 하중=좋을 것이 없다. 하하=매우 나쁘다.		
25-02	상			중			하		
	상	중	하	상	중	하	상	중	하
소원(행운)		★							
재물(사업)		★							
직장(승진)		★							
건강(컨디션)		★							
연애(결혼)		★							
여행(이동)		★							
분쟁(소송)				★					
계약(매매)					★				

【무망-육삼】

六三. 无妄之災, 或繫之牛. 行人之得, 邑人之災.
육삼 무망지재 흑계지우 행인지득 읍인지재

육삼이다. "예기치 않은 재앙이 있으니, 혹 소를 잡아맬 수 있다. 길 가는 행인은 얻는 것이 있으나, 마을 사람에게는 재앙이 된다."

〈점괘〉

내 실수니 누구를 원망하랴, 원통하다.

〈리더의 점괘〉

남 좋은 일을 시켰으니, 절통하다.

〈개별 점괘〉

No. 25 무망 (无妄)	상상=매우 좋다. 상중=참 좋다. 상하=좋은 편이다.			중상=제법 괜찮다. 중중=괜찮다. 중하=그럭저럭하다.			하상=별로 좋지 않다. 하중=좋을 것이 없다. 하하=매우 나쁘다.		
25-03	상			중			하		
	상	중	하	상	중	하	상	중	하
소원(행운)									★
재물(사업)									★
직장(승진)									★
건강(컨디션)						★			
연애(결혼)									★
여행(이동)				★					
분쟁(소송)								★	
계약(매매)								★	

【무망-구사】

九四. 可貞, 无咎.
구사 가정 무구

구사이다. "일을 맡아 처리할 수 있으니, 허물이 없다."

〈점괘〉

유행이나 대세를 좇아도 득이 없다.

〈리더의 점괘〉

큰 투자나 지원을 기다리라.

〈개별 점괘〉

No. 25 무망 (无妄)	상상=매우 좋다. 상중=참 좋다. 상하=좋은 편이다.			중상=제법 괜찮다. 중중=괜찮다. 중하=그럭저럭하다.			하상=별로 좋지 않다. 하중=좋을 것이 없다. 하하=매우 나쁘다.		
25-04	상			중			하		
	상	중	하	상	중	하	상	중	하
소원(행운)		★							
재물(사업)		★							
직장(승진)		★							
건강(컨디션)		★							
연애(결혼)	★								
여행(이동)		★							
분쟁(소송)					★				
계약(매매)					★				

九五. 无妄之疾, 勿藥有喜.
구 오 무 망 지 질 물 약 유 희

구오이다. "망령되지 않은 병이니, 약을 쓰지 않고도 기쁜 일이 있다."

〈점괘〉

해결된다.

〈리더의 점괘〉

해소되는 기회를 맞이하니 기쁨이 크다.

〈개별 점괘〉

No. 25 무망 (无妄)	상상=매우 좋다. 상중=참 좋다. 상하=좋은 편이다.			중상=제법 괜찮다. 중중=괜찮다. 중하=그럭저럭하다.			하상=별로 좋지 않다. 하중=좋을 것이 없다. 하하=매우 나쁘다.		
25-05	상			중			하		
	상	중	하	상	중	하	상	중	하
소원(행운)		★							
재물(사업)		★							
직장(승진)		★							
건강(컨디션)	★								
연애(결혼)		★							
여행(이동)		★							

분쟁(소송)				★				
계약(매매)					★			

【무망-상구】

上九. 无妄行, 有眚, 无攸利.
상 구 무 망 행 유 생 무 유 리

상구이다. "망령된 행동을 하지 않았으나, 재앙이 있으니, 이로울 바가 없다."

〈점괘〉

앙갚음이 두렵다.

〈리더의 점괘〉

공(功)으로 과(過)를 덮지 못한다.

<개별 점괘>

No. 25 무망 (无妄)	상상=매우 좋다. 상중=참 좋다. 상하=좋은 편이다.			중상=제법 괜찮다. 중중=괜찮다. 중하=그럭저럭하다.			하상=별로 좋지 않다. 하중=좋을 것이 없다. 하하=매우 나쁘다.		
25-06	상			중			하		
	상	중	하	상	중	하	상	중	하
소원(행운)									★
재물(사업)									★
직장(승진)									★
건강(컨디션)							★		
연애(결혼)	★								
여행(이동)			★						
분쟁(소송)							★		
계약(매매)								★	

26. 대축(大畜)

【大畜卦第二十六】

山天大畜

26. 산천대축

大畜, 利貞. 不家食吉. 利涉大川.
대축 리정 불가식길 리섭대천

初九. 有厲, 利己.
초구 유려 리기

九二. 輿說輹.
구이 여탈복

九三. 良馬逐. 利艱貞. 曰閑輿衛. 利有攸往.
구삼 양마축 리난정 왈한여위 리유유왕

六四. 童牛之牿, 元吉.
육사 동우지곡 원길

六五. 豶豕之牙, 吉.
육오 분시지아 길

上九. 何天之衢, 亨.
상구 하천지구 형

【대축-단】

大畜. 利貞. 不家食吉. 利涉大川.
대 축 리 정 불 가 식 길 리 섭 대 천

대축은 일을 맡아 처리하는 것이 이롭다. 집에서 밥을 먹지 않으니 길하다.
큰 내를 건너는 것이 이롭다.

〈점괘〉

도전하면 이롭다.

〈리더의 점괘〉

지위가 높아지니, 과감하라.

〈개별 점괘〉

No. 26 대축(大畜)	상상=매우 좋다. 상중=참 좋다. 상하=좋은 편이다.			중상=제법 괜찮다. 중중=괜찮다. 중하=그럭저럭하다.			하상=별로 좋지 않다. 하중=좋을 것이 없다. 하하=매우 나쁘다.		
26-00	상			중			하		
	상	중	하	상	중	하	상	중	하
소원(행운)		★							
재물(사업)			★						
직장(승진)	★								
건강(컨디션)		★							
연애(결혼)					★				

여행(이동)			★						
분쟁(소송)		★							
계약(매매)		★							

【대축-초구】

初九. 有厲, 利己.
초 구 유 려 리 기

초구이다. "위태로움이 있으나, 자신을 이롭게 한다."

〈점괘〉

희생이 이익을 낳는다.

〈리더의 점괘〉

주체 세력의 일부를 교체하라.

No. 26 대축(大畜)	상상=매우 좋다. 상중=참 좋다. 상하=좋은 편이다.			중상=제법 괜찮다. 중중=괜찮다. 중하=그럭저럭하다.			하상=별로 좋지 않다. 하중=좋을 것이 없다. 하하=매우 나쁘다.		
26-01	상			중			하		
	상	중	하	상	중	하	상	중	하
소원(행운)				★					
재물(사업)					★				
직장(승진)						★			
건강(컨디션)						★			
연애(결혼)	★								
여행(이동)							★		
분쟁(소송)	★								
계약(매매)				★					

【대축-구이】

九二. 興說輹.
구 이   여 탈 복

구이이다. "수레에서 복토(伏兔: 바퀴통)를 벗겨 놓는다."

〈점쾌〉

목표를 다시 점검하라.

탈주할 수 있으니, 멈춰 점검하라.

〈개별 점괘〉

No. 26 대축(大畜)	상상=매우 좋다. 상중=참 좋다. 상하=좋은 편이다.			중상=제법 괜찮다. 중중=괜찮다. 중하=그럭저럭하다.			하상=별로 좋지 않다. 하중=좋을 것이 없다. 하하=매우 나쁘다.		
26-02	상			중			하		
	상	중	하	상	중	하	상	중	하
소원(행운)					★				
재물(사업)			★						
직장(승진)				★					
건강(컨디션)			★						
연애(결혼)			★						
여행(이동)						★			
분쟁(소송)					★				
계약(매매)						★			

【대축-구삼】

九三. 良馬逐. 利艱貞. 日閑輿衛. 利有攸往.
구삼 양마축 리난정 일한여위 리유유왕

구삼이다. "좋은 말을 쫓아간다. 어려운 일에 이롭다. 날마다 수레로 호위하
는 일을 연습한다. 가는 바가 있으면 이롭다."

〈점괘〉

주변의 상황을 이용하는 것이 이롭다.

〈리더의 점괘〉

유대 관계를 점검하고, 인내를 가질 때다.

〈개별 점괘〉

No. 26 대축(大畜)	상상=매우 좋다. 상중=참 좋다. 상하=좋은 편이다.			중상=제법 괜찮다. 중중=괜찮다. 중하=그럭저럭하다.			하상=별로 좋지 않다. 하중=좋을 것이 없다. 하하=매우 나쁘다.		
26-03	상			중			하		
	상	중	하	상	중	하	상	중	하
소원(행운)		★							
재물(사업)		★							
직장(승진)		★							
건강(컨디션)			★						
연애(결혼)	★								
여행(이동)						★			
분쟁(소송)		★							
계약(매매)		★							

【대축-육사】

六四. 童牛之牿, 元吉.
육사 동우지곡 원길

육사이다. "송아지가 뿔막이를 하고 있으니, 크게 길하다."

〈점괘〉

씨를 뿌려라.

〈리더의 점괘〉

호평을 받는다.

〈개별 점괘〉

No. 26 대축(大畜)	상상=매우 좋다. 상중=참 좋다. 상하=좋은 편이다.			중상=제법 괜찮다. 중중=괜찮다. 중하=그럭저럭하다.			하상=별로 좋지 않다. 하중=좋을 것이 없다. 하하=매우 나쁘다.		
26-04	상			중			하		
	상	중	하	상	중	하	상	중	하
소원(행운)	★								
재물(사업)		★							
직장(승진)		★							
건강(컨디션)	★								
연애(결혼)	★								
여행(이동)		★							
분쟁(소송)						★			
계약(매매)						★			

【대축-육오】

六五. 豶豕之牙, 吉.
육오 분시지아 길

육오이다. "거세한 돼지를 매어 두는 말뚝이니 길하다."

〈점쾌〉

기량이 향상되는 뚜렷한 징후가 나타나기 시작한다.

〈리더의 점쾌〉

토대가 건실할수록 향후 더 큰 경사가 있을 것이다.

〈개별 점쾌〉

No. 26 대축(大畜)	상상=매우 좋다. 상중=참 좋다. 상하=좋은 편이다.			중상=제법 괜찮다. 중중=괜찮다. 중하=그럭저럭하다.			하상=별로 좋지 않다. 하중=좋을 것이 없다. 하하=매우 나쁘다.		
26-05	상			중			하		
	상	중	하	상	중	하	상	중	하
소원(행운)		★							
재물(사업)	★								
직장(승진)		★							
건강(컨디션)		★							
연애(결혼)		★							
여행(이동)		★							

분쟁(소송)	★							
계약(매매)	★							

【대축-상구】

上九. 何天之衢, 亨.
상 구 하 천 지 구 형

상구이다. "하늘의 네거리를 짊어지니, 형통하다."

〈점괘〉

보답을 받는 운을 만난다.

〈리더의 점괘〉

이상(理想)이 실현되는 불가사의를 경험할 수도 있다.

〈개별 점괘〉

No. 26 대축(大畜)	상상=매우 좋다. 상중=참 좋다. 상하=좋은 편이다.			중상=제법 괜찮다. 중중=괜찮다. 중하=그럭저럭하다.			하상=별로 좋지 않다. 하중=좋을 것이 없다. 하하=매우 나쁘다.		
26-06	상			중			하		
	상	중	하	상	중	하	상	중	하
소원(행운)	★								

290

재물(사업)	★							
직장(승진)	★							
건강(컨디션)	★							
연애(결혼)					★			
여행(이동)						★		
분쟁(소송)	★							
계약(매매)	★							

27. 이(頤)

【頤卦第二十七】　　27. 산뢰이

山雷頤

頤貞吉. 觀頤, 自求口實.
이정길 관이 자구구실

初九. 舍爾靈龜, 觀我朵頤, 凶.
초구 사이영귀 관아타이 흉

六二. 顚頤, 拂經于丘, 頤, 征凶.
육이 전이 불경우구 이 정흉

六三. 拂頤, 貞凶. 十年勿用, 无攸利.
육삼 불이 정흉 십년물용 무유리

六四. 顚頤, 吉. 虎視耽耽, 其欲逐逐. 无咎.
육사 전이 길 호시탐탐 기욕축축 무구

六五. 拂經. 居貞, 吉, 不可涉大川.
육오 불경 거정 길 불가섭대천

上九. 由頤, 厲吉, 利涉大川.
상구 유이 려길 리섭대천

292

【이-단】

頤貞吉. 觀頤, 自求口實.
이 정 길 　관 이 　자 구 구 실

생명을 길러내는 일이 길하다. 내려 보고 봉양을 받으니, 스스로 입에 넣을
열매를 구한다.

〈점괘〉

'입으로 먹고 사는 사람들'에게는 더욱 좋다.

〈리더의 점괘〉

결실을 나누라.

〈개별 점괘〉

No. 27 이(頤)	상상=매우 좋다. 상중=참 좋다. 상하=좋은 편이다.			중상=제법 괜찮다. 중중=괜찮다. 중하=그럭저럭하다.			하상=별로 좋지 않다. 하중=좋을 것이 없다. 하하=매우 나쁘다.		
27-00	상			중			하		
	상	중	하	상	중	하	상	중	하
소원(행운)		★							
재물(사업)		★							
직장(승진)		★							
건강(컨디션)		★							
연애(결혼)						★			

여행(이동)							★	
분쟁(소송)	★							
계약(매매)		★						

【이-초구】

初九. 舍爾靈龜, 觀我朵頤, 凶.
초구 사 이 영 귀 관 아 타 이 흉

초구이다. "너의 신령스러운 거북을 버리고, 내가 턱을 늘어뜨리는 모습을 보고 있으니, 흉하다."

〈점괘〉

선의(善意)가 불의(不義)로 변하기 쉬운 때이다.

〈리더의 점괘〉

관점의 차이로 인한 자연스러운 결별이 있겠다.

〈개별 점괘〉

No. 27 이(頤)	상상=매우 좋다. 상중=참 좋다. 상하=좋은 편이다.			중상=제법 괜찮다. 중중=괜찮다. 중하=그럭저럭하다.			하상=별로 좋지 않다. 하중=좋을 것이 없다. 하하=매우 나쁘다.		
27-01	상			중			하		
	상	중	하	상	중	하	상	중	하
소원(행운)							★		
재물(사업)							★		
직장(승진)							★		
건강(컨디션)							★		
연애(결혼)					★				
여행(이동)								★	
분쟁(소송)					★				
계약(매매)						★			

【이-구이】

六二. 顚頤, 拂經于丘, 頤, 征凶.
육 이 전 이 불 경 우 구 이 정 흉

육이이다. "뒤집어진 이괘에서는 언덕에서 목을 빼는 것이며, 원래의 이괘
에서는 정벌하니 흉하다."

〈점괘〉

열세에 빠지게 된다.

여건이 조성되지 않아서 몹시 조급한 시기이다.

〈개별 점괘〉

No. 27 이(頤)	상상=매우 좋다. 상중=참 좋다. 상하=좋은 편이다.			중상=제법 괜찮다. 중중=괜찮다. 중하=그럭저럭하다.			하상=별로 좋지 않다. 하중=좋을 것이 없다. 하하=매우 나쁘다.		
27-02	상			중			하		
	상	중	하	상	중	하	상	중	하
소원(행운)								★	
재물(사업)								★	
직장(승진)								★	
건강(컨디션)					★				
연애(결혼)		★							
여행(이동)							★		
분쟁(소송)			★						
계약(매매)		★							

【이-육삼】

六三. 拂頤, 貞凶. 十年勿用, 无攸利.
육 삼 불 이 정 흉 십 년 물 용 무 유 리

육삼이다. "턱을 빼니, 일을 맡아 처리하면 흉하다. 10년이 되어도 쓰지
못하니, 이로울 바가 없다."

〈점괘〉

독단으로 나가다가는 자멸하게 된다.

〈리더의 점괘〉

때를 얻지 못하면 용(龍)이 못된다.

〈개별 점괘〉

No. 27 이(頤)	상상=매우 좋다. 상중=참 좋다. 상하=좋은 편이다.			중상=제법 괜찮다. 중중=괜찮다. 중하=그럭저럭하다.			하상=별로 좋지 않다. 하중=좋을 것이 없다. 하하=매우 나쁘다.		
27-03	상			중			하		
	상	중	하	상	중	하	상	중	하
소원(행운)									★
재물(사업)									★
직장(승진)									★
건강(컨디션)					★				
연애(결혼)		★							
여행(이동)							★		
분쟁(소송)							★		
계약(매매)								★	

【이-육사】

六四. 顚頤, 吉. 虎視耽耽, 其欲逐逐. 无咎.
육 사 전 이 길 호 시 탐 탐 기 욕 축 축 무 구

육사이다. "이괘를 뒤집으면 길하다. 호랑이가 눈을 부릅뜨고 노려보니, 그

욕심이 쫓고 쫓는다. 허물이 없다."

〈점괘〉

탐욕도 때를 얻으면 바라던 것을 얻는다.

〈리더의 점괘〉

위풍당당(威風堂堂)하게 호령하라.

〈개별 점괘〉

No. 27 이(頤)	상상=매우 좋다. 상중=참 좋다. 상하=좋은 편이다.			중상=제법 괜찮다. 중중=괜찮다. 중하=그럭저럭하다.			하상=별로 좋지 않다. 하중=좋을 것이 없다. 하하=매우 나쁘다.		
27-04	상			중			하		
	상	중	하	상	중	하	상	중	하
소원(행운)		★							
재물(사업)	★								
직장(승진)		★								
건강(컨디션)		★							
연애(결혼)		★							
여행(이동)					★				
분쟁(소송)						★			
계약(매매)							★		

六五. 拂經. 居貞, 吉, 不可涉大川.
육 오 불 경 거 정 길 불 가 섭 대 천

육오이다. "목을 쭉 뺀다. 거처를 정하는 일은 길하나, 큰 내를 건널 수는 없다."

〈점괘〉

때가 맞지 않았으니, 원숭이가 인간이 될 수 없었다.

〈리더의 점괘〉

외부로 눈을 돌리는 때가 온 것은 아니다.

〈개별 점괘〉

No. 27 이(頤)	상상=매우 좋다. 상중=참 좋다. 상하=좋은 편이다.			중상=제법 괜찮다. 중중=괜찮다. 중하=그럭저럭하다.			하상=별로 좋지 않다. 하중=좋을 것이 없다. 하하=매우 나쁘다.		
27-05	상			중			하		
	상	중	하	상	중	하	상	중	하
소원(행운)						★			
재물(사업)						★			
직장(승진)						★			
건강(컨디션)		★							
연애(결혼)	★								

여행(이동)		★							
분쟁(소송)			★						
계약(매매)				★					

【이-상구】

上九. 由頤, 厲吉, 利涉大川.
상 구 유 이   려 길   리 섭 대 천

상구이다. "이괘가 이괘일 수 있는 이유이니, 위태로우나 길하고, 큰 내를
건너는 것이 이롭다."

〈점괘〉

적극적이고 진취적인 대처가 상황에 맞다.

〈리더의 점괘〉

더 융통성 있는 수완을 발휘하라.

〈개별 점괘〉

No. 27 이(頤)	상상=매우 좋다. 상중=참 좋다. 상하=좋은 편이다.			중상=제법 괜찮다. 중중=괜찮다. 중하=그럭저럭하다.			하상=별로 좋지 않다. 하중=좋을 것이 없다. 하하=매우 나쁘다.		
27-06	상			중			하		
	상	중	하	상	중	하	상	중	하
소원(행운)	★								
재물(사업)		★							
직장(승진)		★							
건강(컨디션)		★							
연애(결혼)							★		
여행(이동)								★	
분쟁(소송)			★						
계약(매매)			★						

28. 대과(大過)

28.택풍대과

澤風大過

大過, 棟撓. 利有攸往, 亨.
대과 동요 리유유왕 형

初六. 藉用白茅, 无咎.
초육 자용백모 무구

九二. 枯楊生稊, 老夫得其女妻, 无不利.
구이 고양생제 노부득기여처 무불리

九三. 棟撓. 凶.
구삼 동요 흉

九四. 棟隆, 吉. 有它, 吝.
구사 동륭 길 유타 린

九五. 枯楊生華. 老婦得其士夫, 无咎无譽.
구오 고양생화 노부득기사부 무구무예

上六. 過涉滅頂, 凶, 无咎.
상육 과섭멸정 흉 무구

【대과-단】

大過, 棟撓. 利有攸往, 亨.
대 과 동 요 리 유 유 왕 형

대과는 용마루가 휘어짐이다. 갈 바가 있는 것이 이롭고, 형통하다.

〈점쾌〉

정력적으로 활동하여 일을 성취하는 시기이다.

〈리더의 점쾌〉

상대를 리드하는 강한 면모를 보이는 때이다.

〈개별 점쾌〉

No. 28 대과(大過)	상상=매우 좋다. 상중=참 좋다. 상하=좋은 편이다.			중상=제법 괜찮다. 중중=괜찮다. 중하=그럭저럭하다.			하상=별로 좋지 않다. 하중=좋을 것이 없다. 하하=매우 나쁘다.		
28-00	상			중			하		
	상	중	하	상	중	하	상	중	하
소원(행운)		★							
재물(사업)		★							
직장(승진)		★							
건강(컨디션)				★					
연애(결혼)							★		
여행(이동)							★		

							★	
분쟁(소송)							★	
계약(매매)								★

【대과-초육】

初六. 藉用白茅, 无咎.
초 육 자 용 백 모 무 구

초육이다. "자리를 까는데 흰 띠풀을 쓰니, 허물이 없다."

〈점괘〉

지나치게 결백한 것은 오히려 욕(辱)된 것이다.

〈리더의 점괘〉

의전(儀典)에 만반의 준비를 하면 이롭다.

〈개별 점괘〉

No. 28 대과(大過)	상상=매우 좋다. 상중=참 좋다. 상하=좋은 편이다.			중상=제법 괜찮다. 중중=괜찮다. 중하=그럭저럭하다.			하상=별로 좋지 않다. 하중=좋을 것이 없다. 하하=매우 나쁘다.		
28-01	상			중			하		
	상	중	하	상	중	하	상	중	하
소원(행운)		★							

재물(사업)	★						
직장(승진)	★						
건강(컨디션)			★				
연애(결혼)					★		
여행(이동)					★		
분쟁(소송)					★		
계약(매매)						★	

【대과-구이】

九二. 枯楊生稊, 老夫得其女妻, 无不利.
구 이 고 양 생 제 노 부 득 기 여 처 무 불 리

구이이다. "마른 버드나무에 싹이 나며, 늙은 지아비가 처를 얻으니, 이롭지
않음이 없다."

〈점쾌〉

회춘(回春)하듯이 잘 풀리는 기미가 보인다.

〈리더의 점쾌〉

새로움은 옛것에서부터 온다.

〈개별 점괘〉

No. 28 대과(大過)	상상=매우 좋다. 상중=참 좋다. 상하=좋은 편이다.			중상=제법 괜찮다. 중중=괜찮다. 중하=그럭저럭하다.			하상=별로 좋지 않다. 하중=좋을 것이 없다. 하하=매우 나쁘다.		
28-02	상			중			하		
	상	중	하	상	중	하	상	중	하
소원(행운)		★							
재물(사업)		★							
직장(승진)		★							
건강(컨디션)		★							
연애(결혼)	★								
여행(이동)					★				
분쟁(소송)		★							
계약(매매)			★						

【대과-구삼】

九三. 棟橈, 凶.
구삼 동요 흉

구삼이다. "용마루가 휘어져 있으니, 흉하다."

〈점괘〉

불안하고 위태한 상황에 처해 있다.

306

〈리더의 점괘〉

지나친 자신감으로 밀어붙이고 있다.

〈개별 점괘〉

No. 28 대과(大過)	상상=매우 좋다. 상중=참 좋다. 상하=좋은 편이다.			중상=제법 괜찮다. 중중=괜찮다. 중하=그럭저럭하다.			하상=별로 좋지 않다. 하중=좋을 것이 없다. 하하=매우 나쁘다.		
28-03	상			중			하		
	상	중	하	상	중	하	상	중	하
소원(행운)									★
재물(사업)									★
직장(승진)									★
건강(컨디션)									★
연애(결혼)		★							
여행(이동)								★	
분쟁(소송)					★				
계약(매매)						★			

【대과-구사】

九四. 棟隆, 吉. 有它, 吝.
구 사 동 룡 길 유 타 린

구사이다. "용마루가 높으니 길하다. 다른 일이 생기는데, 인색하다."

〈점괘〉

콧대 높게 리드하나, 새로운 것은 불리하다.

〈리더의 점괘〉

긴장을 늦출 때 간혹 예기치 않은 일이 발생한다.

〈개별 점괘〉

No. 28 대과(大過)	상상=매우 좋다. 상중=참 좋다. 상하=좋은 편이다.			중상=제법 괜찮다. 중중=괜찮다. 중하=그럭저럭하다.			하상=별로 좋지 않다. 하중=좋을 것이 없다. 하하=매우 나쁘다.		
28-04	상			중			하		
	상	중	하	상	중	하	상	중	하
소원(행운)			★						
재물(사업)		★							
직장(승진)			★						
건강(컨디션)					★				
연애(결혼)			★						
여행(이동)					★				
분쟁(소송)		★							
계약(매매)		★							

【대과-구오】

九五. 枯楊生華. 老婦得其士夫, 无咎无譽.
구오 고양생화 노부득기사부 무구무예

구오이다. "마른 버드나무 가지에서 꽃이 핀다. 나이든 여자가 젊은 남자를
지아비로 얻으니, 허물은 없겠으나, 명예도 없다."

〈점괘〉

흐름이 좋으나 주변의 질투와 시샘이 크다.

〈리더의 점괘〉

인기가 오르지만, 하마평(下馬評)이나 구설로 인한 스트레스가 있다.

〈개별 점괘〉

No. 28 대과(大過)	상상=매우 좋다. 상중=참 좋다. 상하=좋은 편이다.			중상=제법 괜찮다. 중중=괜찮다. 중하=그럭저럭하다.			하상=별로 좋지 않다. 하중=좋을 것이 없다. 하하=매우 나쁘다.		
28-05	상			중			하		
	상	중	하	상	중	하	상	중	하
소원(행운)					★				
재물(사업)			★						
직장(승진)				★					
건강(컨디션)			★						
연애(결혼)			★						
여행(이동)		★							
분쟁(소송)				★					
계약(매매)				★					

上六. 過涉滅頂, 凶, 无咎.
상 육 과 섭 멸 정 흉 무 구

상육이다. "물을 건너다 이마까지 빠지니, 흉한 것이나, 허물은 없다."

〈점괘〉

횡액(橫厄)에도 주변의 도움으로 견딜 수 있다.

〈리더의 점괘〉

역풍(逆風)을 맞을 수니, 포용의 리더십이 아쉽다.

〈개별 점괘〉

No. 28 대과(大過)	상상=매우 좋다. 상중=참 좋다. 상하=좋은 편이다.			중상=제법 괜찮다. 중중=괜찮다. 중하=그럭저럭하다.			하상=별로 좋지 않다. 하중=좋을 것이 없다. 하하=매우 나쁘다.		
28-06	상			중			하		
	상	중	하	상	중	하	상	중	하
소원(행운)						★			
재물(사업)							★		
직장(승진)								★	
건강(컨디션)						★			
연애(결혼)							★		
여행(이동)								★	

분쟁(소송)							★	
계약(매매)							★	

29. 감(坎)

【坎卦第二十九】   29. 중수감

習坎, 有孚, 維心亨, 行有尙.
습감 유부 유심형 행유상

重水坎

初六. 習坎, 入于坎窞, 凶.
초육 습감 입우감담 흉

九二. 坎有險, 求小得.
구이 감유험 구소득

六三. 來之坎坎. 險且枕. 入于坎窞, 勿用.
육삼 래지감감 험차침 입우감담 물용

六四. 樽酒, 簋貳用缶. 納約自牖, 終无咎.
육사 준주 궤이용부 납약자유 종무구

九五. 坎不盈, 祗旣平, 无咎.
구오 감불영 지기평 무구

上六. 係用徽纆, 寘于叢棘, 三歲不得, 凶.
상육 계용휘묵 치우총극 삼세부득 흉

【감-단】

習坎, 有孚, 維心亨, 行有尚.
습 감 유 부 유 심 형 행 유 상

감이 되풀이되나, 믿음이 있으며, 마음을 단단히 묶으니, 형통하고, 가면 숭

상을 받는다.

〈점괘〉

인맥을 유용하게 활용하면, 원하는 것을 얻을 수 있다.

〈리더의 점괘〉

미뤄왔던 일을 추진해도 승산이 있는 흐름에 접어들고 있다.

〈개별 점괘〉

No. 29 감(坎)	상상=매우 좋다. 상중=참 좋다. 상하=좋은 편이다.			중상=제법 괜찮다. 중중=괜찮다. 중하=그럭저럭하다.			하상=별로 좋지 않다. 하중=좋을 것이 없다. 하하=매우 나쁘다.		
29-00	상			중			하		
	상	중	하	상	중	하	상	중	하
소원(행운)		★							
재물(사업)			★						
직장(승진)	★								
건강(컨디션)		★							
연애(결혼)						★			

여행(이동)							★		
분쟁(소송)					★				
계약(매매)						★			

【감-초육】

初六. 習坎, 入于坎窞, 凶.
초 육 습 감 입 우 감 담 흉

초육이다. "감이 거듭 있으니, 깊은 구덩이로 들어가면, 흉하다."

〈점쾌〉

어려움에 빠진다.

〈리더의 점쾌〉

돌파하기 위해 움직이는 때가 아니다.

No. 29 감(坎)	상상=매우 좋다. 상중=참 좋다. 상하=좋은 편이다.			중상=제법 괜찮다. 중중=괜찮다. 중하=그럭저럭하다.			하상=별로 좋지 않다. 하중=좋을 것이 없다. 하하=매우 나쁘다.		
29-01	상			중			하		
	상	중	하	상	중	하	상	중	하
소원(행운)									★
재물(사업)									★
직장(승진)									★
건강(컨디션)									★
연애(결혼)						★			
여행(이동)								★	
분쟁(소송)						★			
계약(매매)							★		

【감-구이】

九二. 坎有險, 求小得.
구 이 감 유 험 구 소 득

구이이다. "감에 험난함이 있으나, 구하는 것을 조금 얻는다."

〈점쾌〉

볕이 드나 아직 춥다.

약간의 해결을 위한 단서가 위안이 되는 때이다.

〈개별 점괘〉

No. 29 감(坎)	상상=매우 좋다. 상중=참 좋다. 상하=좋은 편이다.			중상=제법 괜찮다. 중중=괜찮다. 중하=그럭저럭하다.			하상=별로 좋지 않다. 하중=좋을 것이 없다. 하하=매우 나쁘다.		
29-02	상			중			하		
	상	중	하	상	중	하	상	중	하
소원(행운)					★				
재물(사업)					★				
직장(승진)					★				
건강(컨디션)				★					
연애(결혼)					★				
여행(이동)							★		
분쟁(소송)				★					
계약(매매)					★				

【감-육삼】

六三. 來之坎坎. 險且枕. 入于坎窞, 勿用.
육 삼 래 지 감 감 험 차 침 입 우 감 담 물 용

육삼이다. "와서 감이 되고 감이 된다. 험한 것을 말뚝에 묶는다. 감의 구덩

이에 들어가니, 쓰지 말라."

316

안간힘을 쓰나, 때가 아니니 아무것도 할 수 없다.

〈리더의 점괘〉

일이 어려울 때는 보존이 먼저이다.

〈개별 점괘〉

No. 29 감(坎)	상상=매우 좋다. 상중=참 좋다. 상하=좋은 편이다.			중상=제법 괜찮다. 중중=괜찮다. 중하=그럭저럭하다.			하상=별로 좋지 않다. 하중=좋을 것이 없다. 하하=매우 나쁘다.		
29-03	상			중			하		
	상	중	하	상	중	하	상	중	하
소원(행운)									★
재물(사업)									★
직장(승진)									★
건강(컨디션)									★
연애(결혼)					★				
여행(이동)									★
분쟁(소송)			★						
계약(매매)				★					

【감-육사】

六四. 樽酒, 簋貳用缶. 納約自牖, 終无咎.
육사 준주 궤이용부 남약자유 종무구

육사이다. "술단지에 담긴 술은 제기로 올릴 때는 질그릇을 사용한다. 계약의 표지를 창문을 통해 들여놓으니, 끝내는 허물이 없다."

〈점괘〉

보이지 않는 덕을 쌓고, 입으로 복이 새지 않게 말조심하라.

〈리더의 점괘〉

인물을 등용하여 막후교섭에 전력하면 길하다.

〈개별 점괘〉

No. 29 감(坎)	상상=매우 좋다. 상중=참 좋다. 상하=좋은 편이다.			중상=제법 괜찮다. 중중=괜찮다. 중하=그럭저럭하다.			하상=별로 좋지 않다. 하중=좋을 것이 없다. 하하=매우 나쁘다.		
29-04	상			중			하		
	상	중	하	상	중	하	상	중	하
소원(행운)			★						
재물(사업)			★						
직장(승진)			★						
건강(컨디션)						★			
연애(결혼)		★							
여행(이동)					★				
분쟁(소송)		★							
계약(매매)		★							

九五. 坎不盈, 祗旣平, 无咎.
구 오 감 불 영 지 기 평 무 구

구오이다. "구덩이에 가득 차지 않으며, 이미 평탄해졌으니, 허물이 없다."

〈점괘〉

난리를 초래했던 불길은 잡았다.

〈리더의 점괘〉

아직 무언가를 이룬 것은 아니니, 방심은 금물이다.

〈개별 점괘〉

No. 29 감(坎)	상상=매우 좋다. 상중=참 좋다. 상하=좋은 편이다.			중상=제법 괜찮다. 중중=괜찮다. 중하=그럭저럭하다.			하상=별로 좋지 않다. 하중=좋을 것이 없다. 하하=매우 나쁘다.		
29-05	상			중			하		
	상	중	하	상	중	하	상	중	하
소원(행운)				★					
재물(사업)							★		
직장(승진)						★			
건강(컨디션)		★							
연애(결혼)					★				
여행(이동)			★						

분쟁(소송)							★	
계약(매매)						★		

【감-상구】

上六. 係用徽纆, 寘于叢棘. 三歲不得, 凶.
상 육 계 용 휘 묵 치 우 총 극 삼 세 부 득 흉

상육이다. "두겹 세겹의 오랏줄로 묶어서, 가시나무로 둘러쳐진 감옥에 가
둔다. 3년 동안 풀려나지 못하니, 흉하다."

〈점괘〉

삶의 고통이 매를 맞는 듯하다.

〈리더의 점괘〉

심신이 매우 피곤하니, 건강에 백번 주의하라.

〈개별 점괘〉

No. 29 감(坎)	상상=매우 좋다. 상중=참 좋다. 상하=좋은 편이다.			중상=제법 괜찮다. 중중=괜찮다. 중하=그럭저럭하다.			하상=별로 좋지 않다. 하중=좋을 것이 없다. 하하=매우 나쁘다.		
29-06	상			중			하		
	상	중	하	상	중	하	상	중	하
소원(행운)							★		
재물(사업)							★		
직장(승진)								★	
건강(컨디션)								★	
연애(결혼)					★				
여행(이동)								★	
분쟁(소송)					★				
계약(매매)						★			

30. 리(離)

【離卦第三十】

重火離

30. 중화리

離, 利貞, 亨. 畜牝牛, 吉.
리 리정 형 축빈우 길

初九. 履錯然, 敬之, 无咎.
초구 리착연 경지 무구

六二. 黃離, 元吉.
육이 황리 원길

九三. 日昃之離, 不鼓缶而歌, 則大耋之嗟, 凶.
구삼 일측지이 불고부이가 즉대질지차 흉

九四. 突如其來如, 焚如, 死如, 棄如.
구사 돌여기래여 분여 사여 여

六五. 出涕, 沱若, 戚嗟若, 吉.
육오 출제 타약 척차약 길

上九. 王用出征, 有嘉折首, 獲匪其醜, 无咎.
상구 왕용출정 유가절수 획비기추 무구

【리-단】

離, 利貞, 亨. 畜牝牛, 吉.
리 리정 형 축빈우 길

리는 일을 맡아 처리하는 것이 이로우니, 형통하다. 암소를 기르면 길하다.

〈점쾌〉

재수가 착착 붙는 느낌이 든다.

〈리더의 점쾌〉

새로운 분야에 대한 관심이 커져가는 때이다.

〈개별 점쾌〉

No. 30 리(離)	상상=매우 좋다. 상중=참 좋다. 상하=좋은 편이다.			중상=제법 괜찮다. 중중=괜찮다. 중하=그럭저럭하다.			하상=별로 좋지 않다. 하중=좋을 것이 없다. 하하=매우 나쁘다.		
30-00	상			중			하		
	상	중	하	상	중	하	상	중	하
소원(행운)		★							
재물(사업)	★								
직장(승진)		★							
건강(컨디션)		★							
연애(결혼)				★					
여행(이동)				★					

분쟁(소송)					★			
계약(매매)					★			

【리-초구】

初九. 履錯然, 敬之, 无咎.
초구 리착연 경지 무구

초구이다. "신발을 뒤집어 신는 일이 있더라도 공경한다면, 허물이 없다."

〈점괘〉

공짜 좋아하다, 하늘이 주는 복을 찬다.

〈리더의 점괘〉

주고받는 것이 분명하다면 길하다.

〈개별 점괘〉

No. 30 리(離)	상상=매우 좋다. 상중=참 좋다. 상하=좋은 편이다.			중상=제법 괜찮다. 중중=괜찮다. 중하=그럭저럭하다.			하상=별로 좋지 않다. 하중=좋을 것이 없다. 하하=매우 나쁘다.		
30-01	상			중			하		
	상	중	하	상	중	하	상	중	하
소원(행운)				★					

재물(사업)				★				
직장(승진)					★			
건강(컨디션)					★			
연애(결혼)				★				
여행(이동)				★				
분쟁(소송)		★						
계약(매매)			★					

【리-육이】

六二. 黃離, 元吉.
육 이 황 리 원 길

육이이다. "황금색 태양이 하늘에 걸리니, 크게 길하다."

〈점괘〉

재물을 곳간에 쌓는다.

〈리더의 점괘〉

여반장(如反掌, 손바닥을 뒤집는 것과 같이 쉬운 일)의 때가 왔다.

No. 30 리(離)	상상=매우 좋다. 상중=참 좋다. 상하=좋은 편이다.		중상=제법 괜찮다. 중중=괜찮다. 중하=그럭저럭하다.		하상=별로 좋지 않다. 하중=좋을 것이 없다. 하하=매우 나쁘다.		

30-02	상			중			하		
	상	중	하	상	중	하	상	중	하
소원(행운)	★								
재물(사업)	★								
직장(승진)	★								
건강(컨디션)		★							
연애(결혼)		★							
여행(이동)		★							
분쟁(소송)					★				
계약(매매)				★					

【리-구삼】

九三. 日昃之離, 不鼓缶而歌, 則大耋之嗟, 凶.
구 삼 일 측 지 이 불 고 부 이 가   즉 대 질 지 차   흉

구삼이다. "해가 기울어 서산에 걸려 있고, 질그릇 악기를 두드리며 노래하는 이도 없으니 큰 늙은이가 탄식하노라, 흉하다."

〈점괘〉

유종(有終)의 미(美)를 거두기 위해 마무리를 잘해야 이롭다.

〈리더의 점괘〉

새 부대에 새 술을 담을 수 있도록 해주라.

〈개별 점괘〉

No. 30 리(離)	상상=매우 좋다. 상중=참 좋다. 상하=좋은 편이다.			중상=제법 괜찮다. 중중=괜찮다. 중하=그럭저럭하다.			하상=별로 좋지 않다. 하중=좋을 것이 없다. 하하=매우 나쁘다.		
30-03	상			중			하		
	상	중	하	상	중	하	상	중	하
소원(행운)							★		
재물(사업)							★		
직장(승진)								★	
건강(컨디션)						★			
연애(결혼)				★					
여행(이동)					★				
분쟁(소송)						★			
계약(매매)							★		

【리-구사】

九四. 突如其來如, 焚如, 死如, 棄如.
구사 돌 여 기 래 여   분 여   사 여   여

구사이다. "돌진해 오더니, 불에 타서 죽으며, 내버린다."

〈점괘〉

뜻하지 않는 사건과 사고가 두렵다.

〈리더의 점괘〉

밀고자나 하극상이 있을지 모른다.

〈개별 점괘〉

No. 30 리(離)	상상=매우 좋다. 상중=참 좋다. 상하=좋은 편이다.			중상=제법 괜찮다. 중중=괜찮다. 중하=그럭저럭하다.			하상=별로 좋지 않다. 하중=좋을 것이 없다. 하하=매우 나쁘다.		
30-04	상			중			하		
	상	중	하	상	중	하	상	중	하
소원(행운)									★
재물(사업)									★
직장(승진)									★
건강(컨디션)									★
연애(결혼)						★			
여행(이동)							★		
분쟁(소송)								★	
계약(매매)								★	

【리-육오】

六五. 出涕, 沱若, 戚嗟若, 吉.
육오 출제 타약 척차약 길

육오이다. "콧물이 흐르고 눈물이 흘러서, 탄식하는 듯하나, 길하다."

〈점괘〉

이별의 아픔을 겪으나, 영 이별은 아니다.

〈리더의 점괘〉

자신의 투철한 변화가 필요한 시점이다.

〈개별 점괘〉

No. 30 리(離)	상상=매우 좋다. 상중=참 좋다. 상하=좋은 편이다.			중상=제법 괜찮다. 중중=괜찮다. 중하=그럭저럭하다.			하상=별로 좋지 않다. 하중=좋을 것이 없다. 하하=매우 나쁘다.		
30-05	상			중			하		
	상	중	하	상	중	하	상	중	하
소원(행운)			★						
재물(사업)			★						
직장(승진)				★					
건강(컨디션)			★						
연애(결혼)			★						
여행(이동)			★						
분쟁(소송)						★			
계약(매매)							★		

上九. 王用出征, 有嘉折首, 獲匪其醜, 无咎.
상구 왕용출정 유가절수 획비기추 무구

상구이다. "왕이 정벌에 나아가 적장의 목을 베는 경사가 있고, 잡은 것이
아군의 무리가 아니니, 허물이 없다."

〈점괘〉

평소 자신을 괴롭혀 왔던 문제를 청산(淸算)하는 시점이다.

〈리더의 점괘〉

개혁을 위한 드라이브를 거는 시점이다.

〈개별 점괘〉

No. 30 리(離)	상상=매우 좋다. 상중=참 좋다. 상하=좋은 편이다.			중상=제법 괜찮다. 중중=괜찮다. 중하=그럭저럭하다.			하상=별로 좋지 않다. 하중=좋을 것이 없다. 하하=매우 나쁘다.		
30-06	상			중			하		
	상	중	하	상	중	하	상	중	하
소원(행운)			★						
재물(사업)		★							
직장(승진)			★						
건강(컨디션)			★						
연애(결혼)		★							

여행(이동)	★							
분쟁(소송)	★							
계약(매매)	★							

31. 함(咸)

【咸卦第三十一】　　31. 택산함

澤山咸

咸, 亨, 利貞, 取女吉.
함 형 리정 취녀길

初六. 咸其拇
초육 함기무

六二. 咸其腓, 凶, 居吉.
육이 함기비 흉 거길

九三. 咸其股, 執其隨, 往吝.
구삼 함기고 집기수 왕린

九四. 貞吉, 悔亡, 憧憧往來, 朋從爾思.
구사 정길 회망 동동왕래 붕종이사

九五. 咸其脢, 无悔.
구오 함기매 무회

上六. 咸其輔頰舌.
상육 함기보협설

【함-단】

咸, 亨, 利貞, 取女吉.
함 형 리정 취 녀 길

함은 형통하며 일을 맡아 추진하는 것이 이로우니, 여자를 얻으면 길하다.

〈점괘〉

사회활동이 커지면서 인기가 높아지고, 새로운 일을 향한 의지가 남다르다.

〈리더의 점괘〉

원활한 소통의 시기이므로, 일을 진척하면 성취가 따른다.

〈개별 점괘〉

No. 31 함(咸)	상상=매우 좋다. 상중=참 좋다. 상하=좋은 편이다.			중상=제법 괜찮다. 중중=괜찮다. 중하=그럭저럭하다.			하상=별로 좋지 않다. 하중=좋을 것이 없다. 하하=매우 나쁘다.		
31-00	상			중			하		
	상	중	하	상	승	하	상	중	하
소원(행운)		★							
재물(사업)		★							
직장(승진)		★							
건강(컨디션)			★						
연애(결혼)		★							

		★						
여행(이동)		★						
분쟁(소송)				★				
계약(매매)					★			

【함-초육】

初六. 咸其拇.
초육 함기무

초육이다. "그 엄지발가락으로 느낀다."

〈점괘〉

비로소 가시적인 성과를 조금씩 내기 시작한다.

〈리더의 점괘〉

미래를 위한 과감한 투자를 아끼지 말라.

<개별 점괘>

No. 31 함(咸)	상상=매우 좋다. 상중=참 좋다. 상하=좋은 편이다.			중상=제법 괜찮다. 중중=괜찮다. 중하=그럭저럭하다.			하상=별로 좋지 않다. 하중=좋을 것이 없다. 하하=매우 나쁘다.		
31-01	상			중			하		
	상	중	하	상	중	하	상	중	하
소원(행운)			★						
재물(사업)			★						
직장(승진)			★						
건강(컨디션)			★						
연애(결혼)						★			
여행(이동)					★				
분쟁(소송)			★						
계약(매매)						★			

【함-육이】

六二. 咸其腓, 凶, 居吉.
육 이 함 기 비 흉 거 길

육이이다. "그 장딴지로 느끼니, 흉하나, 거처하면 길하다.

<점괘>

밖으로 나가서 하는 일은 결과가 좋지 않다.

내부 분야에 종사하는 것은 길하나, 외부 분야를 경영하는 일은 욕된다.

〈개별 점괘〉

No. 31 함(咸)	상상=매우 좋다. 상중=참 좋다. 상하=좋은 편이다.			중상=제법 괜찮다. 중중=괜찮다. 중하=그럭저럭하다.			하상=별로 좋지 않다. 하중=좋을 것이 없다. 하하=매우 나쁘다.		
31-02	상			중			하		
	상	중	하	상	중	하	상	중	하
소원(행운)							★		
재물(사업)							★		
직장(승진)								★	
건강(컨디션)				★					
연애(결혼)							★		
여행(이동)									★
분쟁(소송)								★	
계약(매매)								★	

【함-구삼】

九三. 咸其股. 執其隨. 往吝.
구 삼 함 기 고 집 기 수 왕 린

구삼이다. "그 허벅지로 느낀다. 뒤쫓아 오던 사람을 붙잡을 것이다. 가더라
도 인색하다."

〈점괘〉

일에 차질이 생기고, 시비가 인다.

〈리더의 점괘〉

통솔하는데, 갈등을 유발한다.

〈개별 점괘〉

No. 31 함(咸)	상상=매우 좋다. 상중=참 좋다. 상하=좋은 편이다.			중상=제법 괜찮다. 중중=괜찮다. 중하=그럭저럭하다.			하상=별로 좋지 않다. 하중=좋을 것이 없다. 하하=매우 나쁘다.		
31-03	상			중			하		
	상	중	하	상	중	하	상	중	하
소원(행운)							★		
재물(사업)							★		
직장(승진)								★	
건강(컨디션)		★							
연애(결혼)						★			
여행(이동)					★				
분쟁(소송)							★		
계약(매매)								★	

【함-구사】

九四. 貞吉, 悔亡. 憧憧往來, 朋從爾思.
구사 정길 회망 동동왕래 붕종이사

구사이다. "일을 맡아 처리하면 길하고, 바뀌는 것은 없다. 들뜬 마음으로 왔다갔다 하니, 벗들이 너를 그리워한다."

〈점괘〉

불가피한 이별을 겪는다.

〈리더의 점괘〉

때와 위치를 얻지 못하고, 외로운 상태에 놓였다.

〈개별 점괘〉

No. 31 함(咸)	상상=매우 좋다. 상중=참 좋다. 상하=좋은 편이다.			중상=제법 괜찮다. 중중=괜찮다. 중하=그럭저럭하다.			하상=별로 좋지 않다. 하중=좋을 것이 없다. 하하=매우 나쁘다.		
31-04	상			중			하		
	상	중	하	상	중	하	상	중	하
소원(행운)						★			
재물(사업)						★			
직장(승진)							★		
건강(컨디션)							★		
연애(결혼)							★		
여행(이동)							★		
분쟁(소송)								★	
계약(매매)								★	

九五. 咸其脢, 无悔.
구 오 함 기 매 무 회

구오이다. "그 등뼈로 느끼나, 바뀐 것은 없다."

〈점괘〉

큰 성취를 바라지 말고, 계속 일을 하는 것이 이롭다.

〈리더의 점괘〉

잘못된 결정을 하는 수가 있으나, 다행히 큰 손실은 없다.

〈개별 점괘〉

No. 31 함(咸)	상상=매우 좋다. 상중=참 좋다. 상하=좋은 편이다.			중상=제법 괜찮다. 중중=괜찮다. 중하=그럭저럭하다.			하상=별로 좋지 않다. 하중=좋을 것이 없다. 하하=매우 나쁘다.		
31-05	상			중			하		
	상	중	하	상	중	하	상	중	하
소원(행운)						★			
재물(사업)						★			
직장(승진)							★		
건강(컨디션)						★			
연애(결혼)							★		
여행(이동)		★							

분쟁(소송)	★							
계약(매매)	★							

【함-상육】

上六. 咸其輔, 頰舌.
상 육 함 기 보 협 설

상육이다. "그 광대뼈로 느끼니, 뺨과 혀처럼 느끼는 것이다."

〈점괘〉

은인이 돕는다.

〈리더의 점괘〉

설득이나 협상, 유세(遊說)에 나서면 이롭다.

〈개별 점괘〉

No. 31 함(咸)	상상=매우 좋다. 상중=참 좋다. 상하=좋은 편이다.			중상=제법 괜찮다. 중중=괜찮다. 중하=그럭저럭하다.			하상=별로 좋지 않다. 하중=좋을 것이 없다. 하하=매우 나쁘다.		
31-06	상			중			하		
	상	중	하	상	중	하	상	중	하
소원(행운)		★							

재물(사업)		★						
직장(승진)		★						
건강(컨디션)		★						
연애(결혼)				★				
여행(이동)				★				
분쟁(소송)						★		
계약(매매)							★	

32. 항(恒)

32. 뇌풍항

雷風恒

恒, 亨, 无咎, 利貞, 利有攸往.
항 형 무구 리정 리유유왕

初六. 浚恒, 貞凶, 无攸利.
초육 준항 정흉 무유리

九二. 悔亡.
구이 회망

九三. 不恒其德, 或承之羞, 貞吝.
구삼 불항기덕 혹승지수 정린

九四. 田无禽.
구사 전무금

六五. 恒其德, 貞, 婦人吉, 夫子凶
육오 항기덕 정 부인길 부자흉

上六. 振恒, 凶.
상육 진항 흉

【항-단】

恒, 亨, 无咎. 利貞, 利有攸往.
항 형 무구 리정 리유유왕

항은 형통하고 허물이 없다. 일을 맡아 추진하는 것이 이로우니, 갈 바가
있으면 이롭다.

〈점괘〉

계승하여 발전시키는 일에 좋다.

〈리더의 점괘〉

기획하고 있는 일을 적극 추진하라.

〈개별 점괘〉

No. 32 항(恒)	상상=매우 좋다. 상중=참 좋다. 상하=좋은 편이다.			중상=제법 괜찮다. 중중=괜찮다. 중하=그럭저럭하다.			하상=별로 좋지 않다. 하중=좋을 것이 없다. 하하=매우 나쁘다.		
32-00	상			중			하		
	상	중	하	상	중	하	상	중	하
소원(행운)		★							
재물(사업)		★							
직장(승진)		★							
건강(컨디션)		★							
연애(결혼)	★								

여행(이동)	★						
분쟁(소송)			★				
계약(매매)				★			

【항-초육】

初六. 浚恒, 貞凶, 无攸利.
초육 준항 정흉 무유리

초육이다. "꾸준하게 파내려가야 하니, 일을 맡아 처리해도 흉하며, 이로운
바가 없다."

〈점쾌〉

생겨나는 결과가 없기 때문에 공허하다.

〈리더의 점쾌〉

실패할 수는 있으나 포기할 수는 없다.

No. 32 항(恒)	상상=매우 좋다. 상중=참 좋다. 상하=좋은 편이다.			중상=제법 괜찮다. 중중=괜찮다. 중하=그럭저럭하다.			하상=별로 좋지 않다. 하중=좋을 것이 없다. 하하=매우 나쁘다.		
32-01	상			중			하		
	상	중	하	상	중	하	상	중	하
소원(행운)									★
재물(사업)								★	
직장(승진)									★
건강(컨디션)			★						
연애(결혼)						★			
여행(이동)		★							
분쟁(소송)		★							
계약(매매)		★							

【항-구이】

九二. 悔亡.
구 이　회 망

구이이다. "변화가 없다."

〈점괘〉

한마음으로 매진하면 이롭다.

덕은 닦을수록 아름답다.

No. 32 항(恒)	상상=매우 좋다. 상중=참 좋다. 상하=좋은 편이다.			중상=제법 괜찮다. 중중=괜찮다. 중하=그럭저럭하다.			하상=별로 좋지 않다. 하중=좋을 것이 없다. 하하=매우 나쁘다.		
32-02	상			중			하		
	상	중	하	상	중	하	상	중	하
소원(행운)		★							
재물(사업)		★							
직장(승진)		★							
건강(컨디션)				★					
연애(결혼)						★			
여행(이동)		★							
분쟁(소송)							★		
계약(매매)							★		

【항-구삼】

九三. 不恒其德, 或承之羞. 貞吝.
구삼 불항기덕 혹승지수 정린

구삼이다. "그 덕을 항상되게 하지 못하면, 혹 부끄러운 마음이 생겨난다. 일을 맡아 처리해도 인색하다."

〈점괘〉

유혹을 받고 해서는 안 된다고 생각은 하나, 손발이 따르지 못한다.

〈리더의 점괘〉

연고주의를 쉽게 떨치지 못해서 고뇌한다.

〈개별 점괘〉

No. 32 항(恒)	상상=매우 좋다. 상중=참 좋다. 상하=좋은 편이다.			중상=제법 괜찮다. 중중=괜찮다. 중하=그럭저럭하다.			하상=별로 좋지 않다. 하중=좋을 것이 없다. 하하=매우 나쁘다.		
32-03	상			중			하		
	상	중	하	상	중	하	상	중	하
소원(행운)							★		
재물(사업)							★		
직장(승진)							★		
건강(컨디션)								★	
연애(결혼)								★	
여행(이동)			★						
분쟁(소송)					★				
계약(매매)						★			

【항-구사】

九四. 田无禽.
구 사 전 무 금

구사이다. "밭에 새가 없다."

〈점괘〉

파재(破財)의 위험이 있다.

〈리더의 점괘〉

곳간이 텅 빈 격이니, 절제가 필요하다.

〈개별 점괘〉

No. 32 항(恒)	상상=매우 좋다. 상중=참 좋다. 상하=좋은 편이다.			중상=제법 괜찮다. 중중=괜찮다. 중하=그럭저럭하다.			하상=별로 좋지 않다. 하중=좋을 것이 없다. 하하=매우 나쁘다.		
32-04	상			중			하		
	상	중	하	상	중	하	상	중	하
소원(행운)								★	
재물(사업)								★	
직장(승진)								★	
건강(컨디션)					★				
연애(결혼)							★		
여행(이동)				★					
분쟁(소송)		★							
계약(매매)		★							

六五. 恒其德, 貞, 婦人吉, 夫子凶.
유 오 항 기 덕 정 부 인 길 부 자 흉

육오이다. "그 덕을 변함없이 지속하니, 일을 맡아 처리하는데, 지어미는 길하나 지아비는 흉하다."

〈점괘〉

성취하는 것이 적고, 일마다 재앙이 생겨나지만, 가장이 여자라면 견딜 수 있다.

〈리더의 점괘〉

비합리적인 관행들을 검토하면서, 장악력을 높여야 할 시기이다.

〈개별 점괘〉

No. 32 항(恒)	상상=매우 좋다. 상중=참 좋다. 상하=좋은 편이다.			중상=제법 괜찮다. 중중=괜찮다. 중하=그럭저럭하다.			하상=별로 좋지 않다. 하중=좋을 것이 없다. 하하=매우 나쁘다.		
32-05	상			중			하		
	상	중	하	상	중	하	상	중	하
소원(행운)						★			
재물(사업)					★				
직장(승진)						★			
건강(컨디션)						★			

연애(결혼)								★	
여행(이동)			★						
분쟁(소송)							★		
계약(매매)							★		

【항-상육】

上六. 振恒, 凶.
상 육 진 항 흉

상구이다. "항상 들어 올리려고 하나, 흉하다."

〈점괘〉

최선을 다했으나, 역부족이다.

〈리더의 점괘〉

심한 타격을 받고, 이로 인해 사임할 수도 있다.

〈개별 점괘〉

No. 32 항(恒)	상상=매우 좋다. 상중=참 좋다. 상하=좋은 편이다.			중상=제법 괜찮다. 중중=괜찮다. 중하=그럭저럭하다.			하상=별로 좋지 않다. 하중=좋을 것이 없다. 하하=매우 나쁘다.		
32-06	상			중			하		
	상	중	하	상	중	하	상	중	하
소원(행운)									★
재물(사업)									★
직장(승진)									★
건강(컨디션)		★							
연애(결혼)							★		
여행(이동)			★						
분쟁(소송)					★				
계약(매매)							★		

33. 둔(遯)

天山遯

33. 천산둔

遯, 亨, 小利貞.
둔 형 소리정

初六. 遯尾, 厲, 勿用有攸往.
초육 둔미 려 물용유유왕

六二. 執之用黃牛之革, 莫之勝說.
육이 집지용황우지혁 막지승설

九三. 係遯, 有疾, 厲. 畜臣妾, 吉.
구삼 계둔 유질 려 축신첩 길

九四. 好遯, 君子吉, 小人否.
구사 호둔 군자길 소인비

九五. 嘉遯, 貞吉.
구오 가둔 정길

上九. 肥遯, 无不利.
상구 비둔 무불리

【둔-단】

遯, 亨, 小利貞.
둔 형 소 리 정

둔은 형통하니, 작은 일을 맡아 처리하는 것이 이롭다.

〈점괘〉

소소한 일에서부터 국운(國運)을 좌우하는 밀실의 내통까지 음(陰)에 속하는 일에는 이롭다.

〈리더의 점괘〉

내수(內修)에 치중할 때이다.

〈개별 점괘〉

No. 33 둔(遯)	상상=매우 좋다. 상중=참 좋다. 상하=좋은 편이다.			중상=제법 괜찮다. 중중=괜찮다. 중하=그럭저럭하다.			하상=별로 좋지 않다. 하중=좋을 것이 없다. 하하=매우 나쁘다.		
33 00	상			중			하		
	상	중	하	상	숭	하	싱	쭝	히
소원(행운)			★						
재물(사업)			★						
직장(승진)			★						
건강(컨디션)			★						
연애(결혼)							★		

여행(이동)			★					
분쟁(소송)					★			
계약(매매)							★	

【둔-초육】

初六. 遯尾, 厲, 勿用有攸往.
초 육 둔 미 려 물 용 유 유 왕

초육이다. "도망치다 꼬리가 잘리는 위태로움에 처하니, 갈 바가 있어도 가지 말라."

〈점쾌〉

지금은 움직일 때가 아니다.

〈리더의 점쾌〉

위기가 도래하나, 눈을 감아서는 안 된다.

No. 33 둔(遯)	상상=매우 좋다. 상중=참 좋다. 상하=좋은 편이다.			중상=제법 괜찮다. 중중=괜찮다. 중하=그럭저럭하다.			하상=별로 좋지 않다. 하중=좋을 것이 없다. 하하=매우 나쁘다.		
33-01	상			중			하		
	상	중	하	상	중	하	상	중	하
소원(행운)							★		
재물(사업)							★		
직장(승진)							★		
건강(컨디션)			★						
연애(결혼)			★						
여행(이동)			★						
분쟁(소송)					★				
계약(매매)				★					

【둔-육이】

六二. 執之用黃牛之革, 莫之勝說.
육 이 집 지 용 황 우 지 혁 막 지 승 탈

육이이다. "황소 가죽으로 만든 고삐를 써서 말을 붙잡아 매니, 도저히 벗어날 수 없다."

〈점괘〉

잘 되는 일을 유지하고, 잘 된다고 확장하지 말라.

귀한 대접을 받는다.

〈개별 점괘〉

No. 33 둔(遯)	상상=매우 좋다. 상중=참 좋다. 상하=좋은 편이다.			중상=제법 괜찮다. 중중=괜찮다. 중하=그럭저럭하다.			하상=별로 좋지 않다. 하중=좋을 것이 없다. 하하=매우 나쁘다.		
33-02	상			중			하		
	상	중	하	상	중	하	상	중	하
소원(행운)			★						
재물(사업)		★							
직장(승진)		★							
건강(컨디션)		★							
연애(결혼)		★							
여행(이동)							★		
분쟁(소송)							★		
계약(매매)							★		

【둔-구삼】

九三. 係遯, 有疾, 厲. 畜臣妾, 吉.
구삼 계둔 유질 려 축신첩 길

구삼이다. "도망치려는 것을 잡아매니, 병이 들어 위태롭다. 신하와 첩을 돌보는 것이 길하다."

〈점괘〉

작은 일을 도모하면, 탈이 나지 않는다.

〈리더의 점괘〉

지금 휴식하지 않으면 중병으로 대사(大事)를 집행하지 못한다.

〈개별 점괘〉

No. 33 둔(遯)	상상=매우 좋다. 상중=참 좋다. 상하=좋은 편이다.			중상=제법 괜찮다. 중중=괜찮다. 중하=그럭저럭하다.			하상=별로 좋지 않다. 하중=좋을 것이 없다. 하하=매우 나쁘다.		
33-03	상			중			하		
	상	중	하	상	중	하	상	중	하
소원(행운)								★	
재물(사업)								★	
직장(승진)								★	
건강(컨디션)									★
연애(결혼)								★	
여행(이동)						★			
분쟁(소송)			★						
계약(매매)			★						

【둔-구사】

九四. 好遯, 君子吉, 小人否.
구 사 호 둔 군 자 길 소 인 비

구사이다. "은둔을 좋아하니, 군자는 길하나, 소인은 그렇지 않다."

〈점쾌〉

일이 진척되지 않고, 막혀 있다.

〈리더의 점쾌〉

열심히 일했으니, 떠나라.

〈개별 점쾌〉

No. 33 둔(遯)	상상=매우 좋다. 상중=참 좋다. 상하=좋은 편이다.			중상=제법 괜찮다. 중중=괜찮다. 중하=그럭저럭하다.			하상=별로 좋지 않다. 하중=좋을 것이 없다. 하하=매우 나쁘다.		
33-04	상			중			하		
	상	중	하	상	중	하	상	중	하
소원(행운)						★			
재물(사업)						★			
직장(승진)							★		
건강(컨디션)						★			
연애(결혼)				★					
여행(이동)				★					
분쟁(소송)								★	
계약(매매)								★	

九五. 嘉遯, 貞吉.
구 오 가 둔 정 길

구오이다. "기쁘게 은둔하니, 일을 맡아 처리하면 길하다."

〈점괘〉

예우(禮遇)를 받는다.

〈리더의 점괘〉

은둔에는 좋으나, 일선으로 복귀하는 데는 시간이 걸린다.

〈개별 점괘〉

No. 33 둔(遯)	상상=매우 좋다. 상중=참 좋다. 상하=좋은 편이다.			중상=제법 괜찮다. 중중=괜찮다. 중하=그럭저럭하다.			하상=별로 좋지 않다. 하중=좋을 것이 없다. 하하=매우 나쁘다.		
33-05	상			중			하		
	상	중	하	상	중	하	상	중	하
소원(행운)					▲				
재물(사업)					★				
직장(승진)						★			
건강(컨디션)						★			
연애(결혼)					★				
여행(이동)		★							

분쟁(소송)	★							
계약(매매)	★							

【둔-상구】

上九. 肥遯, 无不利.
상 구 비 둔 무 불 리

상구이다. "살쩌면서 은둔하니, 이롭지 않은 것이 없다."

〈점괘〉

평온하다. 봄이 오니 꽃이 붉은 줄 알았고, 하늘이 푸른 줄 이제야 알게 된다.

〈리더의 점괘〉

은둔을 하면서 기쁨을 느낀다.

〈개별 점괘〉

No. 33 둔(遯)	상상=매우 좋다. 상중=참 좋다. 상하=좋은 편이다.			중상=제법 괜찮다. 중중=괜찮다. 중하=그럭저럭하다.			하상=별로 좋지 않다. 하중=좋을 것이 없다. 하하=매우 나쁘다.		
33-06	상			중			하		
	상	중	하	상	중	하	상	중	하
소원(행운)			★						
재물(사업)			★						
직장(승진)					★				
건강(컨디션)		★							
연애(결혼)	★								
여행(이동)		★							
분쟁(소송)					★				
계약(매매)							★		

34. 대장(大壯)

【大壯卦第三十四】

雷天大壯

34. 뇌천대장

大壯, 利貞.
대 장 리정

初九. 壯于趾, 征凶, 有孚.
초구 장우지 정흉 유부

九二. 貞吉.
구이 정길

九三. 小人用壯, 君子用罔, 貞厲, 羝羊觸藩, 羸其角.
구삼 소인용장 군자용망 정려 저양촉번 리기각

九四. 貞吉, 悔亡, 藩決不羸, 壯于大輿之輹.
구사 정길 회망 번결불리 장우대여지복

六五. 喪羊于易. 无悔.
육오 상양우이 무회

上六. 羝羊觸藩, 不能退, 不能遂, 无攸利, 艱則吉.
상육 저양촉번 불능퇴 불능수 무유리 난즉길

【대장-단】

大壯, 利貞.
대 장 리 정

대장은 일을 맡아 처리하면 이롭다.

〈점괘〉

일에서 큰 성취를 보나, 하나의 일만을 좇아야 한다.

〈리더의 점괘〉

일에 가속도가 붙고, 성과가 나오기 시작한다.

〈개별 점괘〉

No. 34 대장(大壯)	상상=매우 좋다. 상중=참 좋다. 상하=좋은 편이다.			중상=제법 괜찮다. 중중=괜찮다. 중하=그럭저럭하다.			하상=별로 좋지 않다. 하중=좋을 것이 없다. 하하=매우 나쁘다.		
34-00	상			중			하		
	상	중	하	상	중	하	상	중	하
소원(행운)		★							
재물(사업)		★							
직장(승진)		★							
건강(컨디션)		★							
연애(결혼)							★		
여행(이동)		★							

분쟁(소송)		★							
계약(매매)		★							

【대장-초구】

初九. 壯于趾, 征凶. 有孚.
초 구 장 우 지 정 흉 유 부

초구이다. "장성함이 발에 있으나, 정벌하는 것은 흉하다. 믿음이 있을 것

이다."

〈점괘〉

기세 좋다가 점점 힘이 빠진다.

〈리더의 점괘〉

신뢰를 얻을 때까지 초지일관(初志一貫)하라.

No. 34 대장(大壯)	상상=매우 좋다. 상중=참 좋다. 상하=좋은 편이다.			중상=제법 괜찮다. 중중=괜찮다. 중하=그럭저럭하다.			하상=별로 좋지 않다. 하중=좋을 것이 없다. 하하=매우 나쁘다.		
34-01	상			중			하		
	상	중	하	상	중	하	상	중	하
소원(행운)			★						
재물(사업)			★						
직장(승진)			★						
건강(컨디션)			★						
연애(결혼)					★				
여행(이동)			★						
분쟁(소송)					★				
계약(매매)						★			

【대장-구이】

九二. 貞吉.
구 이   정 길

구이이다. "일을 맡아 처리하면 길하다."

〈점괘〉

양보를 한다면, 만사가 통한다.

여성적 리더십을 갖추라. 온유한 가운데 일을 추진하라.

〈개별 점쾌〉

No. 34 대장(大壯)	상상=매우 좋다. 상중=참 좋다. 상하=좋은 편이다.			중상=제법 괜찮다. 중중=괜찮다. 중하=그럭저럭하다.			하상=별로 좋지 않다. 하중=좋을 것이 없다. 하하=매우 나쁘다.		
34-02	상			중			하		
	상	중	하	상	중	하	상	중	하
소원(행운)			★						
재물(사업)		★							
직장(승진)		★							
건강(컨디션)			★						
연애(결혼)		★							
여행(이동)			★						
분쟁(소송)			★						
계약(매매)			★						

【대장-구삼】

九三. 小人用壯, 君子用罔. 貞厲. 羝羊觸藩, 羸其角.
구삼 소인용장 군자용망 정려 저양촉번 리기각

구삼이다. "소인이 장성하니 군자가 그물에 걸린다. 일을 맡아 처리하면, 위태하다. 숫양이 울타리를 들이받으니, 그 뿔이 여위게 된다."

〈점괘〉

억울한 일을 당해도 해결할 수단이 없다.

〈리더의 점괘〉

상대의 마각(馬脚)이 드러나는 때이니, 신중하라.

〈개별 점괘〉

No. 34 대장(大壯)	상상=매우 좋다. 상중=참 좋다. 상하=좋은 편이다.			중상=제법 괜찮다. 중중=괜찮다. 중하=그럭저럭하다.			하상=별로 좋지 않다. 하중=좋을 것이 없다. 하하=매우 나쁘다.		
34-03	상			중			하		
	상	중	하	상	중	하	상	중	하
소원(행운)									★
재물(사업)									★
직장(승진)									★
건강(컨디션)				★					
연애(결혼)			★						
여행(이동)			★						
분쟁(소송)								★	
계약(매매)								★	

【대장-구사】

九四. 貞吉, 悔亡. 藩決不羸. 壯于大輿之輹.
구사 정길 회망 번결불리 장우대여지복

구사이다. "일을 맡아 처리하는 것이 길하니, 변화가 없다. 울타리가 무너지 니, 여위지 않다. 큰 수레의 바퀴통이 튼튼하다."

〈점괘〉

여자는 이롭고, 남자는 상대적으로 불리하다.

〈리더의 점괘〉

일에 변화가 있으나, 원래의 기조(基調)를 계속 유지하라.

〈개별 점괘〉

No. 34 대장(大壯)	상상=매우 좋다. 상중=참 좋다. 상하=좋은 편이다.			중상=제법 괜찮다. 중중=괜찮다. 중하=그럭저럭하다.			하상=별로 좋지 않다. 하중=좋을 것이 없다. 하하=매우 나쁘다.		
34-04	상			중			하		
	상	중	하	상	중	하	상	중	하
소원(행운)			★						
재물(사업)				★					
직장(승진)				★					
건강(컨디션)				★					
연애(결혼)						★			
여행(이동)		★							
분쟁(소송)		★							
계약(매매)		★							

六五. 喪羊于易. 无悔.
육 오 상 양 우 이 무 회

육오이다. "교역할 때 양을 잃는다. 변화가 없다."

〈점쾌〉

손재수가 있으니, 사람이 많이 모인 곳은 피하라.

〈리더의 점쾌〉

원칙과 실리를 놓고 고민하다가, 둘 다 잃는다.

〈개별 점쾌〉

No. 34 대장(大壯)	상상=매우 좋다. 상중=참 좋다. 상하=좋은 편이다.			중상=제법 괜찮다. 중중=괜찮다. 중하=그럭저럭하다.			하상=별로 좋지 않다. 하중=좋을 것이 없다. 하하=매우 나쁘다.		
34-05	상			중			하		
	상	중	하	상	중	하	상	중	하
소원(행운)							★		
재물(사업)							★		
직장(승진)							★		
건강(컨디션)							★		
연애(결혼)			★						
여행(이동)			★						

분쟁(소송)			★					
계약(매매)			★					

【대장-상육】

上六. 羝羊觸藩, 不能退, 不能遂. 无攸利. 艱則吉.
상 육 저 양 촉 번 불 능 퇴 불 능 수 무 유 리 난 즉 길

상육이다. "숫양이 울타리를 들이받으니, 물러서지도 나아가지도 못한다.
이로운 바가 없다. 어려운 일이라면 길하다."

〈점쾌〉

모진 시절을 만나서 고생하고, 잠시 한숨을 돌린다.

〈리더의 점쾌〉

위기를 극복하고, 다시 추스르는 역량을 발휘한다.

〈개별 점괘〉

No. 34 대장(大壯)	상상=매우 좋다. 상중=참 좋다. 상하=좋은 편이다.			중상=제법 괜찮다. 중중=괜찮다. 중하=그럭저럭하다.			하상=별로 좋지 않다. 하중=좋을 것이 없다. 하하=매우 나쁘다.		
34-06	상			중			하		
	상	중	하	상	중	하	상	중	하
소원(행운)					★				
재물(사업)						★			
직장(승진)						★			
건강(컨디션)		★							
연애(결혼)		★							
여행(이동)							★		
분쟁(소송)								★	
계약(매매)								★	

35. 진(晉)

【晉卦第三十五】

35. 화지진

火地晉

晉, 康侯用錫馬蕃庶, 晝日三接.
진 강후용석마번서 주일삼접

初六. 晉如摧如, 貞吉, 罔孚, 裕无咎.
초육 진여최여 정길 망부 유무구

六二. 晉如愁如, 貞吉, 受玆介福, 于其王母.
육이 진여수여 정길 수자개복 우기왕모

六三. 衆允, 悔亡.
육삼 중윤 회망

九四. 晉如鼫鼠, 貞厲.
구사 진여석서 정려

六五. 悔亡, 失得勿恤, 往吉, 无不利.
육오 회망 실득물휼 왕길 무불리

上九. 晉其角, 維用伐邑, 厲吉, 无咎, 貞吝.
상구 진기각 유용벌읍 려길 무구 정린

372

晋, 康侯, 用錫馬蕃庶, 晝日三接.
진 강후 용석마번서 주일삼접

진은 백성을 잘 다스리는 제후에게 많은 말을 하사하고, 낮에 (천자를) 세 번 접견한다.

〈점괘〉

운수가 통한다.

〈리더의 점괘〉

쌓은 공만큼 대우를 받는다.

〈개별 점괘〉

No. 35 진(晉)	상상=매우 좋다. 상중=참 좋다. 상하=좋은 편이다.			중상=제법 괜찮다. 중중=괜찮다. 중하=그럭저럭하다.			하상=별로 좋지 않다. 하중=좋을 것이 없다. 하하=매우 나쁘다.		
35-00	상			중			하		
	상	중	하	상	중	하	산	중	하
소원(행운)		★							
재물(사업)		★							
직장(승진)	★								
건강(컨디션)		★							
연애(결혼)						★			

여행(이동)	★								
분쟁(소송)	★								
계약(매매)				★					

【진-초육】

初六. 晉如摧如, 貞吉. 罔孚, 裕无咎.
초육　진여최여　정길　망부　유무구

초육이다. "진격하여 꺾을 것이니, 일을 맡아 처리하는 것이 이롭다. 믿음이
없어도, 너그러우면 허물이 없다."

〈점괘〉

언제 오려나했던 운세가 회복된다.

〈리더의 점괘〉

이전 경험이 쓴 약이 될 것이다.

No. 35 진(晉)	상상=매우 좋다. 상중=참 좋다. 상하=좋은 편이다.			중상=제법 괜찮다. 중중=괜찮다. 중하=그럭저럭하다.			하상=별로 좋지 않다. 하중=좋을 것이 없다. 하하=매우 나쁘다.		
35-01	상			중			하		
	상	중	하	상	중	하	상	중	하
소원(행운)		★							
재물(사업)			★						
직장(승진)			★						
건강(컨디션)			★						
연애(결혼)			★						
여행(이동)			★						
분쟁(소송)					★				
계약(매매)						★			

【진-육이】

六二. 晉如愁如, 貞吉. 受玆介福于其王母.
육 이　진 여 수 여　정 길　수 자 개 복 우 기 왕 모

육이이다. "나아가는 듯 근심하는 듯 하니, 일을 맡아 처리하면 길하다. 이에 큰 복을 그 왕의 어머니에게서 받는다."

〈점괘〉

복이 넝쿨째 굴러들어온다.

〈리더의 점괘〉

열화(熱火)와 같은 여론의 지지를 받는다.

〈개별 점괘〉

No. 35 진(晉)	상상=매우 좋다. 상중=참 좋다. 상하=좋은 편이다.			중상=제법 괜찮다. 중중=괜찮다. 중하=그럭저럭하다.			하상=별로 좋지 않다. 하중=좋을 것이 없다. 하하=매우 나쁘다.		
35-02	상			중			하		
	상	중	하	상	중	하	상	중	하
소원(행운)		★							
재물(사업)		★							
직장(승진)	★								
건강(컨디션)		★							
연애(결혼)						★			
여행(이동)		★							
분쟁(소송)		★							
계약(매매)				★					

【진-육삼】

六三. 衆允, 悔亡.
육삼 중윤 회망

육삼이다. "많은 사람이 진실로 믿으니, 변화가 없다."

〈점괘〉

인기가 높아져서, 사람들에게 호감을 산다.

〈리더의 점괘〉

추진하는 일에 대한 여론이 매우 우호적이다.

〈개별 점괘〉

No. 35 진(晉)	상상=매우 좋다. 상중=참 좋다. 상하=좋은 편이다.			중상=제법 괜찮다. 중중=괜찮다. 중하=그럭저럭하다.			하상=별로 좋지 않다. 하중=좋을 것이 없다. 하하=매우 나쁘다.		
35-03	상			중			하		
	상	중	하	상	중	하	상	중	하
소원(행운)	★								
재물(사업)	★								
직장(승진)	★								
건강(컨디션)			★						
연애(결혼)			★						
여행(이동)				★					
분쟁(소송)		★							
계약(매매)			★						

【진-구사】

九四. 晉如鼫鼠, 貞厲.
구사 진여석서 정려

구사이다. "나아가기를 큰 쥐처럼 하니, 일을 맡아 처리하면 위태롭다."

〈점괘〉

쥐가 윗자리에 있으니, 마음고생이 심하다.

〈리더의 점괘〉

부패한 이들에게 주도권을 빼앗긴다.

〈개별 점괘〉

No. 35 진(晉)	상상=매우 좋다. 상중=참 좋다. 상하=좋은 편이다.			중상=제법 괜찮다. 중중=괜찮다. 중하=그럭저럭하다.			하상=별로 좋지 않다. 하중=좋을 것이 없다. 하하=매우 나쁘다.		
35-04	상			중			하		
	상	중	하	상	중	하	상	중	하
소원(행운)									★
재물(사업)								★	
직장(승진)								★	
건강(컨디션)								★	
연애(결혼)					★				
여행(이동)									★
분쟁(소송)						★			
계약(매매)							★		

六五. 悔亡. 失得勿恤. 往吉, 无不利.
육 오 회 망 실 득 물 휼 왕 길 무 불 리

육오이다. "변화가 없다. 잃고 얻음을 근심하지 말라. 가면 길하니, 이롭지
않음이 없다."

〈점괘〉

한 우물을 파는 심정으로 일을 하다가, 행운이 온다.

〈리더의 점괘〉

당초 설정한 목표를 상회하는 좋은 결과를 낳게 된다.

〈개별 점괘〉

No. 35 진(晉)	상상=매우 좋다. 상중=참 좋다. 상하=좋은 편이다.			중상=제법 괜찮다. 중중=괜찮다. 중하=그럭저럭하다.			하상=별로 좋지 않다. 하중=좋을 것이 없다. 하하=매우 나쁘다.		
35-05	상			중			하		
	상	중	하	상	중	히	상	중	하
소원(행운)	★								
재물(사업)		★							
직장(승진)		★							
건강(컨디션)							★		
연애(결혼)			★						

여행(이동)		★							
분쟁(소송)								★	
계약(매매)								★	

【진-상구】

上九. 晉其角, 維用伐邑, 厲吉, 无咎. 貞吝.
상구 진기각 유용벌읍 려길 무구 정린

상구이다. "그 뿔로 다가오니, 이에 반격 하여 적을 물리침에, 이전에 빼앗긴 내 나라를 정벌하니, 위태로우나 길하고, 허물이 없다. 일을 맡아 처리하는 데 인색하다."

〈점괘〉

주위가 소란스러우나 차츰 정리될 조짐이 보이니, 계속 일을 추진하라.

〈리더의 점괘〉

예기치 못한 돌발 상황을 예의주시해야 한다.

〈개별 점괘〉

No. 35 진(晉)	상상=매우 좋다. 상중=참 좋다. 상하=좋은 편이다.			중상=제법 괜찮다. 중중=괜찮다. 중하=그럭저럭하다.			하상=별로 좋지 않다. 하중=좋을 것이 없다. 하하=매우 나쁘다.		
35-06	상			중			하		
	상	중	하	상	중	하	상	중	하
소원(행운)					★				
재물(사업)					★				
직장(승진)						★			
건강(컨디션)			★						
연애(결혼)			★						
여행(이동)		★							
분쟁(소송)		★							
계약(매매)			★						

36. 명이(明夷)

36. 지화명이

地火明夷

明夷, 利艱貞.
명이 리난정

初九. 明夷于飛, 垂其翼. 君子于行, 三日不食. 有攸往, 主人有言.
초구 명이우비 수기익 군자우행 삼일불식 유유왕 주인유언

六二. 明夷, 夷于左股. 用拯, 馬壯, 吉.
육이 명이 이우좌고 용증 마장 길

九三. 明夷. 于南狩, 得其大首. 不可疾, 貞.
구삼 명이 우남수 득기대수 불가질 정

六四. 入于左腹. 獲明夷之心, 于出門庭.
육사 입우좌복 획명이지심 우출문정

六五. 箕子之明夷, 利貞.
육오 기자지명이 리정

上六. 不明晦, 初登于天, 後入于地
상육 불명회 초등우천 후입우지

【명이-단】

明夷, 利艱貞.
명 이 리 난 정

명이는 어렵고 험난한 일에 이롭다.

〈점괘〉

감정보다 머리로 문제를 해결해야 한다.

〈리더의 점괘〉

난제를 껴안고 해결하려는 때이다.

〈개별 점괘〉

No. 36 명이(明夷)	상상=매우 좋다. 상중=참 좋다. 상하=좋은 편이다.			중상=제법 괜찮다. 중중=괜찮다. 중하=그럭저럭하다.			하상=별로 좋지 않다. 하중=좋을 것이 없다. 하하=매우 나쁘다.		
36-00	상			중			하		
	상	중	하	상	중	하	상	중	하
소원(행운)			★						
재물(사업)			★						
직장(승진)					★				
건강(컨디션)					★				
연애(결혼)						★			
여행(이동)		★							

분쟁(소송)				★			
계약(매매)					★		

【명이-초구】

初九. 明夷于飛, 垂其翼. 君子于行, 三日不食. 有攸往, 主人有言.
초구 명이우비 수기익 군자우행 삼일불식 유유왕 주인유언

초구이다. "명이라는 새가 날아오르다, 그 날개를 늘어트린다. 군자가 길을 떠나니, 삼일 동안 먹지 않는다. 갈 바가 있으니, 주인에게서 말이 있다."

〈점괘〉

환경이 악화되고 있다.

〈리더의 점괘〉

심기(心氣)가 매우 불편한 처지이다.

384

No. 36 명이(明夷)	상상=매우 좋다. 상중=참 좋다. 상하=좋은 편이다.			중상=제법 괜찮다. 중중=괜찮다. 중하=그럭저럭하다.			하상=별로 좋지 않다. 하중=좋을 것이 없다. 하하=매우 나쁘다.		
36-01	상			중			하		
	상	중	하	상	중	하	상	중	하
소원(행운)								★	
재물(사업)									★
직장(승진)								★	
건강(컨디션)								★	
연애(결혼)							★		
여행(이동)									★
분쟁(소송)								★	
계약(매매)									★

【명이-육이】

六二. 明夷. 夷于左股. 用拯, 馬壯, 吉.
육 이 명 이 이 우 좌 고 용 증 마 장 길

육이이다. "오랑캐를 개명하게 한다. 왼쪽 다리를 다친다. 물에 빠진 장수를 건져 올리니, 말이 건장하여, 길하다."

〈점괘〉

우연한 사건이 어려움에서 벗어나게 해 주니, 마음을 삼가고 기다려라.

〈리더의 점괘〉

아랫사람의 덕을 볼 수 있으니, 겸손하라.

〈개별 점괘〉

No. 36 명이(明夷)	상상=매우 좋다. 상중=참 좋다. 상하=좋은 편이다.			중상=제법 괜찮다. 중중=괜찮다. 중하=그럭저럭하다.			하상=별로 좋지 않다. 하중=좋을 것이 없다. 하하=매우 나쁘다.		
36-02	상			중			하		
	상	중	하	상	중	하	상	중	하
소원(행운)				★					
재물(사업)				★					
직장(승진)					★				
건강(컨디션)				★					
연애(결혼)		★							
여행(이동)						★			
분쟁(소송)				★					
계약(매매)	★								

【명이-구삼】

九三. 明夷. 于南狩, 得其大首. 不可疾貞.
구삼 명이 우남수 득기대수 불가질정

구삼이다. "오랑캐를 개명시킨다. 남쪽으로 사냥을 나가서, 그 우두머리를 잡는다. 급히 일을 처리하면 안 된다."

일진일퇴(一進一退)를 겪다 성취하게 된다.

〈리더의 점괘〉

이로운 운기이나, 혹 실수가 발견될 수 있다.

〈개별 점괘〉

No. 36 명이(明夷)	상상=매우 좋다. 상중=참 좋다. 상하=좋은 편이다.			중상=제법 괜찮다. 중중=괜찮다. 중하=그럭저럭하다.			하상=별로 좋지 않다. 하중=좋을 것이 없다. 하하=매우 나쁘다.		
36-03	상			중			하		
	상	중	하	상	중	하	상	중	하
소원(행운)		★							
재물(사업)		★							
직장(승진)			★						
건강(컨디션)			★						
연애(결혼)		★							
여행(이동)		★							
분쟁(소송)		★							
계약(매매)		★							

【명이-육사】

六四. 入于左腹. 獲明夷之心, 于出門庭.
육사 입우좌복 획명이지심 우출문정

육사이다. "왼쪽 배로 들어간다. 오랑캐를 개명시키려는 마음을 얻어서, 문
앞의 뜰을 나선다."

〈점괘〉

정처 없이 떠도니, 안정을 찾아야 한다.

〈리더의 점괘〉

죽기 살기로 할 때이다.

〈개별 점괘〉

No. 36 명이(明夷)	상상=매우 좋다. 상중=참 좋다. 상하=좋은 편이다.			중상=제법 괜찮다. 중중=괜찮다. 중하=그럭저럭하다.			하상=별로 좋지 않다. 하중=좋을 것이 없다. 하하=매우 나쁘다.		
36-04	상			중			하		
	상	중	하	상	중	하	상	중	하
소원(행운)								★	
재물(사업)								★	
직장(승진)									★
건강(컨디션)					★				
연애(결혼)				★					
여행(이동)					★				
분쟁(소송)			★						
계약(매매)			★						

六五. 箕子之明夷, 利貞.
육 오 기 자 지 명 이 리 정

육오이다. "기자가 오랑캐를 개명시키기 위해 가니, 일을 맡아 처리하는 것
이 이롭다."

〈점괘〉

현재 상태를 벗어나, 더 넓은 세계를 경험하라.

〈리더의 점괘〉

지금의 고난이 새로운 기원을 이룬다.

〈개별 점괘〉

No. 36 명이(明夷)	상상=매우 좋다. 상중=참 좋다. 상하=좋은 편이다.		중상=제법 괜찮다. 중중=괜찮다. 중하=그럭저럭하다.		하상=별로 좋지 않다. 하중=좋을 것이 없다. 하하=매우 나쁘다.				
36-05	상			중			하		
	상	중	하	상	숭	하	상	중	하
소원(행운)		★							
재물(사업)		★							
직장(승진)		★							
건강(컨디션)		★							
연애(결혼)					★				

여행(이동)						★		
분쟁(소송)				★				
계약(매매)				★				

【명이-상육】

上六. 不明, 晦, 初登于天, 後入于地
상 육 불 명 회 초 등 우 천 후 입 우 지

상육이다. "밝지 못하여 어두우니, 처음에는 하늘로 오르고, 뒤에는 땅 속으로 들어간다."

〈점괘〉

용두사미(龍頭蛇尾) 격이다.

〈리더의 점괘〉

과거의 영광을 재현하려 들지 말라.

No. 36 명이(明夷)	상상=매우 좋다. 상중=참 좋다. 상하=좋은 편이다.			중상=제법 괜찮다. 중중=괜찮다. 중하=그럭저럭하다.			하상=별로 좋지 않다. 하중=좋을 것이 없다. 하하=매우 나쁘다.		
36-06	상			중			하		
	상	중	하	상	중	하	상	중	하
소원(행운)							★		
재물(사업)							★		
직장(승진)								★	
건강(컨디션)								★	
연애(결혼)				★					
여행(이동)						★			
분쟁(소송)			★						
계약(매매)			★						

37. 가인(家人)

37. 풍화가인

風火家人

家人, 利女貞.
가인 리여정

初九. 閑有家, 悔亡.
초구 한유가 회망

六二. 无攸遂, 在中饋. 貞吉.
육이 무유수 재중궤 정길

九三. 家人嗃嗃, 悔厲, 吉. 婦子嘻嘻, 終吝.
구삼 가인학학 회려 길 부자희희 종린

六四. 富家, 大吉.
육사 부가 대길

九五. 王假有家, 勿恤. 吉.
구오 왕격유가 물휼 길

上九. 有孚, 威如, 終吉.
상구 유부 위여 종길

【가인-단】

家人, 利女貞.
가 인 리 여 정

가인은 여자의 일에 이롭다.

〈점괘〉

가내(家內)와 관련된 일은 이롭다.

〈리더의 점괘〉

여성적 리더십을 발휘하여 조직 내 단결과 조화를 달성하게 된다.

〈개별 점괘〉

No. 37 가인(家人)	상상=매우 좋다. 상중=참 좋다. 상하=좋은 편이다.			중상=제법 괜찮다. 중중=괜찮다. 중하=그럭저럭하다.			하상=별로 좋지 않다. 하중=좋을 것이 없다. 하하=매우 나쁘다.		
37-00	상			중			하		
	상	중	하	상	중	하	상	중	하
소원(행운)			★						
재물(사업)		★							
직장(승진)			★						
건강(컨디션)		★							
연애(결혼)					★				
여행(이동)						★			

분쟁(소송)			★					
계약(매매)			★					

【가인-초구】

初九. 閑有家, 悔亡.
초 구 한 유 가 회 망

초구이다. "집단속을 철저히 한다면, 후회할 일이 없다."

〈점괘〉

내부적으로 단결하여 외부의 침입을 막아낸다.

〈리더의 점괘〉

개성보다는 집단주의적 문화가 이롭다.

〈개별 점괘〉

No. 37 가인(家人)	상상=매우 좋다. 상중=참 좋다. 상하=좋은 편이다.			중상=제법 괜찮다. 중중=괜찮다. 중하=그럭저럭하다.			하상=별로 좋지 않다. 하중=좋을 것이 없다. 하하=매우 나쁘다.		
37-01	상			중			하		
	상	중	하	상	중	하	상	중	하
소원(행운)			★						

			★				
재물(사업)			★				
직장(승진)				★			
건강(컨디션)			★				
연애(결혼)					★		
여행(이동)						★	
분쟁(소송)			★				
계약(매매)			★				

【가인-육이】

六二. 无攸遂, 在中饋. 貞吉.
육 이 무 유 수 재 중 케 정 길

육이이다. "반드시 이루고자 하지 말며, 안에서 식구들을 먹이는 데 힘쓴다. 일을 맡아 추진하는 것이 이롭다."

〈점괘〉

새로운 일은 맞지 않다.

〈리더의 점괘〉

창의적인 것에 사로잡히지 말라.

No. 37 가인(家人)	상상=매우 좋다. 상중=참 좋다. 상하=좋은 편이다.			중상=제법 괜찮다. 중중=괜찮다. 중하=그럭저럭하다.			하상=별로 좋지 않다. 하중=좋을 것이 없다. 하하=매우 나쁘다.		
37-02	상			중			하		
	상	중	하	상	중	하	상	중	하
소원(행운)				★					
재물(사업)					★				
직장(승진)						★			
건강(컨디션)		★							
연애(결혼)			★						
여행(이동)						★			
분쟁(소송)		★							
계약(매매)		★							

【가인-구삼】

九三. 家人嗃嗃, 悔厲, 吉. 婦子嘻嘻, 終吝.
구 삼 가 인 학 학 회 려 길 부 자 희 희 종 린

구삼이다. "집안사람들이 근심하는 소리를 내지만, 위태한 상황이 변하므로 길하다. 부녀자들이 웃고 떠든다면 끝내 인색하다."

〈점괘〉

고민거리가 쉽사리 사라지지 않는다.

권위와 민주 사이에서 균형을 취해야 해가 없다.

〈개별 점괘〉

No. 37 가인(家人)	상상=매우 좋다. 상중=참 좋다. 상하=좋은 편이다.			중상=제법 괜찮다. 중중=괜찮다. 중하=그럭저럭하다.			하상=별로 좋지 않다. 하중=좋을 것이 없다. 하하=매우 나쁘다.		
37-03	상			중			하		
	상	중	하	상	중	하	상	중	하
소원(행운)					★				
재물(사업)							★		
직장(승진)								★	
건강(컨디션)					★				
연애(결혼)		★							
여행(이동)			★						
분쟁(소송)					★				
계약(매매)						★			

【가인-육사】

六四. 富家, 大吉.
육 사 부 가 대 길

육사이다. "집안을 부유하게 하니, 대길하다."

〈점괘〉

승산이 높다.

〈리더의 점괘〉

많은 이들이 추종한다.

〈개별 점괘〉

No. 37 가인(家人)	상상=매우 좋다. 상중=참 좋다. 상하=좋은 편이다.			중상=제법 괜찮다. 중중=괜찮다. 중하=그럭저럭하다.			하상=별로 좋지 않다. 하중=좋을 것이 없다. 하하=매우 나쁘다.		
37-04	상			중			하		
	상	중	하	상	중	하	상	중	하
소원(행운)	★								
재물(사업)	★								
직장(승진)	★								
건강(컨디션)	★								
연애(결혼)		★							
여행(이동)		★							
분쟁(소송)		★							
계약(매매)	★								

【가인-구오】

九五. 王假有家, 勿恤. 吉.
구 오 왕 격 유 가 물 휼 길

구오이다. "왕의 감화로써 가법이 서게 되니, 근심하지 말라. 길하다."

〈점괘〉

관계가 무르익어 행복을 맛본다.

〈리더의 점괘〉

여러 사람들의 흠모를 받는다.

〈개별 점괘〉

No. 37 가인(家人)	상상=매우 좋다. 상중=참 좋다. 상하=좋은 편이다.			중상=제법 괜찮다. 중중=괜찮다. 중하=그럭저럭하다.			하상=별로 좋지 않다. 하중=좋을 것이 없다. 하하=매우 나쁘다.		
37-05	상			중			하		
	상	중	하	상	중	하	상	중	하
소원(행운)	★								
재물(사업)		★							
직장(승진)		★							
건강(컨디션)			★						
연애(결혼)		★							
여행(이동)						★			
분쟁(소송)						★			
계약(매매)							★		

【가인-상구】

上九. 有孚, 威如, 終吉.
상 구 유 부 위 여 종길

상구이다. "믿음이 있고 위엄이 있으니, 끝내 길하다."

〈점괘〉

성실하다면, 못할 일이 없다.

〈리더의 점괘〉

경복(慶福)이 있다.

〈개별 점괘〉

No. 37 가인(家人)	상상=매우 좋다. 상중=참 좋다. 상하=좋은 편이다.			중상=제법 괜찮다. 중중=괜찮다. 중하=그럭저럭하다.			하상=별로 좋지 않다. 하중=좋을 것이 없다. 하하=매우 나쁘다.		
37-06	상			중			하		
	상	중	하	상	중	하	상	중	하
소원(행운)	★								
재물(사업)	★								
직장(승진)	★								
건강(컨디션)	★								
연애(결혼)	★								
여행(이동)					★				

분쟁(소송)					★			
계약(매매)						★		

38. 규(睽)

【睽卦第三十八】

火澤睽

38. 화택규

睽, 小事吉.
규 소사길

初九. 悔亡, 喪馬, 勿逐. 自復, 見惡人, 无咎.
초구 회망 상마 물축 자복 견오인 무구

九二. 遇主于巷, 无咎.
구이 우주우항 무구

六三. 見輿曳, 其牛掣. 其人天且劓. 无初有終.
육삼 견여예 기우체 기인천차의 무초유종

九四. 睽孤. 遇元夫, 交孚, 厲, 无咎.
구사 규고 우원부 교부 려 무구

六五. 悔亡. 厥宗噬膚, 往何咎.
육오 회망 궐종서부 왕하구

上九. 睽孤. 見豕負塗. 載鬼一車. 先張之弧, 後說之弧, 匪寇, 婚媾.
상구 규고 견축부도 재귀일거 선장지고 후탈지고 비구 혼구
往遇雨, 則吉.
왕우우 즉길

【규-단】

睽, 小事吉.
규　소 사 길

규는 작은 일에는 길하다.

〈점괘〉

은밀하게 소리없이 처리하라.

〈리더의 점괘〉

일에 장애가 적지 않으니, 단기적인 사안에 집중하는 것이 이롭다.

〈개별 점괘〉

No. 38 규(睽)	상상=매우 좋다. 상중=참 좋다. 상하=좋은 편이다.			중상=제법 괜찮다. 중중=괜찮다. 중하=그럭저럭하다.			하상=별로 좋지 않다. 하중=좋을 것이 없다. 하하=매우 나쁘다.		
38-00	상			중			하		
	상	중	하	상	중	하	상	중	하
소원(행운)			★						
재물(사업)			★						
직장(승진)				★					
건강(컨디션)			★						
연애(결혼)								★	
여행(이동)						★			

분쟁(소송)				★					
계약(매매)				★					

【규-초구】

初九. 悔亡. 喪馬, 勿逐. 自復. 見惡人, 无咎.
초구 회망 상마 물축 자복 견오인 무구

초구이다. "변화해도 바뀐 것이 없다. 말을 잃더라도, 쫓지 말라. 스스로 돌아온다. 악인을 만나더라도 허물이 없다."

〈점괘〉

어려운 일을 만나더라도, 해결할 수 있다.

〈리더의 점괘〉

일시적 풍파(風派)가 있으나, 소기의 목적에는 지장이 없다.

No. 38 규(睽)	상상=매우 좋다. 상중=참 좋다. 상하=좋은 편이다.			중상=제법 괜찮다. 중중=괜찮다. 중하=그럭저럭하다.			하상=별로 좋지 않다. 하중=좋을 것이 없다. 하하=매우 나쁘다.		
38-01	상			중			하		
	상	중	하	상	중	하	상	중	하
소원(행운)			★						
재물(사업)			★						
직장(승진)			★						
건강(컨디션)		★							
연애(결혼)		★							
여행(이동)					★				
분쟁(소송)			★						
계약(매매)			★						

【규-구이】

九二. 遇主于巷, 无咎.
구 이 우 주 우 항 무 구

구이이다. "주군을 길거리에서 다시 만나니, 허물이 없다."

〈점쾌〉

귀인을 만난다.

옛 인연이 돕는다.

〈개별 점괘〉

No. 38 규(睽)	상상=매우 좋다. 상중=참 좋다. 상하=좋은 편이다.			중상=제법 괜찮다. 중중=괜찮다. 중하=그럭저럭하다.			하상=별로 좋지 않다. 하중=좋을 것이 없다. 하하=매우 나쁘다.		
38-02	상			중			하		
	상	중	하	상	중	하	상	중	하
소원(행운)		★							
재물(사업)		★							
직장(승진)		★							
건강(컨디션)			★						
연애(결혼)		★							
여행(이동)		★							
분쟁(소송)					★				
계약(매매)						★			

【규-육삼】

六三. 見輿曳, 其牛掣. 其人天且劓. 无初有終.
육삼 견여예 기우체 기인천차의 무초유종

육삼이다. "수레를 끄는 것을 보니, 그 소들이 서로 반대쪽으로 끌어당기고

있다. 그 사람이 삭발의 형벌과 코를 베이는 형벌을 받는다. 처음에는 없으

나 나중에는 있게 된다."

〈점괘〉

인연이 박(薄)하다.

〈리더의 점괘〉

손해를 보더라도 책임을 져야 한다.

〈개별 점괘〉

No. 38 규(睽)	상상=매우 좋다. 상중=참 좋다. 상하=좋은 편이다.			중상=제법 괜찮다. 중중=괜찮다. 중하=그럭저럭하다.			하상=별로 좋지 않다. 하중=좋을 것이 없다. 하하=매우 나쁘다.		
38-03	상			중			하		
	상	중	하	상	중	하	상	중	하
소원(행운)									★
재물(사업)									★
직장(승진)									★
건강(컨디션)					★				
연애(결혼)					★				
여행(이동)					★				
분쟁(소송)							★		
계약(매매)							★		

【규-구사】

九四. 睽孤. 遇元夫, 交孚, 厲, 无咎.
구사 규고 우원부 교부 려 무구

구사이다. "아버지와 헤어진 고아가 된다. 원래의 지아비를 만나, 서로 사귀

고 믿으니, 위태하나 허물이 없다."

〈점괘〉

옛 인연을 찾으라.

〈리더의 점괘〉

아랫사람의 처우(處遇)에 공감하라.

〈개별 점괘〉

No. 38 규(睽)	상상=매우 좋다. 상중=참 좋다. 상하=좋은 편이다.			중상=제법 괜찮다. 중중=괜찮다. 중하=그럭저럭하다.			하상=별로 좋지 않다. 하중=좋을 것이 없다. 하하=매우 나쁘다.		
38-04	상			중			하		
	상	중	하	상	중	하	상	중	하
소원(행운)				★					
재물(사업)				★					
직장(승진)					★				
건강(컨디션)			★						
연애(결혼)		★							
여행(이동)						★			
분쟁(소송)			★						
계약(매매)			★						

六五. 悔亡. 厥宗噬膚, 往何咎.
육 오 회 망 궐 종 서 부 왕 하 구

육오이다. "변화해도 바뀐 것이 없다. 그 종친들이 고기를 씹으니, 어디를 가
더라도 무슨 허물이 있겠는가?"

〈점괘〉

새로운 영역에서 새로운 사람들을 만나게 된다.

〈리더의 점괘〉

실적에 따라 상을 주는 이로움이 있다.

〈개별 점괘〉

No. 38 규(睽)	상상=매우 좋다. 상중=참 좋다. 상하=좋은 편이다.			중상=제법 괜찮다. 중중=괜찮다. 중하=그럭저럭하다.			하상=별로 좋지 않다. 하중=좋을 것이 없다. 하하=매우 나쁘다.		
38-05	상			중			하		
	상	중	하	상	중	하	상	중	하
소원(행운)	★								
재물(사업)	★								
직장(승진)	★								
건강(컨디션)	★								
연애(결혼)		★							

	★							
여행(이동)	★							
분쟁(소송)		★						
계약(매매)		★						

【규-상구】

上九. 睽孤. 見豕負塗. 載鬼一車. 先張之弧, 後說之弧. 匪寇, 婚媾.
상구 규고 견축부도 재귀일거 선장지고 후탈지고 비구 혼구
往遇雨, 則吉.
왕우우 즉길

상구이다. "아버지와 헤어진 고아이다. 돼지가 진흙을 뒤집어 쓴 것을 본다. 귀신을 한 수레 싣는다. 먼저 활을 당겼다가 나중에 활을 벗기게 된다. 도적이 아니라 혼인할 상대이다. 가서 비를 만나면 길하다."

〈점괘〉

고립이 지속되나, 한 가닥 도움이 기다린다.

〈리더의 점괘〉

고독 속에서 때를 기다리면, 얻는다.

〈개별 점래〉

No. 38 규(睽)	상상=매우 좋다. 상중=참 좋다. 상하=좋은 편이다.			중상=제법 괜찮다. 중중=괜찮다. 중하=그럭저럭하다.			하상=별로 좋지 않다. 하중=좋을 것이 없다. 하하=매우 나쁘다.		
38-06	상			중			하		
	상	중	하	상	중	하	상	중	하
소원(행운)					★				
재물(사업)					★				
직장(승진)					★				
건강(컨디션)				★					
연애(결혼)	★								
여행(이동)			★						
분쟁(소송)		★							
계약(매매)		★							

39. 건(蹇)

【蹇卦第三十九】

水山蹇

39. 수산건

蹇, 利西南, 不利東北, 利見大人, 貞吉.
건 리서남 불리동북 리견대인 정길

初六. 往蹇, 來譽.
초육 왕건 래예

六二. 王臣蹇蹇, 匪躬之故.
육이 왕신건건 비궁지고

九三. 往蹇, 來反.
구삼 왕건 래반

六四. 往蹇, 來連.
육사 왕건 래연

九五. 大蹇, 朋來.
구오 대건 붕래

上六. 往蹇, 來碩, 吉, 利見大人
상육 왕건 래석 길 리견대인

蹇, 利西南, 不利東北, 利見大人, 貞吉.
건 리서남 불리동북 리견대인 정길

건은 서남쪽이 이롭고 동북쪽은 이롭지 않으니, 대인을 보는 것이 이로우며, 일을 맡아 처리하면 길하다.

〈점괘〉

뒤에 머물러서 찬찬히 살펴라.

〈리더의 점괘〉

평소 소신을 펼칠 수 있는 자리가 생긴다.

〈개별 점괘〉

No. 39 건(蹇)	상상=매우 좋다. 상중=참 좋다. 상하=좋은 편이다.			중상=제법 괜찮다. 중중=괜찮다. 중하=그럭저럭하다.			하상=별로 좋지 않다. 하중=좋을 것이 없다. 하하=매우 나쁘다.		
39-00	상			중			하		
	상	중	하	상	중	하	상	중	하
소원(행운)				★					
재물(사업)				★					
직장(승진)			★						
건강(컨디션)						★			
연애(결혼)							★		

여행(이동)							★		
분쟁(소송)			★						
계약(매매)			★						

【건-초육】

初六. 往蹇, 來譽.
초 육 왕 건 래 예

초육이다. "가면 절뚝거리고, 오면 명예롭다."

〈점괘〉

안달이 날 지경이나, 자중하라.

〈리더의 점괘〉

용기보다는 지혜에 귀를 기울여라.

〈개별 점괘〉

No. 39 건(蹇)	상상=매우 좋다. 상중=참 좋다. 상하=좋은 편이다.			중상=제법 괜찮다. 중중=괜찮다. 중하=그럭저럭하다.			하상=별로 좋지 않다. 하중=좋을 것이 없다. 하하=매우 나쁘다.		
39-01	상			중			하		
	상	중	하	상	중	하	상	중	하
소원(행운)			★						
재물(사업)			★						
직장(승진)			★						
건강(컨디션)			★						
연애(결혼)		★							
여행(이동)					★				
분쟁(소송)						★			
계약(매매)						★			

【건-육이】

六二. 王臣蹇蹇, 匪躬之故.
<small>육 이　왕 신 건 건　비 궁 지 고</small>

육이이다. "왕의 신하가 절뚝거리고 절뚝거리니, 자신의 몸을 돌보지 않은 까닭이다."

〈점괘〉

일이 조금씩 풀리나, 신상(身上)에 각별히 주의하라.

힘써 일하나, 생각만큼의 성과는 보기 어렵다.

〈개별 점괘〉

No. 39 건(蹇)	상상=매우 좋다. 상중=참 좋다. 상하=좋은 편이다.			중상=제법 괜찮다. 중중=괜찮다. 중하=그럭저럭하다.			하상=별로 좋지 않다. 하중=좋을 것이 없다. 하하=매우 나쁘다.		
39-02	상			중			하		
	상	중	하	상	중	하	상	중	하
소원(행운)			★						
재물(사업)				★					
직장(승진)					★				
건강(컨디션)						★			
연애(결혼)			★						
여행(이동)						★			
분쟁(소송)			★						
계약(매매)			★						

【건-구삼】

九三. 往蹇, 來反.
구 삼 왕 건 래 반

구삼이다. "가면 절뚝거리고, 되돌아오게 된다."

<점괘>

바쁜 시기를 보낸다.

<리더의 점괘>

보람 있는 일을 시작한다.

<개별 점괘>

No. 39 건(蹇)	상상=매우 좋다. 상중=참 좋다. 상하=좋은 편이다.			중상=제법 괜찮다. 중중=괜찮다. 중하=그럭저럭하다.			하상=별로 좋지 않다. 하중=좋을 것이 없다. 하하=매우 나쁘다.		
39-03	상			중			하		
	상	중	하	상	중	하	상	중	하
소원(행운)		★							
재물(사업)				★					
직장(승진)				★					
건강(컨디션)		★							
연애(결혼)						★			
여행(이동)								★	
분쟁(소송)		★							
계약(매매)		★							

【건-육사】

六四. 往蹇, 來連.
육사 왕건 래연

육사이다. "가서 절뚝거리고, 와서는 연결된다."

〈점괘〉

복귀가 이롭다.

〈리더의 점괘〉

본래부터 정통한 분야에서 실질적인 성과를 내기 시작한다.

〈개별 점괘〉

No. 39 건(蹇)	상상=매우 좋다. 상중=참 좋다. 상하=좋은 편이다.			중상=제법 괜찮다. 중중=괜찮다. 중하=그럭저럭하다.			하상=별로 좋지 않다. 하중=좋을 것이 없다. 하하=매우 나쁘다.		
39-04	상			중			하		
	상	중	하	상	중	하	상	중	하
소원(행운)			★						
재물(사업)			★						
직장(승진)		★							
건강(컨디션)		★							
연애(결혼)		★							
여행(이동)					★				
분쟁(소송)						★			
계약(매매)							★		

【건-구오】

九五. 大蹇; 朋來.
구 오 대 건 붕 래

구오이다. "대인이 절뚝거리니, 친구들이 온다."

〈점괘〉

귀인들이 나서서 돕는다.

〈리더의 점괘〉

자신의 길을 걸어야 할 때이다.

〈개별 점괘〉

No. 39 건(蹇)	상상=매우 좋다. 상중=참 좋다. 상하=좋은 편이다.			중상=제법 괜찮다. 중중=괜찮다. 중하=그럭저럭하다.			하상=별로 좋지 않다. 하중=좋을 것이 없다. 하하=매우 나쁘다.		
39-05	상			중			하		
	상	중	하	상	중	하	상	중	하
소원(행운)		★							
재물(사업)				★					
직장(승진)			★						
건강(컨디션)							★		
연애(결혼)						★			
여행(이동)							★		

분쟁(소송)			★						
계약(매매)			★						

【건-상육】

上六. 往蹇, 來碩, 吉, 利見大人
상육 왕건 래석 길 리견대인

상육이다. "가서 절뚝거리고, 와서는 큰 자리를 얻으니, 길하며, 대인을 보는
것이 이롭다."

〈점괘〉

들인 노력보다 더 큰 대가를 얻는다.

〈리더의 점괘〉

뜻을 이루는 토대를 얻는다.

〈개별 점괘〉

No. 39 건(蹇)	상상=매우 좋다. 상중=참 좋다. 상하=좋은 편이다.			중상=제법 괜찮다. 중중=괜찮다. 중하=그럭저럭하다.			하상=별로 좋지 않다. 하중=좋을 것이 없다. 하하=매우 나쁘다.		
39-06	상			중			하		
	상	중	하	상	중	하	상	중	하
소원(행운)	★								
재물(사업)		★							
직장(승진)		★							
건강(컨디션)					★				
연애(결혼)						★			
여행(이동)					★				
분쟁(소송)			★						
계약(매매)					★				

39. 건(蹇) | 421

40. 해(解)

雷水解

40. 뇌수해

解, 利西南. 无所往, 其來復, 吉. 有攸往, 夙吉.
해 리서남 무소왕 기래복 길 유유왕 숙길

初六. 无咎.
초육 무구

九二. 田獲三狐, 得黃失. 貞吉.
구이 전획삼호 득황시 정길

六三. 負且乘, 致寇至. 貞吝.
육삼 부차승 치구지 정린

九四. 解而拇, 朋至斯孚.
구사 해이무 붕지사부

六五. 君子維有解, 吉. 有孚于小人
육오 군자유유해 길 유부우소인

上六. 公用射隼, 于高墉之上, 獲之, 无不利.
상육 공용석준 우고용지상 획지 무불리

【해-단】

解, 利西南. 无所往, 其來復, 吉. 有攸往, 夙吉.
해　리 서 남　무 소 왕　기 래 복　길　유 유 왕　숙 길

해는 서남쪽이 이롭다. 갈 바가 없으면 그 돌아와 회복하니 길하다. 갈 바가 있으면 일찍 하는 것이 길하다.

〈점괘〉

발 빠르게 전개하라.

〈리더의 점괘〉

각종 규제로부터 해방되어, 종사하는 일에 매진할 수 있다.

〈개별 점괘〉

No. 40 해(解)	상상=매우 좋다. 상중=참 좋다. 상하=좋은 편이다.			중상=제법 괜찮다. 중중=괜찮다. 중하=그럭저럭하다.			하상=별로 좋지 않다. 하중=좋을 것이 없다. 하하=매우 나쁘다.		
40-00	상			중			하		
	상	중	하	상	중	하	상	중	하
소원(행운)		★							
재물(사업)			★						
직장(승진)		★							
건강(컨디션)		★							
연애(결혼)						★			

		★							
여행(이동)		★							
분쟁(소송)					★				
계약(매매)						★			

【해-초육】

初六. 无咎.
초육 무구

초육이다. "허물이 없다."

〈점괘〉

새로운 전기를 맞는다.

〈리더의 점괘〉

세(勢)를 과시한다.

〈개별 점괘〉

No. 40 해(解)	상상=매우 좋다. 상중=참 좋다. 상하=좋은 편이다.			중상=제법 괜찮다. 중중=괜찮다. 중하=그럭저럭하다.			하상=별로 좋지 않다. 하중=좋을 것이 없다. 하하=매우 나쁘다.		
40-01	상			중			하		
	상	중	하	상	중	하	상	중	하
소원(행운)		★							
재물(사업)		★							
직장(승진)		★							
건강(컨디션)		★							
연애(결혼)	★								
여행(이동)		★							
분쟁(소송)		★							
계약(매매)		★							

【해-구이】

九二. 田獲三狐, 得黃失. 貞吉.
구 이 전 획 삼 호 득 황 시 정 길

구이이다. "사냥에서 세 마리의 여우를 잡고, 황금 화살을 얻는다. 일을 말아 처리하면 길하다."

〈점괘〉

연승을 거두고 공을 쌓는다.

어려운 일이 거듭 나타나도 수월하게 해결한다.

〈개별 점괘〉

No. 40 해(解)	상상=매우 좋다. 상중=참 좋다. 상하=좋은 편이다.			중상=제법 괜찮다. 중중=괜찮다. 중하=그럭저럭하다.			하상=별로 좋지 않다. 하중=좋을 것이 없다. 하하=매우 나쁘다.		
40-02	상			중			하		
	상	중	하	상	중	하	상	중	하
소원(행운)		★							
재물(사업)	★								
직장(승진)		★								
건강(컨디션)		★							
연애(결혼)						★			
여행(이동)		★							
분쟁(소송)					★				
계약(매매)					★				

【해-육삼】

六三. 負且乘, 致寇至. 貞吝.
육삼 부 차 승 치 구 지 정 린

육삼이다. "짊어지고서 수레를 타니, 도적을 불러들인다. 일을 맡아 처리하는 데 인색하다."

〈점괘〉

탐욕을 조절하라.

〈리더의 점괘〉

실기(失期)하지 말라.

〈개별 점괘〉

No. 40 해(解)	상상=매우 좋다. 상중=참 좋다. 상하=좋은 편이다.			중상=제법 괜찮다. 중중=괜찮다. 중하=그럭저럭하다.			하상=별로 좋지 않다. 하중=좋을 것이 없다. 하하=매우 나쁘다.		
40-03	상			중			하		
	상	중	하	상	중	하	상	중	하
소원(행운)								★	
재물(사업)									★
직장(승진)								★	
건강(컨디션)								★	
연애(결혼)					★				
여행(이동)		★							
분쟁(소송)							★		
계약(매매)								★	

【해-구사】

九四. 解而拇, 朋至斯孚.
구사 해이무 붕지사부

구사이다. "너의 발가락이 벗겨나갈 것이니, 벗들이 와서 이를 믿어준다."

〈점쾌〉

정체되어 있는 상황에서 벗어난다.

〈리더의 점쾌〉

막혔던 행보(行步)를 다시 시작한다.

〈개별 점쾌〉

No. 40 해(解)	상상=매우 좋다. 상중=참 좋다. 상하=좋은 편이다.			중상=제법 괜찮다. 중중=괜찮다. 중하=그럭저럭하다.			하상=별로 좋지 않다. 하중=좋을 것이 없다. 하하=매우 나쁘다.		
40-04	상			중			하		
	상	중	하	상	중	하	상	중	하
소원(행운)					★				
재물(사업)					★				
직장(승진)				★					
건강(컨디션)		★							
연애(결혼)			★						
여행(이동)			★						
분쟁(소송)							★		
계약(매매)							★		

六五. 君子維有解, 吉. 有孚于小人
육 오 군 자 유 유 해　길　유 부 우 소 인

육오이다. "군자가 묶였다가 풀려나게 되니 길하다. 소인에게 믿음을 얻게

된다."

〈점괘〉

궁색(窮塞)에서 벗어나, 진로를 개척한다.

〈리더의 점괘〉

적대적인 세력과 타협을 이루어서 일을 추진할 기반을 조성한다.

〈개별 점괘〉

No. 40 해(解)	상상=매우 좋다. 상중=참 좋다. 상하=좋은 편이다.			중상=제법 괜찮다. 중중=괜찮다. 중하=그럭저럭하다.			하상=별로 좋지 않다. 하중=좋을 것이 없다. 하하=매우 나쁘다.		
40-05	상			중			하		
	상	중	하	상	중	하	상	중	하
소원(행운)				★					
재물(사업)					★				
직장(승진)					★				
건강(컨디션)				★					
연애(결혼)			★						

여행(이동)					★			
분쟁(소송)			★					
계약(매매)			★					

【해-상육】

上六. 公用射隼于高墉之上, 獲之, 无不利.
상 육 공 용 석 준 우 고 용 지 상 획 지 무 불 리

상육이다. "공이 높은 담장 위에서 활을 쏘아 매를 잡으니, 이롭지 않음이
없다."

〈점괘〉

목표하고 있는 것을 얻는다.

〈리더의 점괘〉

추진하던 사업이 목표를 달성하여 큰 이득을 가져온다.

〈개별 점괘〉

No. 40 해(解)	상상=매우 좋다. 상중=참 좋다. 상하=좋은 편이다.			중상=제법 괜찮다. 중중=괜찮다. 중하=그럭저럭하다.			하상=별로 좋지 않다. 하중=좋을 것이 없다. 하하=매우 나쁘다.		
40-06	상			중			하		
	상	중	하	상	중	하	상	중	하
소원(행운)		★							
재물(사업)	★								
직장(승진)		★							
건강(컨디션)			★						
연애(결혼)		★							
여행(이동)						★			
분쟁(소송)			★						
계약(매매)			★						

41. 손(損)

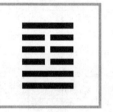

山澤損

41. 산택손

損, 有孚, 元吉, 无咎, 可貞, 利有攸往. 曷之用.
손 유부 원길 무구 가정 리유유왕 갈지용

二簋, 可用享.
이궤 가용향

初九. 已事遄往, 无咎. 酌損之.
초구 이사천왕 무구 작손지

九二. 利貞, 征凶. 弗損益之.
구이 리정 정흉 불손익지

六三. 三人行, 則損一人, 一人行, 則得其友.
육삼 삼인행 즉손일인 일인행 즉득기우

六四. 損其疾, 使遄有喜, 无咎.
육사 손기질 사천유희 무구

六五. 或益之. 十朋之龜弗克違. 元吉.
육오 혹익지 십붕지귀불극위 원길

上九. 弗損, 益之, 无咎. 貞吉, 利有攸往. 得臣, 无家.
상구 불손 익지 무구 정길 리유유왕 득신 무가

【손-단】

損, 有孚, 元吉, 无咎, 可貞, 利有攸往. 曷之用. 二簋, 可用享.
손 유부 원길 무구 가정 리유유왕 갈지용 이궤 가용향

덜어내어 믿음을 가지니, 크게 형통하고, 허물이 없으며, 일을 맡아 처리할 수 있고, 가는 바가 있으면 이롭다. 어떻게 써서 할 것인가? 제기 그릇 두개로 제사를 지낼 수 있다.

〈점괘〉

손해를 보는 것 같으나, 복(福)을 짓는 일이다.

〈리더의 점괘〉

희생하고 봉사하는 때이다.

〈개별 점괘〉

No. 41 손(損)	상상=매우 좋다. 상중=참 좋다. 상하=좋은 편이다.			중상=제법 괜찮다. 중중=괜찮다. 중하=그럭저럭하다.			하상=별로 좋지 않다. 하중=좋을 것이 없다. 하하=매우 나쁘다.		
41-00	상			중			하		
	상	중	하	상	중	하	상	중	하
소원(행운)	★								
재물(사업)		★							
직장(승진)		★							
건강(컨디션)		★							

연애(결혼)	★							
여행(이동)				★				
분쟁(소송)	★							
계약(매매)	★							

【손-초구】

初九. 已事, 遄往, 无咎. 酌損之.
초 구 이 사 천 왕 무 구 작 손 지

초구이다. "이미 일을 마쳤으니, 빨리 가면 허물이 없다. 퍼서 덜어낸다."

〈점괘〉

전혀 새로운 방향을 추구해 보라.

〈리더의 점괘〉

점진적으로 진행하여 부담을 줄이라.

No. 41 손(損)	상상=매우 좋다. 상중=참 좋다. 상하=좋은 편이다.			중상=제법 괜찮다. 중중=괜찮다. 중하=그럭저럭하다.			하상=별로 좋지 않다. 하중=좋을 것이 없다. 하하=매우 나쁘다.		
40-01	상			중			하		
	상	중	하	상	중	하	상	중	하
소원(행운)		★							
재물(사업)		★							
직장(승진)		★							
건강(컨디션)		★							
연애(결혼)						★			
여행(이동)							★		
분쟁(소송)								★	
계약(매매)								★	

【손-구이】

九二. 利貞, 征凶. 弗損益之.
구 이 리 정 정 흉 불 손 익 지

구이이다. "일을 맡아 처리하는 것이 이로우며, 정벌에 나서면 흉하다. 덜어

내지 말고 보태야 한다."

〈점괘〉

가급적 가진 것 안에서 해결하라.

<리더의 점괘>

도움을 청하는 것이 이로우며, 내실(內實)을 기하라.

<개별 점괘>

No. 41 손(損)	상상=매우 좋다. 상중=참 좋다. 상하=좋은 편이다.			중상=제법 괜찮다. 중중=괜찮다. 중하=그럭저럭하다.			하상=별로 좋지 않다. 하중=좋을 것이 없다. 하하=매우 나쁘다.		
40-02	상			중			하		
	상	중	하	상	중	하	상	중	하
소원(행운)					★				
재물(사업)					★				
직장(승진)							★		
건강(컨디션)				★					
연애(결혼)							★		
여행(이동)							★		
분쟁(소송)				★					
계약(매매)				★					

【손-육삼】

六三. 三人行, 則損一人, 一人行, 則得其友.
육삼 삼인행 즉손일인 일인행 즉득기우

육삼이다. "세 사람이 동행하면 한 사람을 잃을 것이고, 한 사람이 가면 그

친구를 얻게 된다."

〈점괘〉

꿋꿋하게 앞으로 전진하라.

〈리더의 점괘〉

새로운 일은 새로운 인연에게서 나온다.

〈개별 점괘〉

No. 41 손(損)	상상=매우 좋다. 상중=참 좋다. 상하=좋은 편이다.			중상=제법 괜찮다. 중중=괜찮다. 중하=그럭저럭하다.			하상=별로 좋지 않다. 하중=좋을 것이 없다. 하하=매우 나쁘다.		
40-03	상			중			하		
	상	중	하	상	중	하	상	중	하
소원(행운)						★			
재물(사업)						★			
직장(승진)						★			
건강(컨디션)					★				
연애(결혼)							★		
여행(이동)					★				
분쟁(소송)							★		
계약(매매)							★		

【손-육사】

六四. 損其疾, 使遄有喜, 无咎.
육사 손기질 사천유희 무구

육사이다. "그 질병을 덜어내어 치유하니, 자주 기쁨이 있고, 허물이 없다."

〈점괘〉

곤경을 돌파한다.

〈리더의 점괘〉

의욕이 앞서다가 위기도 따라올 수 있다.

〈개별 점괘〉

No. 41 손(損)	상상=매우 좋다. 상중=참 좋다. 상하=좋은 편이다.			중상=제법 괜찮다. 중중=괜찮다. 중하=그럭저럭하다.			하상=별로 좋지 않다. 하중=좋을 것이 없다. 하하=매우 나쁘다.		
40-04	상			중			하		
	상	중	하	상	중	하	상	중	하
소원(행운)		★							
재물(사업)		★							
직장(승진)				★					
건강(컨디션)			★						
연애(결혼)							★		
여행(이동)						★			
분쟁(소송)							★		
계약(매매)								★	

【손-육오】

六五. 或益之. 十朋之龜弗克違. 元吉.
육 오 혹 익 지 십 붕 지 귀 불 극 위 원 길

육오이다. "혹 보탠다면, 값비싼 거북점을 쳐도 어긋남이 없을 것이니, 크게 길하다."

〈점쾌〉

노력도 때가 있다. 지금이다.

〈리더의 점쾌〉

전망이 좋다면 결과도 좋다.

〈개별 점쾌〉

No. 41 손(損)	상상=매우 좋다. 상중=참 좋다. 상하=좋은 편이다.			중상=제법 괜찮다. 중중=괜찮다. 중하=그럭저럭하다.			하상=별로 좋지 않다. 하중=좋을 것이 없다. 하하=매우 나쁘다.		
40-05	상			중			하		
	상	중	하	상	중	하	상	중	하
소원(행운)	★								
재물(사업)	★								
직장(승진)	★								
건강(컨디션)				★					
연애(결혼)							★		

여행(이동)						★			
분쟁(소송)	★								
계약(매매)	★								

【손-상구】

上九. 弗損, 益之, 无咎. 貞吉, 利有攸往. 得臣, 无家.
상 구 불 손 익 지 무 구 정 길 리 유 유 왕 득 신 무 가

상구이다. "덜어내지 않고 보태어주니, 허물이 없다. 일을 맡아 처리하는 것
이 길하니, 가는 바에 이로움이 있다. 신하를 얻으나, 거처할 집이 없다."

〈점괘〉

새로운 일에 도전하라.

〈리더의 점괘〉

조건이 반(半)이라도 시작하라.

〈개별 점괘〉

No. 41 손(損)	상상=매우 좋다. 상중=참 좋다. 상하=좋은 편이다.			중상=제법 괜찮다. 중중=괜찮다. 중하=그럭저럭하다.			하상=별로 좋지 않다. 하중=좋을 것이 없다. 하하=매우 나쁘다.		
40-06	상			중			하		
	상	중	하	상	중	하	상	중	하
소원(행운)		★							
재물(사업)		★							
직장(승진)				★					
건강(컨디션)	★								
연애(결혼)						★			
여행(이동)						★			
분쟁(소송)		★							
계약(매매)		★							

42. 익(益)

【益卦第四十二】

42. 풍뢰익

益, 利有攸往, 利涉大川.
익 리유유왕 리섭대천

風雷益

初九. 利用爲大作, 元吉, 无咎.
초구 리용위대작 원길 무구

六二. 或益之. 十朋之龜弗克違. 永貞, 吉. 王用享于帝, 吉.
육이 혹익지 십붕지구불극위 영정 길 왕용형우제 길

六三. 益之, 用凶事, 无咎. 有孚, 中行, 告公用圭.
육삼 익지 용흉사 무구 유부 중행 고공용규

六四. 中行告公從, 利用爲依遷國.
육사 중행고공종 리용위의천국

九五. 有孚惠心, 勿問, 元吉, 有孚惠我德.
구오 유부혜심 물문 원길 유부혜아덕

上九. 莫益之, 或擊之, 立心勿恒, 凶.
상구 막익지 혹격지 입심물항 흉

442

【익-단】

益, 利有攸往, 利涉大川.
익 리유유왕 리섭대천

익은 갈 바가 있으면 이롭고, 큰 내를 건너는 것이 이롭다.

〈점괘〉

순풍(順風)에 돛을 달았다.

〈리더의 점괘〉

일이 탄력을 받는 때이다.

〈개별 점괘〉

No. 42 익(益)	상상=매우 좋다. 상중=참 좋다. 상하=좋은 편이다.			중상=제법 괜찮다. 중중=괜찮다. 중하=그럭저럭하다.			하상=별로 좋지 않다. 하중=좋을 것이 없다. 하하=매우 나쁘다.		
42-00	상			중			하		
	상	중	하	상	중	하	상	중	하
소원(행운)			★						
재물(사업)		★							
직장(승진)			★						
건강(컨디션)		★							
연애(결혼)		★							
여행(이동)		★							

분쟁(소송)				★				
계약(매매)					★			

【익-초구】

初九. 利用爲大作, 元吉, 无咎.
초구 리용위대작 원길 무구

초구이다. "크게 경작하는 것이 이로우니, 크게 길하고, 허물이 없다."

〈점괘〉

경사(慶事)가 있을 것이다.

〈리더의 점괘〉

결정적인 문제가 해결되니, 주위가 편안해진다.

〈개별 점괘〉

No. 42 익(益)	상상=매우 좋다. 상중=참 좋다. 상하=좋은 편이다.		중상=제법 괜찮다. 중중=괜찮다. 중하=그럭저럭하다.		하상=별로 좋지 않다. 하중=좋을 것이 없다. 하하=매우 나쁘다.	
42-01	상			중			하		
	상	중	하	상	중	하	상	중	하
소원(행운)	★								

재물(사업)	★							
직장(승진)		★						
건강(컨디션)					★			
연애(결혼)						★		
여행(이동)						★		
분쟁(소송)		★						
계약(매매)		★						

【익-육이】

六二. 或益之. 十朋之龜弗克違. 永貞, 吉. 王用享于帝, 吉.
육이 혹익지 십붕지구불극위 영정 길 왕용형우제 길

육이다. "혹 보탤 수 있다면, 값비싼 거북점을 치더라도 어기지 못하니,

시간이 걸리는 일은 길하다. 임금이 상제에게 제사를 지내니 길하다."

〈점괘〉

횡재 같지만 인내 덕이다.

〈리더의 점괘〉

대업(大業)을 구상했다면 때가 도래했다.

No. 42 익(益)	상상=매우 좋다. 상중=참 좋다. 상하=좋은 편이다.			중상=제법 괜찮다. 중중=괜찮다. 중하=그럭저럭하다.			하상=별로 좋지 않다. 하중=좋을 것이 없다. 하하=매우 나쁘다.		
42-02	상			중			하		
	상	중	하	상	중	하	상	중	하
소원(행운)	★								
재물(사업)	★								
직장(승진)		★							
건강(컨디션)		★							
연애(결혼)						★			
여행(이동)						★			
분쟁(소송)							★		
계약(매매)							★		

【익-육삼】

六三. 益之, 用凶事, 无咎. 有孚, 中行, 告公用圭.
육삼 익지 용흉사 무구 유부 중행 고공용규

육삼이다. "보태어 주니 흉사에 쓰는 것이므로 허물이 없다. 믿음이 있으니 신임을 얻은 자가 와서 공에게 고함에 규를 쓴다."

〈점괘〉

회복되는 시기이다.

〈리더의 점괘〉

혼란을 종식시키고, 인재(人才)를 키운다.

〈개별 점괘〉

No. 42 익(益)	상상=매우 좋다. 상중=참 좋다. 상하=좋은 편이다.			중상=제법 괜찮다. 중중=괜찮다. 중하=그럭저럭하다.			하상=별로 좋지 않다. 하중=좋을 것이 없다. 하하=매우 나쁘다.		
42-03	상			중			하		
	상	중	하	상	중	하	상	중	하
소원(행운)			★						
재물(사업)			★						
직장(승진)	★								
건강(컨디션)			★						
연애(결혼)							★		
여행(이동)			★						
분쟁(소송)			★						
계약(매매)			★						

【익-육사】

六四. 中行告公從, 利用爲依遷國.
육사 중행고공종 리용위의천국

육사이다. "신임을 얻은 자가 공에게 고함에, 의지하여 도읍을 옮기는 것이
이롭다."

〈점괘〉

후원을 받아, 새로운 일을 시작한다.

〈리더의 점괘〉

현재 일보다는 다른 일을 맡게 되는 때이다.

〈개별 점괘〉

No. 42 익(益)	상상=매우 좋다. 상중=참 좋다. 상하=좋은 편이다.			중상=제법 괜찮다. 중중=괜찮다. 중하=그럭저럭하다.			하상=별로 좋지 않다. 하중=좋을 것이 없다. 하하=매우 나쁘다.		
42-04	상			중			하		
	상	중	하	상	중	하	상	중	하
소원(행운)			★						
재물(사업)			★						
직장(승진)		★							
건강(컨디션)		★							
연애(결혼)							★		
여행(이동)		★							
분쟁(소송)							★		
계약(매매)								★	

【익-구오】

九五. 有孚惠心, 勿問, 元吉. 有孚惠我德
구오 유부혜심 물문 원길 유부혜아덕

구오이다. "베풀려는 마음에 믿음을 두며, 이러니저러니 묻지 않으니, 크게 길하다. 나에게 은혜를 베푸는 덕에 믿음을 둔다."

〈점괘〉

자신을 믿고 실행하라.

〈리더의 점괘〉

여론이 지지하고 있으니, 과감하게 실행하라.

〈개별 점괘〉

No. 42 익(益)	상상=매우 좋다. 상중=참 좋다. 상하=좋은 편이다.			중상=제법 괜찮다. 중중=괜찮다. 중하=그럭저럭하다.			하상=별로 좋지 않다. 하중=좋을 것이 없다. 하하=매우 나쁘다.		
42-05	상			중			하		
	상	중	하	상	중	하	상	중	하
소원(행운)	★								
재물(사업)		★							
직장(승진)			★						
건강(컨디션)		★							
연애(결혼)							★		
여행(이동)							★		
분쟁(소송)		★							
계약(매매)		★							

上九. 莫益之, 或擊之. 立心勿恒, 凶.
상구 막익지 혹격지 입심물항 흉

상구이다. "보태주지 않으며, 혹 공격하기도 한다. 마음을 세우는데 항상됨
이 없으니, 흉하다."

〈점괘〉

재물(財物)을 잃을까 두렵다.

〈리더의 점괘〉

축적된 모순이 드러났다.

〈개별 점괘〉

No. 42 익(益)	상상=매우 좋다. 상중=참 좋다. 상하=좋은 편이다.			중상=제법 괜찮다. 중중=괜찮다. 중하=그럭저럭하다.			하상=별로 좋지 않다. 하중=좋을 것이 없다. 하하=매우 나쁘다.		
42-06	상			중			하		
	상	중	하	상	중	하	상	중	하
소원(행운)								★	
재물(사업)								★	
직장(승진)								★	
건강(컨디션)							★		
연애(결혼)							★		

여행(이동)								★	
분쟁(소송)				★					
계약(매매)				★					

43. 쾌(夬)

澤天夬

43. 택천쾌

夬, 揚于王庭, 孚號, 有厲, 告自邑, 不利卽戎. 利有攸往
쾌 양우왕정 부호 유려 고자읍 불리즉융 리유유왕

初九. 壯于前趾, 往, 不勝, 爲咎.
초구 장우전지 왕 불승 위구

九二. 惕號, 莫夜, 有戎, 勿恤.
구이 척호 모야 유융 물휼

九三. 壯于頄, 有凶. 君子, 夬夬. 獨行遇雨, 若濡有慍, 无咎.
구삼 장우규 유흉 군자 쾌쾌 독행우우 약유유온 무구

九四. 臀无膚, 其行次且, 牽羊. 悔亡. 聞言, 不信.
구사 둔무려 기행차저 견양 회망 문언 불신

九五. 莧陸夬夬. 中行, 无咎.
구오 현육쾌쾌 중행 무구

上六. 无號, 終有凶.
상육 무호 종유흉

【쾌-단】

夬, 揚于王庭, 孚號, 有厲, 告自邑, 不利卽戎. 利有攸往.
쾌　양우왕정　부호　유려　고자읍　불리즉융　리유유왕

쾌는 왕의 궁정에 위로 올라가는 것이니, 믿음을 가지고 부르짖으나, 위태
로움이 있으며, 자기의 고을에 고하게 되니, 군사를 출정시키는 것은 이롭
지 않다. 가는 바가 있으면 이롭다.

〈점쾌〉

이익을 보나, 소요한 시간과 비용이 크다.

〈리더의 점쾌〉

자리에 연연(戀戀)하지 말라.

〈개별 점쾌〉

No. 43 쾌(夬)	상상=매우 좋다. 상중=참 좋다. 상하=좋은 편이다.			중상=제법 괜찮다. 중중=괜찮다. 중하=그럭저럭하다.			하상=별로 좋지 않다. 하중=좋을 것이 없다. 하하=매우 나쁘다.		
43-00	상			중			히		
	상	중	하	상	중	하	상	중	하
소원(행운)						★			
재물(사업)						★			
직장(승진)							★		
건강(컨디션)						★			

연애(결혼)					★				
여행(이동)				★					
분쟁(소송)				★					
계약(매매)				★					

【쾌-초구】

初九. 壯于前趾, 往, 不勝, 爲咎.
초 구 장 우 전 지 왕 불 승 위 구

초구이다. "앞쪽 발에는 힘이 넘치나, 나아가더라도 이기지 못하니, 허물이
된다."

〈점쾌〉

나가려고 하다가는 진다.

〈리더의 점쾌〉

안팎으로 곤란하다.

454

〈개별 점괘〉

No. 43 쾌(夬)	상상=매우 좋다. 상중=참 좋다. 상하=좋은 편이다.			중상=제법 괜찮다. 중중=괜찮다. 중하=그럭저럭하다.			하상=별로 좋지 않다. 하중=좋을 것이 없다. 하하=매우 나쁘다.		
43-01	상			중			하		
	상	중	하	상	중	하	상	중	하
소원(행운)								★	
재물(사업)								★	
직장(승진)								★	
건강(컨디션)								★	
연애(결혼)								★	
여행(이동)								★	
분쟁(소송)									★
계약(매매)									★

【쾌-구이】

九二. 惕號, 莫夜, 有戎, 勿恤.
구 이 척 호 모 야 유 융 물 휼

구이이다. "두려워서 소리치니, 한 밤중에 도둑이 늘어도 근심하지 말라."

〈점괘〉

조급하지 말고, 원망(怨望)도 말라.

개혁만이 살 길이다.

〈개별 점괘〉

No. 43 쾌(夬)	상상=매우 좋다. 상중=참 좋다. 상하=좋은 편이다.			중상=제법 괜찮다. 중중=괜찮다. 중하=그럭저럭하다.			하상=별로 좋지 않다. 하중=좋을 것이 없다. 하하=매우 나쁘다.		
43-02	상			중			하		
	상	중	하	상	중	하	상	중	하
소원(행운)					★				
재물(사업)					★				
직장(승진)						★			
건강(컨디션)					★				
연애(결혼)							★		
여행(이동)						★			
분쟁(소송)		★							
계약(매매)		★							

【쾌-구삼】

九三. 壯于頄, 有凶. 君子, 夬夬. 獨行遇雨, 若濡有慍, 无咎.
구삼 장우규 유흉 군자 쾌쾌 독행우우 약유유온 무구

구삼이다. "광대뼈에 기세가 굳세니 흉한 일이 있다. 군자는 꺾이고 꺾일 것

이다. 홀로 가다 비를 만나서, 옷이 젖어 화가 나지만, 허물이 없다."

〈점괘〉

소소한 일들로 곤욕을 치른다.

〈리더의 점괘〉

지나치게 강직하게 처신하는 것은 좋지 않다.

〈개별 점괘〉

No. 43 쾌(夬)	상상=매우 좋다. 상중=참 좋다. 상하=좋은 편이다.			중상=제법 괜찮다. 중중=괜찮다. 중하=그럭저럭하다.			하상=별로 좋지 않다. 하중=좋을 것이 없다. 하하=매우 나쁘다.		
43-03	상			중			하		
	상	중	하	상	중	하	상	중	하
소원(행운)							★		
재물(사업)							★		
직장(승진)							★		
건강(컨디션)							★		
연애(결혼)							★		
여행(이동)								★	
분쟁(소송)								★	
계약(매매)								★	

【쾌-구사】

九四. 臀无膚, 其行次且, 牽羊. 悔亡. 聞言, 不信.
구사 둔무려 기행차저 견양 회망 문언 불신

구사이다. "엉덩이에 살집이 없으니, 그 행진할 때는 머뭇거리며, 양을 끌고
간다. 바뀐 것이 없다. 말을 듣고서 믿지 않는다."

〈점괘〉

의심이 깊다.

〈리더의 점괘〉

의사소통에 문제가 있다.

〈개별 점괘〉

No. 43 쾌(夬)	상상=매우 좋다. 상중=참 좋다. 상하=좋은 편이다.			중상=제법 괜찮다. 중중=괜찮다. 중하=그럭저럭하다.			하상=별로 좋지 않다. 하중=좋을 것이 없다. 하하=매우 나쁘다.		
43-04	상			중			하		
	상	중	하	상	중	하	상	중	하
소원(행운)							★		
재물(사업)								★	
직장(승진)								★	
건강(컨디션)								★	
연애(결혼)								★	
여행(이동)								★	
분쟁(소송)									★
계약(매매)									★

【쾌-구오】

九五. 莧陸夬夬. 中行, 无咎.
구오 현육쾌쾌 중행 무구

구오이다. "풀처럼 부러지고 또 부러진다. 가운데로 가면 허물이 없다."

〈점괘〉

곡절(曲折)을 겪지만, 의지가 굳다.

〈리더의 점괘〉

의지가 있다면, 성취한다.

〈개별 점괘〉

No. 43 쾌(夬)	상상=매우 좋다. 상중=참 좋다. 상하=좋은 편이다.			중상=제법 괜찮다. 중중=괜찮다. 중하=그럭저럭하다.			하상=별로 좋지 않다. 하중=좋을 것이 없다. 하하=매우 나쁘다.		
43-05	상			중			하		
	상	중	하	상	중	하	상	중	하
소원(행운)						★			
재물(사업)							★		
직장(승진)								★	
건강(컨디션)						★			
연애(결혼)							★		
여행(이동)							★		

분쟁(소송)	★							
계약(매매)	★							

【쾌-상구】

上六. 无號, 終有凶.
상 육 무 호 종 유 흉

상육이다. "소리쳐 부르짖지 않으니, 끝내 흉한 일이 있다."

〈점쾌〉

물러나서 휴식하라.

〈리더의 점쾌〉

충전할 때이다.

〈개별 점쾌〉

No. 43 쾌(夬)	상상=매우 좋다. 상중=참 좋다. 상하=좋은 편이다.			중상=제법 괜찮다. 중중=괜찮다. 중하=그럭저럭하다.			하상=별로 좋지 않다. 하중=좋을 것이 없다. 하하=매우 나쁘다.		
43-06	상			중			하		
	상	중	하	상	중	하	상	중	하
소원(행운)									★

재물(사업)									★
직장(승진)									★
건강(컨디션)	★								
연애(결혼)							★		
여행(이동)			★						
분쟁(소송)					★				
계약(매매)							★		

44. 구(姤)

【姤卦第四十四】

天風姤

44. 천풍구

姤, 女壯, 勿用取女.
구 여장 물용취녀

初六. 繫于金柅, 貞吉. 有攸往, 見凶. 羸豕, 孚蹢躅.
초육 계우금니 정길 유유왕 견흉 리시 부척촉

九二. 包有魚, 无咎. 不利賓.
구이 포유어 무구 불리빈

九三. 臀无膚, 其行次且, 厲, 无大咎.
구삼 둔무부 기행차저 려 무대구

九四. 包无魚, 起凶.
구사 포무어 기흉

九五. 以杞包瓜, 含章, 有隕自天.
구오 이기포과 함장 유운자천

上九. 姤其角, 吝, 无咎.
상구 구기각 린 무구

462

【구-단】

姤, 女壯, 勿用取女.
구 여 장 물 용 취 녀

구는 여자가 장성하니, 여자를 취하지 말아야 한다.

〈점괘〉

갈무리를 해야 할 때이다.

〈리더의 점괘〉

새롭게 검토하는 일에 착수하라.

〈개별 점괘〉

No. 44 구(姤)	상상=매우 좋다. 상중=참 좋다. 상하=좋은 편이다.			중상=제법 괜찮다. 중중=괜찮다. 중하=그럭저럭하다.			하상=별로 좋지 않다. 하중=좋을 것이 없다. 하하=매우 나쁘다.		
44-00	상			중			하		
	상	중	하	상	중	하	상	중	하
소원(행운)				★					
재물(사입)				★					
직장(승진)				★					
건강(컨디션)				★					
연애(결혼)			★						
여행(이동)			★						

분쟁(소송)							★	
계약(매매)								★

【구-초육】

初六. 繫于金柅, 貞吉. 有攸往, 見凶. 羸豕, 孚蹢躅.
초 육 계 우 금 니 정 길 유 유 왕 견 흉 리 시 부 척 촉

초육이다. "쇠로 만든 말뚝에 말을 잡아매니, 일을 맡아 처리하는 것은 길하다. 갈 바가 있으면, 흉한 꼴을 본다. 여윈 돼지가 감응하고, 멈칫멈칫거린다."

〈점괘〉

새로운 일을 하지 말고, 매사 부드럽게 접근하라.

〈리더의 점괘〉

현상 유지를 위해 매진하고, 관계를 좋게 도모하라.

No. 44 구(姤)	상상=매우 좋다. 상중=참 좋다. 상하=좋은 편이다.			중상=제법 괜찮다. 중중=괜찮다. 중하=그럭저럭하다.			하상=별로 좋지 않다. 하중=좋을 것이 없다. 하하=매우 나쁘다.		
44-01	상			중			하		
	상	중	하	상	중	하	상	중	하
소원(행운)		★							
재물(사업)		★							
직장(승진)							★		
건강(컨디션)		★							
연애(결혼)						★			
여행(이동)								★	
분쟁(소송)							★		
계약(매매)							★		

【구-구이】

九二. 包有魚, 无咎. 不利賓.
구 이 포 유 어 무 구 불 리 빈

구이이다. "꾸러미에 생선이 있으니, 허물이 없다. 손님에게는 이롭지 않다."

〈점괘〉

만남이 성사되지 않는다.

큰 사업을 할수록 빈객(賓客)에 대한 예우를 갖추라.

〈개별 점괘〉

No. 44 구(姤)	상상=매우 좋다. 상중=참 좋다. 상하=좋은 편이다.			중상=제법 괜찮다. 중중=괜찮다. 중하=그럭저럭하다.			하상=별로 좋지 않다. 하중=좋을 것이 없다. 하하=매우 나쁘다.		
44-02	상			중			하		
	상	중	하	상	중	하	상	중	하
소원(행운)						★			
재물(사업)					★				
직장(승진)					★				
건강(컨디션)				★					
연애(결혼)							★		
여행(이동)						★			
분쟁(소송)					★				
계약(매매)						★			

【구-구삼】

九三. 臀无膚, 其行次且, 厲, 无大咎.
구삼 둔무부 기행차저 려 무대구

구삼이다. "엉덩이에 살집이 없으니, 그 행진할 때는 머뭇거리니, 위태로우
나 큰 허물은 없다."

〈점괘〉

배신이 감지된다.

〈리더의 점괘〉

신뢰를 잃는 것은 십중팔구 구덕(口德)의 흠이다.

〈개별 점괘〉

No. 44 구(姤)	상상=매우 좋다. 상중=참 좋다. 상하=좋은 편이다.			중상=제법 괜찮다. 중중=괜찮다. 중하=그럭저럭하다.			하상=별로 좋지 않다. 하중=좋을 것이 없다. 하하=매우 나쁘다.		
44-03	상			중			하		
	상	중	하	상	중	하	상	중	하
소원(행운)							★		
재물(사업)							★		
직장(승진)							★		
건강(컨디션)					★				
연애(결혼)			★						
여행(이동)			★						
분쟁(소송)				★					
계약(매매)				★					

【구-구사】

九四. 包无魚, 起凶.
구 사 포 무 어 기 흉

구사이다. "꾸러미에 물고기가 없으니, 일을 일으키면 흉하다."

〈점쾌〉

이익을 나누지 않으면, 낭패한다.

〈리더의 점쾌〉

원망이 크면 신뢰가 어그러진다.

〈개별 점쾌〉

No. 44 구(姤)	상상=매우 좋다. 상중=참 좋다. 상하=좋은 편이다.			중상=제법 괜찮다. 중중=괜찮다. 중하=그럭저럭하다.			하상=별로 좋지 않다. 하중=좋을 것이 없다. 하하=매우 나쁘다.		
44-04	상			중			하		
	상	중	하	상	중	하	상	중	하
소원(행운)							★		
재물(사업)							★		
직장(승진)								★	
건강(컨디션)						★			
연애(결혼)								★	
여행(이동)			★						
분쟁(소송)						★			
계약(매매)						★			

九五. 以杞包瓜, 含章, 有隕自天.
구 오 이 기 포 과 함 창 유 운 자 천

구오이다. "갯버들로 오이를 둘러싸듯이, 빛나는 덕을 품고 있으니, 하늘로
부터 복이 떨어진다."

〈점괘〉

부드러워야 복을 받는다.

〈리더의 점괘〉

모성(母性)의 마음으로 대하라.

〈개별 점괘〉

No. 44 구(姤)	상상=매우 좋다. 상중=참 좋다. 상하=좋은 편이다.			중상=제법 괜찮다. 중중=괜찮다. 중하=그럭저럭하다.			하상=별로 좋지 않다. 하중=좋을 것이 없다. 하하=매우 나쁘다.		
44-05	상			중			하		
	상	중	하	상	중	하	상	중	하
소원(행운)		★							
재물(사업)		★							
직장(승진)		★							
건강(컨디션)		★							
연애(결혼)							★		

			★					
여행(이동)			★					
분쟁(소송)					★			
계약(매매)							★	

【구-상구】

上九. 姤其角, 吝, 无咎.
상 구 구 기 각 린 무 구

상구이다. "그 뿔을 만나니, 인색하나, 허물이 없다."

〈점괘〉

혼자서는 장군이 될 수 없다.

〈리더의 점괘〉

남을 깔보고서 성취를 바라는가?

〈개별 점괘〉

No. 44 구(姤)	상상=매우 좋다. 상중=참 좋다. 상하=좋은 편이다.			중상=제법 괜찮다. 중중=괜찮다. 중하=그럭저럭하다.			하상=별로 좋지 않다. 하중=좋을 것이 없다. 하하=매우 나쁘다.		
44-06	상			중			하		
	상	중	하	상	중	하	상	중	하
소원(행운)						★			
재물(사업)						★			
직장(승진)						★			
건강(컨디션)				★					
연애(결혼)							★		
여행(이동)					★				
분쟁(소송)							★		
계약(매매)								★	

45. 췌(萃)

【萃卦第四十五】

澤地萃

45. 택지췌

萃, 亨. 王假有廟, 利見大人, 亨, 利貞. 用大牲, 吉, 利有
췌 형 왕격유묘 리견대인 형 리정 용대생 길 리유
攸往.
유왕

初六. 有孚, 不終, 乃亂乃萃. 若號, 一握爲笑, 勿恤, 往, 无咎.
초육 유부 불종 내란내췌 약호 일악위소 물휼 왕 무구

六二. 引吉, 无咎. 孚, 乃利用禴.
육이 인길 무구 부 내리용약

六三. 萃如嗟如, 无攸利. 往, 无咎, 小吝.
육삼 췌여차여 무유리 왕 무구 소린

九四. 大吉, 无咎.
구사 대길 무구

九五. 萃有位, 无咎, 匪孚. 元永貞, 悔亡.
구오 췌유위 무구 비부 원영정 회망

上六. 齎咨涕洟, 无咎.
상육 재자체이 무구

472

萃, 亨. 王假有廟, 利見大人, 亨, 利貞. 用大牲, 吉, 利有攸往.
췌　형　왕격유묘　리견대인　형　리정　용대생　길　리유유왕

췌는 형통하다. 왕이 종묘에 이르렀으니, 대인을 만나는 것이 이롭고, 형
통하며, 일을 맡아 처리하는 것이 이롭다. 큰 희생을 쓰는 것이 길하고, 갈
바가 있으면 이롭다.

〈점괘〉

큰 비용을 들여 새로운 일을 하는 때이다.

〈리더의 점괘〉

혁신보다는 안정적 개혁의 길을 택하라.

〈개별 점괘〉

No. 4 췌(萃)	상상=매우 좋다. 상중=참 좋다. 상하=좋은 편이다.			중상=제법 괜찮다. 중중=괜찮다. 중하=그럭저럭하다.			하상=별로 좋지 않다. 하중=좋을 것이 없다. 하하=매우 나쁘다.		
45-00	상			중			하		
	상	중	하	상	중	하	상	중	하
소원(행운)		★							
재물(사업)		★							
직장(승진)		★							
건강(컨디션)					★				

연애(결혼)							★	
여행(이동)						★		
분쟁(소송)						★		
계약(매매)							★	

【췌-초육】

初六. 有孚, 不終, 乃亂乃萃. 若號, 一握爲笑, 勿恤, 往, 无咎.
초 육 유 부 블 종 내 란 내 췌 약 호 일 악 위 소 믈 휼 왕 무 구

초육이다. "믿음이 있으나 끝까지 가지 않으니, 이에 혼란을 틈타, 이에 도적이 떼지어 나타난다. 만일 소리쳐 외친다면, 손을 하나로 맞잡고 웃게 되니, 걱정할 것 없으며, 가더라도 허물이 없다."

〈점괘〉

위기의 시작과 극복이 인간관계의 신뢰에 달렸다.

〈리더의 점괘〉

일을 성취하고 나서 공(功)에 집착하면 무위(無爲)가 된다.

No. 4 췌(萃)	상상=매우 좋다. 상중=참 좋다. 상하=좋은 편이다.			중상=제법 괜찮다. 중중=괜찮다. 중하=그럭저럭하다.			하상=별로 좋지 않다. 하중=좋을 것이 없다. 하하=매우 나쁘다.		
45-01	상			중			하		
	상	중	하	상	중	하	상	중	하
소원(행운)					★				
재물(사업)					★				
직장(승진)						★			
건강(컨디션)					★				
연애(결혼)		★							
여행(이동)						★			
분쟁(소송)							★		
계약(매매)							★		

【췌-육이】

六二. 引吉, 无咎. 孚, 乃利用禴.
육 이 인 길 무 구 부 내 리 용 약

육이이다. "끌어당기니 길하고, 허물이 없다. 믿음이 있다면 간소한 제사를 지내는 것이 이롭다."

〈점괘〉

무심한 인연은 오랜 공덕으로 생기는 것이다.

<리더의 점괘>

본인이 가는 방향이 옳다.

<개별 점괘>

No. 4 췌(萃)	상상=매우 좋다. 상중=참 좋다. 상하=좋은 편이다.			중상=제법 괜찮다. 중중=괜찮다. 중하=그럭저럭하다.			하상=별로 좋지 않다. 하중=좋을 것이 없다. 하하=매우 나쁘다.		
45-02	상			중			하		
	상	중	하	상	중	하	상	중	하
소원(행운)			★						
재물(사업)				★					
직장(승진)				★					
건강(컨디션)			★						
연애(결혼)							★		
여행(이동)				★					
분쟁(소송)							★		
계약(매매)							★		

【췌-육삼】

六三. 萃如嗟如, 无攸利. 往, 无咎, 小吝.
육 삼 췌 여 차 여 무 유 리 왕 무 구 소 린

육삼이다. "모여서 탄식을 하니, 이로운 바가 없다. 가면 허물이 없으나, 소

인은 인색함이 있다."

〈점쾌〉

새로운 것이 답이다.

〈리더의 점쾌〉

일신(日新)해야 할 때이다.

〈개별 점쾌〉

No. 45 췌(萃)	상상=매우 좋다. 상중=참 좋다. 상하=좋은 편이다.			중상=제법 괜찮다. 중중=괜찮다. 중하=그럭저럭하다.			하상=별로 좋지 않다. 하중=좋을 것이 없다. 하하=매우 나쁘다.		
45-03	상			중			하		
	상	중	하	상	중	하	상	중	하
소원(행운)							★		
재물(사업)							★		
직장(승진)						★			
건강(컨디션)						★			
연애(결혼)			★						
여행(이동)					★				
분쟁(소송)					★				
계약(매매)						★			

【췌-구사】

九四. 大吉, 无咎.
구사 대길 무구

구사이다. "크게 길하니, 허물이 없다."

〈점괘〉

옛 영광을 찾아 귀환한다.

〈리더의 점괘〉

막중한 권한을 행사하게 된다.

〈개별 점괘〉

No. 45 췌(萃)	상상=매우 좋다. 상중=참 좋다. 상하=좋은 편이다.			중상=제법 괜찮다. 중중=괜찮다. 중하=그럭저럭하다.			하상=별로 좋지 않다. 하중=좋을 것이 없다. 하하=매우 나쁘다.		
45-04	상			중			하		
	상	중	하	상	중	하	상	중	하
소원(행운)	★								
재물(사업)	★								
직장(승진)	★								
건강(컨디션)	★								
연애(결혼)				★					
여행(이동)			★						
분쟁(소송)	★								
계약(매매)	★								

九五. 萃有位, 无咎, 匪孚. 元永貞, 悔亡.
구오 췌유위 무구 비부 원영정 회망

구오이다. "모여들고 지위가 있으니 허물이 없으나, 호응이 없다. 오랜 시간이 걸리는 일을 시작하니, 그 바뀐 것이 없어진다."

〈점괘〉

일정한 결과가 있으나 아직 한 마음이 아니다.

〈리더의 점괘〉

마음을 얻지 못하는 리더는 설 곳이 없다.

〈개별 점괘〉

No. 45 췌(萃)	상상=매우 좋다. 상중=참 좋다. 상하=좋은 편이다.			중상=제법 괜찮다. 중중=괜찮다. 중하=그럭저럭하다.			하상=별로 좋지 않다. 하중=좋을 것이 없다. 하하=매우 나쁘다.		
45-05	상			중			하		
	상	중	하	상	중	하	상	중	하
소원(행운)						★			
재물(사업)				★					
직장(승진)					★				
건강(컨디션)					★				
연애(결혼)						★			

여행(이동)		★							
분쟁(소송)							★		
계약(매매)							★		

【췌-상육】

上六. 齎咨涕洟, 无咎.
상 육 재 자 체 이 무 구

상육이다. "탄식하고 콧물을 흘리나, 허물은 없다."

〈점괘〉

고생 끝에 길을 찾는 때이다.

〈리더의 점괘〉

자리에서 물러나 다른 곳으로 갈지 모른다.

480

〈개별 점괘〉

No. 45 췌(萃)	상상=매우 좋다. 상중=참 좋다. 상하=좋은 편이다.			중상=제법 괜찮다. 중중=괜찮다. 중하=그럭저럭하다.			하상=별로 좋지 않다. 하중=좋을 것이 없다. 하하=매우 나쁘다.		
45-06	상			중			하		
	상	중	하	상	중	하	상	중	하
소원(행운)					★				
재물(사업)						★			
직장(승진)						★			
건강(컨디션)							★		
연애(결혼)					★				
여행(이동)						★			
분쟁(소송)							★		
계약(매매)								★	

46. 승(升)

【升卦第四十六】

46. 지풍승

地風升

升, 元亨, 用見大人, 勿恤, 南征吉.
승 원형 용견대인 물휼 남정길

初六. 允升, 大吉.
초육 윤승 대길

九二. 孚, 乃利用禴, 无咎.
구이 부 내리용약 무구

九三. 升虛邑.
구삼 승허읍

六四. 王用亨于岐山, 吉, 无咎.
육사 왕용형우기산 길 무구

六五. 貞吉, 升階.
육오 정길 승계

上六. 冥升, 利于不息之貞.
상육 명승 리우불식지정

升, 元亨, 用見大人, 勿恤. 南征吉.
승 원형 용견대인 물휼 남정길

승은 크게 형통하고, 대인을 만나보게 되니, 걱정하지 말라. 남쪽을 정벌하는 것이 길하다.

〈점괘〉

외부로 향하던 시선을 안으로 돌려야 할 때이다.

〈리더의 점괘〉

사사로운 정(情)에 끌리지 않으면 이롭다.

〈개별 점괘〉

No. 46 승(升)	상상=매우 좋다. 상중=참 좋다. 상하=좋은 편이다.			중상=제법 괜찮다. 중중=괜찮다. 중하=그럭저럭하다.			하상=별로 좋지 않다. 하중=좋을 것이 없다. 하하=매우 나쁘다.		
46-00	상			중			하		
	상	중	하	상	중	하	상	중	하
소원(행운)			★						
재물(사업)		★							
직장(승진)	★								
건강(컨디션)				★					
연애(결혼)							★		

		★						
여행(이동)		★						
분쟁(소송)		★						
계약(매매)		★						

【승-초육】

初六. 允升, 大吉.
초 육　윤 승　대 길

초육이다. "신임을 얻어 승진하니, 크게 길하다."

〈점괘〉

후원을 받으며, 인기가 집중된다.

〈리더의 점괘〉

영전(榮轉)의 기회가 있다.

No. 46 승(升)	상상=매우 좋다. 상중=참 좋다. 상하=좋은 편이다.			중상=제법 괜찮다. 중중=괜찮다. 중하=그럭저럭하다.			하상=별로 좋지 않다. 하중=좋을 것이 없다. 하하=매우 나쁘다.		
46-01	상			중			하		
	상	중	하	상	중	하	상	중	하
소원(행운)	★								
재물(사업)		★							
직장(승진)	★								
건강(컨디션)	★								
연애(결혼)	★								
여행(이동)		★							
분쟁(소송)	★								
계약(매매)	★								

【승-구이】

九二. 孚, 乃利用禴, 无咎.
구 이 부 내 리 용 약 무 구

구이이다. "믿음이 있으면, 이에 간소한 제사를 지내도, 허물이 없다."

〈점괘〉

성취에 이르는 과정이 순탄하지는 않으나, 이룬다.

원하는 것을 이루어도 진심을 다했는가를 살펴라.

〈개별 점괘〉

No. 46 승(升)	상상=매우 좋다. 상중=참 좋다. 상하=좋은 편이다.			중상=제법 괜찮다. 중중=괜찮다. 중하=그럭저럭하다.			하상=별로 좋지 않다. 하중=좋을 것이 없다. 하하=매우 나쁘다.		
46-02	상			중			하		
	상	중	하	상	중	하	상	중	하
소원(행운)		★							
재물(사업)		★							
직장(승진)		★							
건강(컨디션)		★							
연애(결혼)						★			
여행(이동)		★							
분쟁(소송)						★			
계약(매매)						★			

【승-구삼】

九三. 升虛邑.
구 삼   승 허 읍

구삼이다. "텅 빈 읍으로 올라간다."

〈점괘〉

발전의 기상이 있다.

〈리더의 점괘〉

처음보다 나중에 접어들어야 이로울 것이다.

〈개별 점괘〉

No. 46 승(升)	상상=매우 좋다. 상중=참 좋다. 상하=좋은 편이다.			중상=제법 괜찮다. 중중=괜찮다. 중하=그럭저럭하다.			하상=별로 좋지 않다. 하중=좋을 것이 없다. 하하=매우 나쁘다.		
46-03	상			중			하		
	상	중	하	상	중	하	상	중	하
소원(행운)				★					
재물(사업)					★				
직장(승진)					★				
건강(컨디션)					★				
연애(결혼)							★		
여행(이동)		★							
분쟁(소송)							★		
계약(매매)								★	

【승-육사】

六四. 王用亨于岐山, 吉, 无咎.
육 사 왕 용 형 우 기 산 길 무 구

육사이다. "왕이 기산에서 제사를 지내니, 길하며 허물이 없다."

〈점괘〉

저항하지 말고, 순순히 따르라.

〈리더의 점괘〉

분석 이전에, 마음에서 피어나는 단순한 직관을 따르라.

〈개별 점괘〉

No. 46 승(升)	상상=매우 좋다. 상중=참 좋다. 상하=좋은 편이다.			중상=제법 괜찮다. 중중=괜찮다. 중하=그럭저럭하다.			하상=별로 좋지 않다. 하중=좋을 것이 없다. 하하=매우 나쁘다.		
46-04	상			중			하		
	상	중	하	상	중	하	상	중	하
소원(행운)		★							
재물(사업)		★							
직장(승진)		★							
건강(컨디션)		★							
연애(결혼)		★							
여행(이동)		★							
분쟁(소송)					★				
계약(매매)				★					

六五. 貞吉. 升階.
육 오 정 길 승 계

육오이다. "일을 맡아 처리하면 길하다. 계단을 오른다."

〈점괘〉

새로운 일을 시작하면 길하다.

〈리더의 점괘〉

권한을 행사할 수 있는 범위가 넓어진다.

〈개별 점괘〉

No. 46 승(升)	상상=매우 좋다. 상중=참 좋다. 상하=좋은 편이다.			중상=제법 괜찮다. 중중=괜찮다. 중하=그럭저럭하다.			하상=별로 좋지 않다. 하중=좋을 것이 없다. 하하=매우 나쁘다.		
46-05	상			중			하		
	상	중	하	상	중	하	상	중	하
소원(행운)		★							
재물(사업)		★							
직장(승진)	★								
건강(컨디션)			★						
연애(결혼)			★						
여행(이동)			★						

분쟁(소송)	★								
계약(매매)	★								

【승-상육】

上六. 冥升, 利于不息之貞.
상육 명승 리우불식지정

상육이다. "어두운 곳으로 올라가니, 이윤을 불리지 않는 일을 하는 것이
이롭다."

〈점괘〉

어려운 환경에 있는 사람일수록 출세할 호기이다.

〈리더의 점괘〉

공명정대(公明正大)하지 않으면, 낭패를 당한다.

〈개별 점괘〉

No. 46 승(升)	상상=매우 좋다. 상중=참 좋다. 상하=좋은 편이다.			중상=제법 괜찮다. 중중=괜찮다. 중하=그럭저럭하다.			하상=별로 좋지 않다. 하중=좋을 것이 없다. 하하=매우 나쁘다.		
46-06	상			중			하		
	상	중	하	상	중	하	상	중	하
소원(행운)			★						
재물(사업)			★						
직장(승진)		★							
건강(컨디션)				★					
연애(결혼)			★						
여행(이동)							★		
분쟁(소송)		★							
계약(매매)		★							

47. 곤(困)

【困卦第四十七】　　47. 택수곤

澤水困

困, 亨, 貞大人吉, 无咎, 有言不信.
곤 원 정대인길 무구 유언불신

初六. 臀困于株木, 入于幽谷, 三歲不覿.
초육 둔곤우주목 입우유곡 삼세부적

九二. 困于酒食, 朱紱方來. 利用享祀. 征凶, 无咎.
구이 곤우주식 주불방래 리용향사 정흉 무구

六三. 困于石, 據于蒺藜, 入于其宮, 不見其妻, 凶.
육삼 곤우석 거우질리 입우기궁 불견기처 흉

九四. 來徐徐. 困于金車, 吝, 有終.
구사 래서서 곤우금거 린 유종

九五. 劓刖, 困于赤紱, 乃徐有說. 利用祭祀.
구오 의월 곤우적불 내서유탈 리용제사

上六. 困于葛藟, 于臲卼, 曰, 動悔, 有悔, 征吉.
상육 곤우갈류 우얼올 왈 동회 유회 정길

【곤-단】

困, 亨, 貞大人吉, 无咎, 有言不信.
곤 형 정 대 인 길 무 구 유 언 불 신

곤은 형통하고, 곧고 바른 대인에 관한 일이라야 길하고, 허물이 없을 것이며, 말을 하더라도 믿지 않는다.

〈점괘〉

실낱같은 기회가 있으니, 이를 놓치지 말라.

〈리더의 점괘〉

초개(草芥)처럼 몸을 던지라.

〈개별 점괘〉

No. 47 곤(困)	상상=매우 좋다. 상중=참 좋다. 상하=좋은 편이다.			중상=제법 괜찮다. 중중=괜찮다. 중하=그럭저럭하다.			하상=별로 좋지 않다. 하중=좋을 것이 없다. 하하=매우 나쁘다.		
47-00	상			중			하		
	상	중	하	상	중	하	상	중	하
소원(행운)					★				
재물(사업)					★				
직장(승진)						★			
건강(컨디션)						★			
연애(결혼)			★						

여행(이동)							★	
분쟁(소송)	★							
계약(매매)	★							

【곤-초육】

初六. 臀困于株木, 入于幽谷, 三歲不覿
초 육 둔곤우주목 입우유곡 삼세부적

초구이다. "엉덩이가 나무등걸에 곤경을 당하며, 깊은 골짜기로 들어가니,

3년 동안 만나지 못한다."

〈점괘〉

은둔하지 않는다면, 상해를 입을 수도 있다.

〈리더의 점괘〉

물러설 때 물러서지 않는다면, 신상에 위험을 초래한다.

No. 47 곤(困)	상상=매우 좋다. 상중=참 좋다. 상하=좋은 편이다.			중상=제법 괜찮다. 중중=괜찮다. 중하=그럭저럭하다.			하상=별로 좋지 않다. 하중=좋을 것이 없다. 하하=매우 나쁘다.		
47-01	상			중			하		
	상	중	하	상	중	하	상	중	하
소원(행운)								★	
재물(사업)								★	
직장(승진)									★
건강(컨디션)								★	
연애(결혼)								★	
여행(이동)						★			
분쟁(소송)								★	
계약(매매)								★	

【곤-구이】

九二. 困于酒食, 朱紱方來. 利用享祀. 征凶, 无咎.
구이 곤우주식 주불방래 리용향사 정흉 무구

구이이다. "술과 음식에 고달프지만, 주황색 관복이 곧 올 것이다. 제사를 지내면 이롭다. 정벌은 흉하나, 허물은 없다."

〈점괘〉

힘든 가운데 좋은 소식도 있으나, 건강에 주의하라.

극심한 스트레스에 시달리나, 멈추면 오히려 좋지 않다.

〈개별 점괘〉

No. 47 곤(困)	상상=매우 좋다. 상중=참 좋다. 상하=좋은 편이다.			중상=제법 괜찮다. 중중=괜찮다. 중하=그럭저럭하다.			하상=별로 좋지 않다. 하중=좋을 것이 없다. 하하=매우 나쁘다.		
47-02	상			중			하		
	상	중	하	상	중	하	상	중	하
소원(행운)		★							
재물(사업)		★							
직장(승진)		★							
건강(컨디션)							★		
연애(결혼)								★	
여행(이동)							★		
분쟁(소송)							★		
계약(매매)							★		

【곤-육삼】

六三. 困于石, 據于蒺藜. 入于其宮, 不見其妻, 凶.
육삼 곤우석 거우질려 입우기궁 불견기처 흉

육삼이다. "돌에 걸려 곤경을 당하고, 질려의 가시덤불에 의지한다. 그 집에

들어가도, 아내를 보지 못하니, 흉하다."

〈점괘〉

무언가를 더 해보려 하지 말라.

〈리더의 점괘〉

궁색한 상황에 처하게 되었다.

〈개별 점괘〉

No. 47 곤(困)	상상=매우 좋다. 상중=참 좋다. 상하=좋은 편이다.			중상=제법 괜찮다. 중중=괜찮다. 중하=그럭저럭하다.			하상=별로 좋지 않다. 하중=좋을 것이 없다. 하하=매우 나쁘다.		
47-03	상			중			하		
	상	중	하	상	중	하	상	중	하
소원(행운)								★	
재물(사업)							★		
직장(승진)									★
건강(컨디션)									★
연애(결혼)									★
여행(이동)						★			
분쟁(소송)								★	
계약(매매)									★

【곤-구사】

九四. 來徐徐. 困于金車, 吝, 有終.
구사 래서서 곤우금거 린 유종

구사이다. "천천히 천천히 와야 한다. 금수레로 곤란해지니, 인색하지만,
끝은 있을 것이다."

〈점괘〉

바라던 것을 얻으나, 마음이 편하지 않다.

〈리더의 점괘〉

부귀영화에 발목이 잡혀서는 안 된다.

〈개별 점괘〉

No. 47 곤(困)	상상=매우 좋다. 상중=참 좋다. 상하=좋은 편이다.			중상=제법 괜찮다. 중중=괜찮다. 중하=그럭저럭하다.			하상=별로 좋지 않다. 하중=좋을 것이 없다. 하하=매우 나쁘다.		
47-04	상			중			하		
	상	중	하	상	중	하	상	중	하
소원(행운)			★						
재물(사업)			★						
직장(승진)			★						
건강(컨디션)								★	
연애(결혼)								★	
여행(이동)								★	
분쟁(소송)						★			
계약(매매)						★			

九五. 劓刖, 困于赤紱, 乃徐有說. 利用祭祀.
구 오 의 월 곤 우 적 불 내 서 유 탈 리 용 제 사

구오이다. "코와 발꿈치를 잘리는 형벌에 처해지니, 붉은 폐슬 때문에 곤경을 당하지만, 이내 서서히 벗어나게 된다. 제사를 지내면 이롭다."

〈점괘〉

대가를 크게 치르고 손실이 심하다.

〈리더의 점괘〉

정성과 공경이 없는 부귀영화는 독이 된다.

〈개별 점괘〉

No. 47 곤(困)	상상=매우 좋다. 상중=참 좋다. 상하=좋은 편이다.			중상=제법 괜찮다. 중중=괜찮다. 중하=그럭저럭하다.			하상=별로 좋지 않다. 하중=좋을 것이 없다. 하하=매우 나쁘다.		
47-05	상			중			하		
	상	중	하	상	중	하	상	중	하
소원(행운)					★				
재물(사업)						★			
직장(승진)								★	
건강(컨디션)						★			
연애(결혼)								★	

여행(이동)			★						
분쟁(소송)								★	
계약(매매)								★	

【곤-상육】

上六. 困于葛藟, 于臲卼, 曰, 動悔, 有悔, 征吉.
상 육 곤 우 갈 류 우 얼 올 왈 동 회 유 회 정 길

상육이다. "덩굴에 곤경을 당하고, 험한 산길의 위태로움으로 곤경에 처해서, 말하기를, '움직여서 변화가 생긴 것이니, 다시 변하게 하려면, 정벌에 나서는 것이 이롭다'고 한다."

〈점괘〉

낙심하지 않고 역경(逆境)을 헤쳐 나가면, 해결된다.

〈리더의 점괘〉

역경으로 인해 어려운 시기이나, 누가 이 일을 할 것인가?

〈개별 점괘〉

No. 47 곤(困)	상상=매우 좋다. 상중=참 좋다. 상하=좋은 편이다.			중상=제법 괜찮다. 중중=괜찮다. 중하=그럭저럭하다.			하상=별로 좋지 않다. 하중=좋을 것이 없다. 하하=매우 나쁘다.		
47-06	상			중			하		
	상	중	하	상	중	하	상	중	하
소원(행운)					★				
재물(사업)						★			
직장(승진)						★			
건강(컨디션)						★			
연애(결혼)								★	
여행(이동)			★						
분쟁(소송)			★						
계약(매매)			★						

48. 정(井)

48. 수풍정

水風井

井, 改邑不改井. 无喪无得. 往來井井. 汔至, 亦未繘井,
정 개읍불개정 무상무득 왕래정정 흘지 역미율정
羸其甁, 凶.
리기병 흉

初六. 井泥不食, 舊井无禽.
초육 정니불식 구정무금

九二. 井谷射鮒, 甕敝漏.
구이 정곡석부 옹폐루

九三. 井渫不食, 爲我心惻. 可用汲, 王明, 並受其福.
구삼 정설불식 위아심측 가용급 왕명 병수기복

六四. 井甃, 无咎.
육사 정추 무구

九五. 井洌, 寒泉食.
구오 정렬 한천식

上九. 井收, 勿幕. 有孚, 元吉.
상구 정수 물막 유부 원길

502

【정-단】

井, 改邑不改井. 无喪无得. 往來井井. 汔至, 亦未繘井, 羸其瓶, 凶.
정 개읍불개정 무상무득 왕래정정 흘지 역미율정 리기병 흉

정은 마을은 바꾸어도 우물을 바꾸지 않는다. 잃는 것도 없고 얻는 것도 없다. 가는 곳이나 오는 곳이나 우물이 있고 또 우물이 있다. 거의 메마르고, 또한 두레박줄도 닿지 않는데, 그 물병도 작으니 흉하다.

〈점괘〉

변화를 동반하는 일은 불리하다.

〈리더의 점괘〉

인간관계의 깊은 물맛을 먼저 느껴보라.

〈개별 점괘〉

No. 48 정(井)	상상=매우 좋다. 상중=참 좋다. 상하=좋은 편이다.			중상=제법 괜찮다. 중중=괜찮다. 중하=그럭저럭하다.			하상=별로 좋지 않다. 하중=좋을 것이 없다. 하하=매우 나쁘다.		
48-00	상			중			하		
	상	중	하	상	중	하	상	중	하
소원(행운)						★			
재물(사업)						★			
직장(승진)							★		
건강(컨디션)							★		

연애(결혼)			★					
여행(이동)							★	
분쟁(소송)			★					
계약(매매)			★					

【정-초육】

初六. 井泥不食, 舊井无禽.
초 육 정 니 불 식 구 정 무 금

초육이다. "우물이 진흙으로 흐려져 먹지 못하니, 오래된 우물에 새가 없다."

〈점괘〉

일을 정리하고, 마무리 짓는 것이 바람직하다.

〈리더의 점괘〉

지위가 받쳐주지 않으니 나서면 불리하다.

<개별 점괘>

No. 48 정(井)	상상=매우 좋다. 상중=참 좋다. 상하=좋은 편이다.			중상=제법 괜찮다. 중중=괜찮다. 중하=그럭저럭하다.			하상=별로 좋지 않다. 하중=좋을 것이 없다. 하하=매우 나쁘다.		
48-01	상			중			하		
	상	중	하	상	중	하	상	중	하
소원(행운)							★		
재물(사업)							★		
직장(승진)								★	
건강(컨디션)								★	
연애(결혼)								★	
여행(이동)								★	
분쟁(소송)								★	
계약(매매)								★	

【정-구이】

九二. 井谷射鮒, 甕敝漏.
구이 정곡석부 옹폐루

구이이다. "계곡의 우물에서 붕어를 활로 쏘니, 두레박이 깨져 물이 샌다."

<점괘>

기초가 부실하다.

<リーダーの占卦>

〈리더의 점괘〉

지인들도 떠나고 고립될 우려가 있다.

〈개별 점괘〉

No. 48 정(井)	상상=매우 좋다. 상중=참 좋다. 상하=좋은 편이다.			중상=제법 괜찮다. 중중=괜찮다. 중하=그럭저럭하다.			하상=별로 좋지 않다. 하중=좋을 것이 없다. 하하=매우 나쁘다.		
48-02	상			중			하		
	상	중	하	상	중	하	상	중	하
소원(행운)								★	
재물(사업)									★
직장(승진)									★
건강(컨디션)									★
연애(결혼)								★	
여행(이동)								★	
분쟁(소송)				★					
계약(매매)				★					

【정-구삼】

九三. 井渫不食, 爲我心惻. 可用汲, 王明, 並受其福.
구삼 정설불식 위아심측 가용급 왕명 병수기복

구삼이다. "우물을 깨끗하게 쳤는데도 먹지 않으니, 내 마음이 슬프다. 길어 먹을 수 있으니, 왕이 밝으면 모두 그 복을 받는다."

독식하지 않고, 이익을 나누려는 마음이 복을 부른다.

〈리더의 점쾌〉

큰 노력을 기울여 곤경을 벗어나는 시점이다.

〈개별 점쾌〉

No. 48 정(井)	상상=매우 좋다. 상중=참 좋다. 상하=좋은 편이다.			중상=제법 괜찮다. 중중=괜찮다. 중하=그럭저럭하다.			하상=별로 좋지 않다. 하중=좋을 것이 없다. 하하=매우 나쁘다.		
48-03	상			중			하		
	상	중	하	상	중	하	상	중	하
소원(행운)		★							
재물(사업)		★							
직장(승진)	★								
건강(컨디션)		★							
연애(결혼)							★		
여행(이동)							★		
분쟁(소송)							★		
계약(매매)							★		

【정-육사】

六四. 井甃, 无咎.
육 사 정 추 무 구

육사이다. "우물에 벽돌을 쌓으니 허물이 없다."

〈점괘〉

주변의 인지도가 높아지고, 좋은 평판을 받는다.

〈리더의 점괘〉

뜻을 펼 수 있는 지위를 얻는다.

〈개별 점괘〉

No. 48 정(井)	상상=매우 좋다. 상중=참 좋다. 상하=좋은 편이다.			중상=제법 괜찮다. 중중=괜찮다. 중하=그럭저럭하다.			하상=별로 좋지 않다. 하중=좋을 것이 없다. 하하=매우 나쁘다.		
48-04	상			중			하		
	상	중	하	상	중	하	상	중	하
소원(행운)				★					
재물(사업)					★				
직장(승진)				★					
건강(컨디션)					★				
연애(결혼)							★		
여행(이동)							★		
분쟁(소송)							★		
계약(매매)							★		

【정-구오】

九五. 井洌, 寒泉食.
구오 정렬 한천식

구오이다. "우물이 맑고 시원하니, 차가운 샘물을 마신다."

〈점괘〉

무엇을 하든지 이롭다.

〈리더의 점괘〉

치유의 역할을 한다.

〈개별 점괘〉

No. 48 정(井)	상상=매우 좋다. 상중=참 좋다. 상하=좋은 편이다.			중상=제법 괜찮다. 중중=괜찮다. 중하=그럭저럭하다.			하상=별로 좋지 않다. 하중=좋을 것이 없다. 하하=매우 나쁘다.		
48-05	상			중			하		
	상	중	하	상	중	하	상	중	하
소원(행운)	★								
재물(사업)	★								
직장(승진)	★								
건강(컨디션)	★								
연애(결혼)	★								
여행(이동)	★								

분쟁(소송)	★								
계약(매매)	★								

【정-상구】

上九. 井收, 勿幕. 有孚, 元吉.
상구 정수 물막 유부 원길

상구이다. "우물을 사용하고 철수하더라도 덮개로 덮지 말라. 믿음이 있으니, 크게 길하다."

〈점괘〉

헌신하고 희생하는 일에 관련되면 복을 받는다.

〈리더의 점괘〉

자기를 낮추면 낮출수록 일을 성취할 수 있다.

〈개별 점괘〉

No. 48 정(井)	상상=매우 좋다. 상중=참 좋다. 상하=좋은 편이다.			중상=제법 괜찮다. 중중=괜찮다. 중하=그럭저럭하다.			하상=별로 좋지 않다. 하중=좋을 것이 없다. 하하=매우 나쁘다.		
48-06	상			중			하		
	상	중	하	상	중	하	상	중	하
소원(행운)	★								
재물(사업)			★						
직장(승진)			★						
건강(컨디션)			★						
연애(결혼)						★			
여행(이동)		★							
분쟁(소송)						★			
계약(매매)						★			

49. 혁(革)

【革卦第四十九】

49. 택화혁

澤火革

革, 已日乃孚. 元亨. 利貞, 悔亡.
혁 이일내부 원형 리정 회망

初九. 鞏用黃牛之革.
초구 공용황우지혁

六二. 已日乃革之, 征吉, 无咎.
육이 이일내혁지 정길 무구

九三. 征凶. 貞厲. 革言三就, 有孚.
구삼 정흉 정려 혁언삼취 유부

九四. 悔亡. 有孚, 改命, 吉.
구사 회망 유부 개명 길

九五. 大人虎變, 未占有孚.
구오 대인호변 미점유부

上六. 君子豹變, 小人革面. 征凶. 居貞, 吉.
상육 군자표변 소인혁면 정흉 거정 길

【혁-단】

革, 已日乃孚. 元亨, 利貞. 悔亡.
혁 이일내부 원형 리정 회망

개혁함에 하루 만에 믿음을 얻는다. 크게 형통하고 일을 맡아 하는 것이 이롭다. 바뀐 것이 없다.

〈점괘〉

재능을 발견하고, 크게 활용하는 때이다.

〈리더의 점괘〉

변혁을 이끌어 구습(舊習)을 타파하는 때이다.

〈개별 점괘〉

No. 49 혁(革)	상상=매우 좋다. 상중=참 좋다. 상하=좋은 편이다.			중상=제법 괜찮다. 중중=괜찮다. 중하=그럭저럭하다.			하상=별로 좋지 않다. 하중=좋을 것이 없다. 하하=매우 나쁘다.		
49-00	상			중			하		
	상	중	하	상	중	하	상	중	하
소원(행운)	★								
재물(사업)	★								
직장(승진)	★								
건강(컨디션)				★					
연애(결혼)						★			

여행(이동)				★					
분쟁(소송)	★								
계약(매매)	★								

【혁-초구】

初九. 鞏用黃牛之革.
초 구 공 용 황 우 지 혁

초구이다. "황소 가죽을 써서 묶는다."

〈점괘〉

어려운 고비를 만났다.

〈리더의 점괘〉

새로움에 목이 마른 듯하라.

No. 49 혁(革)	상상=매우 좋다. 상중=참 좋다. 상하=좋은 편이다.			중상=제법 괜찮다. 중중=괜찮다. 중하=그럭저럭하다.			하상=별로 좋지 않다. 하중=좋을 것이 없다. 하하=매우 나쁘다.		
49-01	상			중			하		
	상	중	하	상	중	하	상	중	하
소원(행운)						★			
재물(사업)						★			
직장(승진)						★			
건강(컨디션)						★			
연애(결혼)	★								
여행(이동)							★		
분쟁(소송)							★		
계약(매매)							★		

【혁-육이】

六二. 已日乃革之, 征吉, 无咎.
육이 이일내혁지 정길 무구

육이이다. "하루 만에 개혁하니, 정벌하면 길하고, 허물이 없다."

〈점괘〉

진취적으로 일을 처리하면, 길하다.

〈리더의 점괘〉

개혁의 결과가 아름다울 것이다.

〈개별 점괘〉

No. 49 혁(革)	상상=매우 좋다. 상중=참 좋다. 상하=좋은 편이다.			중상=제법 괜찮다. 중중=괜찮다. 중하=그럭저럭하다.			하상=별로 좋지 않다. 하중=좋을 것이 없다. 하하=매우 나쁘다.		
49-02	상			중			하		
	상	중	하	상	중	하	상	중	하
소원(행운)		★							
재물(사업)	★								
직장(승진)	★								
건강(컨디션)				★					
연애(결혼)		★							
여행(이동)					★				
분쟁(소송)		★							
계약(매매)		★							

【혁-구삼】

九三. 征凶. 貞厲. 革言三就, 有孚.
구 삼 정 흉 정 려 혁 언 삼 취 유 부

구삼이다. "정벌하면 흉하다. 일을 맡아 처리하면 위태롭다. 개혁이 세 번
논의를 거쳐 성취되니, 믿음이 있다."

전진하면 소기의 성과를 얻는다.

〈리더의 점괘〉

거센 저항이 있으나, 상하가 호응하니 일을 추진하라.

〈개별 점괘〉

No. 49 혁(革)	상상=매우 좋다. 상중=참 좋다. 상하=좋은 편이다.			중상=제법 괜찮다. 중중=괜찮다. 중하=그럭저럭하다.			하상=별로 좋지 않다. 하중=좋을 것이 없다. 하하=매우 나쁘다.		
49-03	상			중			하		
	상	중	하	상	중	하	상	중	하
소원(행운)		★							
재물(사업)			★						
직장(승진)				★					
건강(컨디션)					★				
연애(결혼)	★								
여행(이동)						★			
분쟁(소송)							★		
계약(매매)							★		

【혁-구사】

九四. 悔亡. 有孚, 改命, 吉.
구 사 회 망 유 부 개 명 길

구사이다. "후회할 것이 없다. 믿음이 있으며, 천명을 바꾸니 길하다."

〈점괘〉

좀 더 공격적인 자세로 일을 진행하라.

〈리더의 점괘〉

신속하게 일을 처리하는 것이 이롭다.

〈개별 점괘〉

No. 49 혁(革)	상상=매우 좋다. 상중=참 좋다. 상하=좋은 편이다.			중상=제법 괜찮다. 중중=괜찮다. 중하=그럭저럭하다.			하상=별로 좋지 않다. 하중=좋을 것이 없다. 하하=매우 나쁘다.		
49-04	상			중			하		
	상	중	하	상	중	하	상	중	하
소원(행운)	★								
재물(사업)	★								
직장(승진)			★						
건강(컨디션)		★							
연애(결혼)	★								
여행(이동)					★				
분쟁(소송)							★		
계약(매매)							★		

九五. 大人虎變. 未占有孚.
구오 대인호변 미점유부

구오이다. "대인이 호랑이처럼 변한다. 점치지 않더라도 믿음이 있다."

〈점괘〉

씩씩한 기세로 전진한다.

〈리더의 점괘〉

더욱 적극적으로 매진하라.

〈개별 점괘〉

No. 49 혁(革)	상상=매우 좋다. 상중=참 좋다. 상하=좋은 편이다.			중상=제법 괜찮다. 중중=괜찮다. 중하=그럭저럭하다.			하상=별로 좋지 않다. 하중=좋을 것이 없다. 하하=매우 나쁘다.		
49-05	상			중			하		
	상	중	하	상	중	하	상	중	하
소원(행운)		★							
재물(사업)		★							
직장(승진)		★							
건강(컨디션)		★							
연애(결혼)		★							
여행(이동)		★							

분쟁(소송)	★							
계약(매매)	★							

【혁-상육】

上六. 君子豹變, 小人革面. 征凶. 居貞, 吉.
상 육 군 자 표 변 소 인 혁 면 정 흉 거 정 길

상육이다. "군자는 표범처럼 변할 것이고, 소인은 얼굴만 새롭게 바꾼다. 정

벌하면 흉하다. 머무르면서 일을 맡아 처리하는 것이 길하다."

〈점괘〉

시작보다는 구상이 더 좋다.

〈리더의 점괘〉

용맹정진(勇猛精進)하여 결판을 낼 때다.

⟨개별 점괘⟩

No. 49 혁(革)	상상=매우 좋다. 상중=참 좋다. 상하=좋은 편이다.			중상=제법 괜찮다. 중중=괜찮다. 중하=그럭저럭하다.			하상=별로 좋지 않다. 하중=좋을 것이 없다. 하하=매우 나쁘다.		
49-06	상			중			하		
	상	중	하	상	중	하	상	중	하
소원(행운)			★						
재물(사업)			★						
직장(승진)							★		
건강(컨디션)	★								
연애(결혼)		★							
여행(이동)		★							
분쟁(소송)	★								
계약(매매)	★								

50. 정(鼎)

【鼎卦第五十】

火風鼎

50.화풍정

鼎, 元吉, 亨.
정 원길 형

初六. 鼎顚趾, 利出否. 得妾, 以其子, 无咎.
초육 정전지 리출비 득첩 이기자 무구

九二. 鼎有實, 我仇有疾, 不我能卽, 吉.
구이 정유실 아구유질 불아능즉 길

九三. 鼎耳革, 其行塞, 雉膏, 不食. 方雨虧. 悔, 終吉.
구삼 정이혁 기행색 치고 불식 방우휴 회 종길

九四. 鼎折足, 覆公餗, 其形渥, 凶.
구사 정절족 복공속 기형옥 흉

六五. 鼎黃耳, 金鉉, 利貞.
육오 정황이 금현 리정

上九. 鼎玉鉉, 大吉, 无不利.
상구 정옥현 대길 무불리

【정-단】

鼎, 元吉, 亨.
정　원길　형

정은 크게 길하고 형통하다.

〈점괘〉

좋은 기회가 온다.

〈리더의 점괘〉

의미있는 성과를 낸다.

〈개별 점괘〉

No. 50 정(鼎)	상상=매우 좋다. 상중=참 좋다. 상하=좋은 편이다.			중상=제법 괜찮다. 중중=괜찮다. 중하=그럭저럭하다.			하상=별로 좋지 않다. 하중=좋을 것이 없다. 하하=매우 나쁘다.		
50-00	상			중			하		
	상	중	하	상	중	하	상	중	하
소원(행운)	★								
재물(사업)	★								
직장(승진)	★								
건강(컨디션)	★								
연애(결혼)						★			
여행(이동)			★						

분쟁(소송)							★	
계약(매매)							★	

【정-초육】

初六. 鼎顛趾, 利出否. 得妾, 以其子, 无咎.
초 육 정 전 지 리 출 비 득 첩 이 기 자 무 구

초육이다. "솥의 다리를 뒤집어서, 더러운 것을 쏟아버리니 이롭다. 첩을 얻

으니 그 자식 때문에 허물이 없다."

〈점괘〉

새로운 일을 도모하니, 흥이 난다.

〈리더의 점괘〉

여성을 후원하는 것이 이롭다.

<개별 점괘>

No. 50 정(鼎)	상상=매우 좋다. 상중=참 좋다. 상하=좋은 편이다.			중상=제법 괜찮다. 중중=괜찮다. 중하=그럭저럭하다.			하상=별로 좋지 않다. 하중=좋을 것이 없다. 하하=매우 나쁘다.		
50-01	상			중			하		
	상	중	하	상	중	하	상	중	하
소원(행운)			★						
재물(사업)		★							
직장(승진)		★							
건강(컨디션)		★							
연애(결혼)		★							
여행(이동)		★							
분쟁(소송)							★		
계약(매매)							★		

【정-구이】

九二. 鼎有實, 我仇有疾, 不我能卽, 吉.
구이 정유실 아구유질 불아능즉 길

구이이다. "솥에 음식이 가득한데, 내 손님이 병이 나서, 내게 올 수 없지만 길하다."

<점괘>

극적으로 고비를 넘기자 이롭게 되었다.

결정적인 국면을 돌파한다.

〈개별 점괘〉

No. 50 정(鼎)	상상=매우 좋다. 상중=참 좋다. 상하=좋은 편이다.			중상=제법 괜찮다. 중중=괜찮다. 중하=그럭저럭하다.			하상=별로 좋지 않다. 하중=좋을 것이 없다. 하하=매우 나쁘다.		
50-02	상			중			하		
	상	중	하	상	중	하	상	중	하
소원(행운)			★						
재물(사업)		★							
직장(승진)				★					
건강(컨디션)		★							
연애(결혼)				★					
여행(이동)			★						
분쟁(소송)		★							
계약(매매)		★							

【정-구삼】

九三. 鼎耳革, 其行塞. 雉膏, 不食. 方雨虧. 悔, 終吉.
구삼 정이혁 기행색 치고 불식 방우휴 회 종길

구삼이다. "솥귀를 고쳤으나, 그 솥을 옮길 방법이 궁색하다. 꿩고기가 기름져도 먹지 못한다. 바야흐로 비가 내리려 하고 달이 이지러질 것이다. 변하더라도 끝내는 길하게 된다."

〈점괘〉

때가 아니면, 움직여서 잘 되는 일은 없다.

〈리더의 점괘〉

주위의 능력 있는 자들에게 귀인이 되어라.

〈개별 점괘〉

No. 50 정(鼎)	상상=매우 좋다. 상중=참 좋다. 상하=좋은 편이다.			중상=제법 괜찮다. 중중=괜찮다. 중하=그럭저럭하다.			하상=별로 좋지 않다. 하중=좋을 것이 없다. 하하=매우 나쁘다.		
50-03	상			중			하		
	상	중	하	상	중	하	상	중	하
소원(행운)			★						
재물(사업)			★						
직장(승진)			★						
건강(컨디션)			★						
연애(결혼)		★							
여행(이동)			★						
분쟁(소송)		★							
계약(매매)		★							

【정-구사】

九四. 鼎折足, 覆公餗, 其形渥, 凶.
구사 정절족 복공속 기형옥 흉

구사이다. "솥다리가 부러지고, 솥 안에 있던 음식을 쏟게 되어, 옥형을 당할 것이니, 흉하다."

〈점괘〉

배신지사(背信之事)가 있다.

〈리더의 점괘〉

책임을 지고 물러가야 할 때이다.

〈개별 점괘〉

No. 50 정(鼎)	상상=매우 좋다. 상중=참 좋다. 상하=좋은 편이다.			중상=제법 괜찮다. 중중=괜찮다. 중하=그럭저럭하다.			하상=별로 좋지 않다. 하중=좋을 것이 없다. 하하=매우 나쁘다.		
50-04	상			중			하		
	상	중	하	상	중	하	상	중	하
소원(행운)									★
재물(사업)									★
직장(승진)									★
건강(컨디션)								★	
연애(결혼)			★						
여행(이동)								★	
분쟁(소송)			★						
계약(매매)			★						

六五. 鼎黃耳, 金鉉, 利貞.
육 오 정 황 이 금 현 리 정

육오이다. "솥에 황금색 귀가 있고, 쇠로 된 들막이가 있으니, 일을 맡아하는
것이 이롭다."

〈점괘〉

높은 자리로 이동하여, 실리(實利)를 거둔다.

〈리더의 점괘〉

명분과 실리를 모두 거두게 된다.

〈개별 점괘〉

No. 50 정(鼎)	상상=매우 좋다. 상중=참 좋다. 상하=좋은 편이다.			중상=제법 괜찮다. 중중=괜찮다. 중하=그럭저럭하다.			하상=별로 좋지 않다. 하중=좋을 것이 없다. 하하=매우 나쁘다.		
50-05	상			중			하		
	상	중	하	상	중	하	상	중	하
소원(행운)			★						
재물(사업)		★							
직장(승진)	★								
건강(컨디션)		★							
연애(결혼)						★			

여행(이동)			★						
분쟁(소송)						★			
계약(매매)						★			

【정-상구】

上九. 鼎玉鉉, 大吉, 无不利.
상구 정옥현 대길 무불리

상구이다. "솥에 옥으로 된 들막대가 있으니 크게 길하고, 이롭지 않음이
없다."

〈점쾌〉

고귀한 신분의 사람들과 교제하게 된다.

〈리더의 점쾌〉

만인의 마음을 감동시킨다.

〈개별 점괘〉

No. 50 정(鼎)	상상=매우 좋다. 상중=참 좋다. 상하=좋은 편이다.			중상=제법 괜찮다. 중중=괜찮다. 중하=그럭저럭하다.			하상=별로 좋지 않다. 하중=좋을 것이 없다. 하하=매우 나쁘다.		
50-06	상			중			하		
	상	중	하	상	중	하	상	중	하
소원(행운)	★								
재물(사업)	★								
직장(승진)	★								
건강(컨디션)	★								
연애(결혼)	★								
여행(이동)	★								
분쟁(소송)					★				
계약(매매)					★				

51. 진(震)

51. 중뢰진

重雷震

震, 亨. 震來虩虩, 笑言啞啞, 震驚百里, 不喪匕鬯.
진 형 진래혁혁 소언아아 진경백리 불상비창

初九. 震來虩虩, 後笑言啞啞, 吉.
초구 진래혁혁 후소언아아 길

六二. 震來, 厲. 億喪貝, 躋于九陵, 勿逐, 七日得.
육이 진래 려 억상패 제우구릉 물축 칠일득

六三. 震蘇蘇, 震行, 无眚.
육삼 진소소 진행 무생

九四. 震遂泥.
구사 진수니

六五. 震往來, 厲. 億无喪. 有事.
육오 진왕래 려 억무상 유사

上六. 震索索, 視矍矍. 征凶. 震不于其躬, 于其鄰, 无咎. 婚媾有言.
상육 진삭삭 시확확 정흉 진불우기궁 우기린 무구 혼구유언

【진-단】

震, 亨. 震來虩虩, 笑言啞啞, 震驚百里, 不喪匕鬯.
진 형 진래혁혁 소언아아 진경백리 불상비창

진은 형통하다. 천둥이 칠 때 두려워하고 또 두려워하나, 하하 웃는 소리가 나니, 천둥소리가 백리에 떨쳐 두렵게 해도, 수저와 향기나는 술을 떨어트리지 않는다.

〈점쾌〉

적극적인 활동을 통해 일을 성취하는 시기이다.

〈리더의 점쾌〉

만인들이 탄복하는 리더십을 발휘하게 된다.

〈개별 점쾌〉

No. 51 진(震)	상상=매우 좋다. 상중=참 좋다. 상하=좋은 편이다.			중상=제법 괜찮다. 중중=괜찮다. 중하=그럭저럭하다.			하상=별로 좋지 않다. 하중=좋을 것이 없다. 하하=매우 나쁘다.		
51-00	상			준			하		
	상	중	하	상	중	하	상	중	하
소원(행운)		★							
재물(사업)		★							
직장(승진)		★							
건강(컨디션)		★							

연애(결혼)			★						
여행(이동)		★							
분쟁(소송)							★		
계약(매매)							★		

【진-초구】

初九. 震來虩虩, 後笑言啞啞, 吉.
초구 진 래 혁 혁 후 소 언 아 아 길

초구이다. "천둥이 칠 때 두려워하고 또 두려워하나, 나중에는 하하 웃는 소리를 내니, 길하다."

〈점괘〉

복을 받는다는 기분이 든다.

〈리더의 점괘〉

위엄이 높아지고, 존경을 받는다.

No. 51 진(震)	상상=매우 좋다. 상중=참 좋다. 상하=좋은 편이다.			중상=제법 괜찮다. 중중=괜찮다. 중하=그럭저럭하다.			하상=별로 좋지 않다. 하중=좋을 것이 없다. 하하=매우 나쁘다.		
51-01	상			중			하		
	상	중	하	상	중	하	상	중	하
소원(행운)		★							
재물(사업)		★							
직장(승진)		★							
건강(컨디션)		★							
연애(결혼)			★						
여행(이동)		★							
분쟁(소송)							★		
계약(매매)							★		

【진-육이】

六二. 震來, 厲. 億喪貝, 躋于九陵, 勿逐, 七日得.
육 이 진 래 려 억 상 패 제 우 구 릉 물 축 칠 일 득

육이이다. "진이 오니 위태롭다. 가난한 자들을 구제하는 데 사용할 패물을
잃었으나, 아홉 개의 언덕에 오르니, 쫓지 않더라도 7일 만에 되찾게 된다."

〈점괘〉

오만한 태도로 인해 큰 손해를 본다.

〈리더의 점괘〉

헛된 소모 탓에 원망이 끊이지 않는다.

〈개별 점괘〉

No. 51 진(震)	상상=매우 좋다. 상중=참 좋다. 상하=좋은 편이다.			중상=제법 괜찮다. 중중=괜찮다. 중하=그럭저럭하다.			하상=별로 좋지 않다. 하중=좋을 것이 없다. 하하=매우 나쁘다.		
51-02	상			중			하		
	상	중	하	상	중	하	상	중	하
소원(행운)					★				
재물(사업)					★				
직장(승진)					★				
건강(컨디션)			★						
연애(결혼)		★							
여행(이동)		★							
분쟁(소송)		★							
계약(매매)		★							

【진-육삼】

六三. 震蘇蘇, 震行, 无眚.
육삼 진소소 진행 무생

육삼이다. "천둥이 끊이지 않고 생겨나니, 진이 진행하는 것에 허물이 없다."

536

〈점괘〉

새로운 일을 시작하거나 진행하라.

〈리더의 점괘〉

현장에 나아가 진두지휘(陣頭指揮)하라.

〈개별 점괘〉

No. 51 진(震)	상상=매우 좋다. 상중=참 좋다. 상하=좋은 편이다.			중상=제법 괜찮다. 중중=괜찮다. 중하=그럭저럭하다.			하상=별로 좋지 않다. 하중=좋을 것이 없다. 하하=매우 나쁘다.		
51-03	상			중			하		
	상	중	하	상	중	하	상	중	하
소원(행운)				★					
재물(사업)			★						
직장(승진)			★						
건강(컨디션)			★						
연애(결혼)			★						
여행(이동)			★						
분쟁(소송)		★							
계약(매매)		★							

【진-구사】

九四. 震遂泥.
구사 진 수 니

구사이다. "벼락이 진흙에 떨어진다."

〈점괘〉

망신스러운 일이 있다.

〈리더의 점괘〉

일의 기세가 꺾이고, 위신을 실추한다.

〈개별 점괘〉

No. 51 진(震)	상상=매우 좋다. 상중=참 좋다. 상하=좋은 편이다.			중상=제법 괜찮다. 중중=괜찮다. 중하=그럭저럭하다.			하상=별로 좋지 않다. 하중=좋을 것이 없다. 하하=매우 나쁘다.		
51-04	상			중			하		
	상	중	하	상	중	하	상	중	하
소원(행운)						★			
재물(사업)					★				
직장(승진)								★	
건강(컨디션)					★				
연애(결혼)				★					
여행(이동)							★		
분쟁(소송)			★						
계약(매매)			★						

六五. 震往來, 厲. 億无喪. 有事.
육 오 진 왕 래 려 억 무 상 유 사

육오이다. "천둥소리가 갔다가 오니 위태롭다. 가난한 자들을 구제해도, 잃은 것이 없다. 일이 있을 것이다."

〈점괘〉

눈앞의 이익을 좇지 말고, 멀리 보라.

〈리더의 점괘〉

원대한 경영이라면 좋으나, 그렇지 않다면 무위에 그친다.

〈개별 점괘〉

No. 51 진(震)	상상=매우 좋다. 상중=참 좋다. 상하=좋은 편이다.			중상=제법 괜찮다. 중중=괜찮다. 중하=그럭저럭하다.			하상=별로 좋지 않다. 하중=좋을 것이 없다. 하하=매우 나쁘다.		
51-05	상			중			하		
	상	중	하	상	중	하	상	중	하
소원(행운)							★		
재물(사업)							★		
직장(승진)							★		
건강(컨디션)							★		
연애(결혼)		★							

여행(이동)						★			
분쟁(소송)								★	
계약(매매)								★	

【진-상육】

上六. 震索索, 視矍矍. 征凶. 震不于其躬, 于其鄰, 无咎. 婚媾有言.
상 육 진 삭 삭 시 확 확 정 흉 진 불 우 기 궁 우 기 린 무 구 혼 구 유 언

상구이다. "천둥이 치다가 사라지고 또 치다가 사라지니, 눈이 휘둥그래진

다. 정벌에 나서면 흉하다. 벼락이 내 몸에 내리치지 않고, 그 이웃에게 내리

나, 허물은 없다. 혼사에 구설이 있다."

〈점괘〉

아수라장이 되나, 큰 해는 없다.

〈리더의 점괘〉

불가피하게 원망을 사게 되는 일이 생기며, 외부로 진출은 불리하다.

〈개별 점괘〉

No. 51 진(震)	상상=매우 좋다. 상중=참 좋다. 상하=좋은 편이다.			중상=제법 괜찮다. 중중=괜찮다. 중하=그럭저럭하다.			하상=별로 좋지 않다. 하중=좋을 것이 없다. 하하=매우 나쁘다.		
51-06	상			중			하		
	상	중	하	상	중	하	상	중	하
소원(행운)								★	
재물(사업)								★	
직장(승진)								★	
건강(컨디션)					★				
연애(결혼)									★
여행(이동)							★		
분쟁(소송)								★	
계약(매매)								★	

52. 간(艮)

重山艮

52. 중산간

艮其背, 不獲其身, 行其庭, 不見其人, 无咎.
간기배 불획기신 행기정 불견기인 무구

初六. 艮其趾. 无咎, 利永貞.
초육 간기지 무구 리영정

六二. 艮其腓. 不拯其隨, 其心不快.
육이 간기비 부증기수 기심불쾌

九三. 艮其限. 列其夤, 厲薰心.
구삼 간기한 열기인 려훈심

六四. 艮其身, 无咎.
육사 간기신 무구

六五. 艮其輔, 言有序, 悔亡.
육오 간기보 언유서 회망

上九. 敦艮, 吉.
상구 돈간 길

【간-단】

艮其背, 不獲其身, 行其庭, 不見其人, 无咎.
간 기 배   불 획 기 신   행 기 정   불 견 기 인   무 구

그 뒤쪽에 멈추니, 그 몸을 얻지 못하며, 그 뜰을 지나도 사람을 보지 못하니,

허물이 없다.

〈점괘〉

일에서 손을 떼고 물러서는 것이 낫다.

〈리더의 점괘〉

관계를 단절하고 낙향(落鄕)하여 일상의 도를 지키며 산다.

〈개별 점괘〉

No. 52 간(艮)	상상=매우 좋다. 상중=참 좋다. 상하=좋은 편이다.			중상=제법 괜찮다. 중중=괜찮다. 중하=그럭저럭하다.			하상=별로 좋지 않다. 하중=좋을 것이 없다. 하하=매우 나쁘다.		
52-00	상			중			하		
	상	중	하	상	중	하	상	중	하
소원(행운)								★	
재물(사업)								★	
직장(승진)								★	
건강(컨디션)								★	
연애(결혼)								★	

								★	
여행(이동)								★	
분쟁(소송)								★	
계약(매매)								★	

【간-초육】

初六. 艮其趾. 无咎, 利永貞.
초 육 간 기 지 무 구 리 영 정

초육이다. "그 발꿈치를 멈춘다. 허물이 없으며, 오랜 시간이 걸리는 일에 이
롭다."

〈점괘〉

일진일퇴의 상이 있으니, 끈기가 중요하다.

〈리더의 점괘〉

장기적인 계획을 수립하면 이롭다.

No. 52 간(艮)	상상=매우 좋다. 상중=참 좋다. 상하=좋은 편이다.			중상=제법 괜찮다. 중중=괜찮다. 중하=그럭저럭하다.			하상=별로 좋지 않다. 하중=좋을 것이 없다. 하하=매우 나쁘다.		
52-01	상			중			하		
	상	중	하	상	중	하	상	중	하
소원(행운)			★						
재물(사업)			★						
직장(승진)				★					
건강(컨디션)				★					
연애(결혼)			★						
여행(이동)						★			
분쟁(소송)							★		
계약(매매)							★		

【간-육이】

六二. 艮其腓. 不拯其隨, 其心不快.
육 이 간 기 비 부 증 기 수 기 심 불 쾌

육이이다. "그 장딴지에 멈춘다. 그 떨어진 자를 건져주지 못하니, 그 마음이

유쾌하지 않다."

〈점괘〉

발전의 기상을 찾기가 어렵다.

〈리더의 점괘〉

지지하던 세력들의 동맹에 균열의 기미가 보인다.

〈개별 점괘〉

No. 52 간(艮)	상상=매우 좋다. 상중=참 좋다. 상하=좋은 편이다.			중상=제법 괜찮다. 중중=괜찮다. 중하=그럭저럭하다.			하상=별로 좋지 않다. 하중=좋을 것이 없다. 하하=매우 나쁘다.		
52-02	상			중			하		
	상	중	하	상	중	하	상	중	하
소원(행운)							★		
재물(사업)							★		
직장(승진)							★		
건강(컨디션)					★				
연애(결혼)			★						
여행(이동)						★			
분쟁(소송)			★						
계약(매매)			★						

【간-구삼】

九三. 艮其限. 列其夤, 属薰心.
구삼 간기한 열기인 려훈심

구삼이다. "그 한계를 한정한다. 그 그물의 한 가운데가 찢어지니, 위태로움에 마음을 태운다."

〈점괘〉

대인관계에서 박탈되어 고립되는 때이다.

〈리더의 점괘〉

시운(時運)이 막혀 여의치 않다.

〈개별 점괘〉

No. 52 간(艮)	상상=매우 좋다. 상중=참 좋다. 상하=좋은 편이다.			중상=제법 괜찮다. 중중=괜찮다. 중하=그럭저럭하다.			하상=별로 좋지 않다. 하중=좋을 것이 없다. 하하=매우 나쁘다.		
52-03	상			중			하		
	상	중	하	상	중	하	상	중	하
소원(행운)								★	
재물(사업)								★	
직장(승진)								★	
건강(컨디션)								★	
연애(결혼)					★				
여행(이동)								★	
분쟁(소송)									★
계약(매매)									★

【간-육사】

六四. 艮其身, 无咎.
육사 간기신 무구

육사이다. "그 몸을 멈추니, 허물이 없다."

〈점괘〉

식탐을 주의하고, 색욕을 거두어야 할 때이다.

〈리더의 점괘〉

즐겁게 먹고 즐겁게 색(色)을 즐겨야 이롭다.

〈개별 점괘〉

No. 52 간(艮)	상상=매우 좋다. 상중=참 좋다. 상하=좋은 편이다.			중상=제법 괜찮다. 중중=괜찮다. 중하=그럭저럭하다.			하상=별로 좋지 않다. 하중=좋을 것이 없다. 하하=매우 나쁘다.		
52-04	상			중			하		
	상	중	하	상	중	하	상	중	하
소원(행운)			★						
재물(사업)			★						
직장(승진)			★						
건강(컨디션)		★							
연애(결혼)			★						
여행(이동)			★						
분쟁(소송)		★							
계약(매매)		★							

【간-육오】

六五. 艮其輔, 言有序, 悔亡.
육오 간기보 언유서 회망

육오이다. "그 광대뼈를 멈추게 하고, 말에는 순서가 있으니, 후회가 없다."

〈점괘〉

호감을 주고 인기가 높아지는 때이다.

〈리더의 점괘〉

말을 잘하는 것보다 잘 듣는 것이 구설을 막아준다.

〈개별 점괘〉

No. 52 간(艮)	상상=매우 좋다. 상중=참 좋다. 상하=좋은 편이다.			중상=제법 괜찮다. 중중=괜찮다. 중하=그럭저럭하다.			하상=별로 좋지 않다. 하중=좋을 것이 없다. 하하=매우 나쁘다.		
52-05	상			중			하		
	상	중	하	상	중	하	상	중	하
소원(행운)			★						
제물(사업)			★						
직장(승진)			★						
건강(컨디션)			★						
연애(결혼)		★							
여행(이동)			★						

								★	
분쟁(소송)								★	
계약(매매)								★	

【간-상구】

上九. 敦艮, 吉.
상 구 돈 간 길

상구이다. "두텁게 언덕을 쌓으니, 길하다."

〈점괘〉

어지러운 마음을 착 가라앉히는 평화의 시기이다.

〈리더의 점괘〉

일의 한 매듭을 짓고 나서, 심신을 가꾸는 시기이다.

〈개별 점괘〉

No. 52 간(艮)	상상=매우 좋다. 상중=참 좋다. 상하=좋은 편이다.			중상=제법 괜찮다. 중중=괜찮다. 중하=그럭저럭하다.			하상=별로 좋지 않다. 하중=좋을 것이 없다. 하하=매우 나쁘다.		
52-06	상			중			하		
	상	중	하	상	중	하	상	중	하
소원(행운)	★								

재물(사업)				★				
직장(승진)				★				
건강(컨디션)	★							
연애(결혼)				★				
여행(이동)	★							
분쟁(소송)					★			
계약(매매)					★			

53. 점(漸)

【漸卦第五十三】　　53. 풍산점

風山漸

漸, 女歸吉, 利貞.
점 여귀길 리정

初六. 鴻漸于干. 小子, 厲, 有言, 无咎.
초육 홍점우간 소자 려 유언 무구

六二. 鴻漸于磐. 飲食衎衎, 吉.
육이 홍점우반 음식간간 길

九三. 鴻漸于陸. 夫征不復, 婦孕不育, 凶. 利禦寇.
구삼 홍점우륙 부정불복 부잉불육 흉 리어구

六四. 鴻漸于木. 或得其桷, 无咎.
육사 홍점우목 혹득기각 무구

九五. 鴻漸于陵. 婦三歲, 不孕, 終莫之勝, 吉.
구오 홍점우릉 부삼세 불잉 종막지승 길

上九. 鴻漸于陸, 其羽可用爲儀, 吉.
상구 홍점우륙 기기가용위의 길

【점-단】

漸, 女歸吉, 利貞.
점 여귀길 리정

점은 여자가 시집가는데 길한 것이니, 일을 맡아 처리하면 이롭다.

〈점괘〉

밖으로 치닫는 것보다는 안으로 파고드는 것이 더 값지다.

〈리더의 점괘〉

간접적이고 우회적인 전략이 더 이롭다.

〈개별 점괘〉

No. 53 점(漸)	상상=매우 좋다. 상중=참 좋다. 상하=좋은 편이다.			중상=제법 괜찮다. 중중=괜찮다. 중하=그럭저럭하다.			하상=별로 좋지 않다. 하중=좋을 것이 없다. 하하=매우 나쁘다.		
53-00	상			중			하		
	상	중	하	상	중	하	상	중	하
소원(행운)		★							
재물(사업)		★							
직장(승진)		★							
건강(컨디션)		★							
연애(결혼)		★							
여행(이동)			★						

								★	
분쟁(소송)								★	
계약(매매)								★	

【점-초육】

初六. 鴻漸于干. 小子, 厲, 有言, 无咎.
초 육 홍점우간 소 자 려 유언 무 구

초육이다. "기러기가 점점 제방으로 날아간다. 소자는 위태롭고, 구설이 있으나, 허물은 없다."

〈점괘〉

출발을 위한 발판을 마련하는 시기이다.

〈리더의 점괘〉

헝클어진 일을 정리하고, 날카로운 판단이 필요한 때이다.

No. 53 점(漸)	상상=매우 좋다. 상중=참 좋다. 상하=좋은 편이다.			중상=제법 괜찮다. 중중=괜찮다. 중하=그럭저럭하다.			하상=별로 좋지 않다. 하중=좋을 것이 없다. 하하=매우 나쁘다.		
53-01	상			중			하		
	상	중	하	상	중	하	상	중	하
소원(행운)		★							
재물(사업)		★							
직장(승진)					★				
건강(컨디션)			★						
연애(결혼)							★		
여행(이동)			★						
분쟁(소송)			★						
계약(매매)		★							

〈점-육이〉

六二. 鴻漸于磐. 飮食衎衎, 吉.
유 이 홍 점 우 반 음 식 간 간 길

육이이다. "기러기가 점점 반석에 날아산다. 먹고 마시니 즐겁고도 즐거우
니, 길하다."

〈점쾌〉

공들여 온 것이 결실을 맺는다.

일의 기여도에 따른 논공행상(論功行賞)에 신중하라.

〈개별 점괘〉

No. 53 점(漸)	상상=매우 좋다. 상중=참 좋다. 상하=좋은 편이다.			중상=제법 괜찮다. 중중=괜찮다. 중하=그럭저럭하다.			하상=별로 좋지 않다. 하중=좋을 것이 없다. 하하=매우 나쁘다.		
53-02	상			중			하		
	상	중	하	상	중	하	상	중	하
소원(행운)		★							
재물(사업)		★							
직장(승진)		★							
건강(컨디션)			★						
연애(결혼)						★			
여행(이동)		★							
분쟁(소송)					★				
계약(매매)						★			

【점-구삼】

九三. 鴻漸于陸. 夫征不復, 婦孕不育, 凶. 利禦寇.
구삼 홍점우륙 부정불복 부잉불육 흉 리어구

구삼이다. "기러기가 점점 육지로 나아간다. 지아비가 정벌에 가서 다시 돌아오지 못하고, 지어미가 아이를 배어도 기르지 못하니, 흉하다. 도적을 방비하는 것이 이롭다."

<점괘>

절망적이나 포기하지 않고 일어서면, 귀인을 만난다.

<리더의 점괘>

실패로 인해 어려움을 겪으나, 끝까지 책임감을 잃지 않아야 만회한다.

<개별 점괘>

No. 53 점(漸)	상상=매우 좋다. 상중=참 좋다. 상하=좋은 편이다.			중상=제법 괜찮다. 중중=괜찮다. 중하=그럭저럭하다.			하상=별로 좋지 않다. 하중=좋을 것이 없다. 하하=매우 나쁘다.		
53-03	상			중			하		
	상	중	하	상	중	하	상	중	하
소원(행운)							★		
재물(사업)							★		
직장(승진)								★	
건강(컨디션)								★	
연애(결혼)								★	
여행(이동)								★	
분쟁(소송)								★	
계약(매매)								★	

【점-육사】

六四. 鴻漸于木. 或得其桷, 无咎.
육사 홍점우목 혹득기각 무구

육사이다. "기러기가 점점 나무에 날아간다. 혹 그 나뭇가지에 앉을 수 있다면, 허물이 없을 것이다."

〈점괘〉

불안하고 불편한 상황이 이어지니, 멀리 가지 말라.

〈리더의 점괘〉

잠시 숨을 고르면서 검토하고 주시(注視)하라.

〈개별 점괘〉

No. 53 점(漸)	상상=매우 좋다. 상중=참 좋다. 상하=좋은 편이다.			중상=제법 괜찮다. 중중=괜찮다. 중하=그럭저럭하다.			하상=별로 좋지 않다. 하중=좋을 것이 없다. 하하=매우 나쁘다.		
53-04	상			중			하		
	상	중	하	상	중	하	상	중	하
소원(행운)						★			
재물(사업)					★				
직장(승진)					★				
건강(컨디션)				★					
연애(결혼)							★		
여행(이동)						★			
분쟁(소송)							★		
계약(매매)							★		

九五. 鴻漸于陵. 婦三歲, 不孕, 終莫之勝, 吉.
구오 홍점우릉 부삼세 불잉 종막지승 길

구오이다. "기러기가 점점 언덕에 날아간다. 부인이 3년이 되어도 아이를 갖지 못하나, 마침내 이기지 못할 것이니, 길하다."

〈점괘〉

가시적인 성과를 올리는 때이다.

〈리더의 점괘〉

간절한 바람이 놀라운 결과를 낳는다.

〈개별 점괘〉

No. 53 점(漸)	상상=매우 좋다. 상중=참 좋다. 상하=좋은 편이다.			중상=제법 괜찮다. 중중=괜찮다. 중하=그럭저럭하다.			하상=별로 좋지 않다. 하중=좋을 것이 없다. 하하=매우 나쁘다.		
53-05	상			중			하		
	상	중	하	상	중	하	상	중	하
소원(행운)	★								
재물(사업)	★								
직장(승진)		★							
건강(컨디션)				★					
연애(결혼)					★				

여행(이동)							★	
분쟁(소송)						★		
계약(매매)						★		

【점-상구】

上九. 鴻漸于陸, 其羽可用爲儀, 吉.
상 구 홍 점 우 륙 기 기 가 용 위 의 길

상구이다. "기러기가 점점 대로로 날아가는데, 그 깃털을 모범으로 삼을 만
하니, 길하다."

〈점쾌〉

붙잡는 손을 뿌리치고 자기가 하고 싶은 일을 하라.

〈리더의 점쾌〉

추진하는 일에서 의미를 찾지 못한다.

〈개별 점괘〉

No. 53 점(漸)	상상=매우 좋다. 상중=참 좋다. 상하=좋은 편이다.			중상=제법 괜찮다. 중중=괜찮다. 중하=그럭저럭하다.			하상=별로 좋지 않다. 하중=좋을 것이 없다. 하하=매우 나쁘다.		
53-06	상			중			하		
	상	중	하	상	중	하	상	중	하
소원(행운)	★								
재물(사업)			★						
직장(승진)			★						
건강(컨디션)				★					
연애(결혼)							★		
여행(이동)	★								
분쟁(소송)		★							
계약(매매)		★							

54. 귀매(歸妹)

【歸妹卦第五十四】　　54. 뇌택귀매

雷澤歸妹

歸妹, 征凶, 无攸利.
귀매 정흉 무유리

初九. 歸妹以娣. 跛能履, 征吉.
초구 귀매이제 파능리 정길

九二. 眇能視, 利幽人之貞.
구이 묘능시 리유인지정

六三. 歸妹以須, 反歸以娣.
육삼 귀매이수 반귀이제

九四. 歸妹愆期, 遲歸有時.
구사 귀매건기 지귀유시

六五. 帝乙歸妹, 其君之袂, 不如其娣之袂良. 月幾望, 吉.
육오 제을귀매 기군지몌 불여기제지몌량 월기망 길

上六. 女, 承筐无實, 士刲羊, 无血, 无攸利.
상육 여 승광무실 사규양 무혈 무유리

562

【귀매-단】

歸妹, 征凶, 无攸利.
귀 매 정 흉 무 유 리

귀매는 정벌에 나서면 흉하니, 이로운 바가 없다.

〈점괘〉

새로운 일을 도모해서는 흉하게 된다.

〈리더의 점괘〉

새로운 일보다는 인화(人和)를 위해 힘쓰는 것이 더 적합하다.

〈개별 점괘〉

No. 54 귀매(歸妹)	상상=매우 좋다. 상중=참 좋다. 상하=좋은 편이다.			중상=제법 괜찮다. 중중=괜찮다. 중하=그럭저럭하다.			하상=별로 좋지 않다. 하중=좋을 것이 없다. 하하=매우 나쁘다.		
54-00	상			중			하		
	상	중	하	상	중	하	상	중	하
소원(행운)							★		
재물(시엽)							★		
직장(승진)								★	
건강(컨디션)			★						
연애(결혼)		★							
여행(이동)		★							

분쟁(소송)	★							
계약(매매)	★							

【귀매-초구】

初九. 歸妹以娣. 跛能履, 征吉.
초구 귀매이제 파능리 정길

초구이다. "누이동생을 시집보내면서, 또 다른 누이동생을 첩으로 보낸다.

절름발이도 걸을 수 있으니, 정벌하면 길하다."

〈점괘〉

새로운 일을 하는데 다소 어려움이 따르나, 밀어붙이는 것이 좋다.

〈리더의 점괘〉

일의 한 축을 상실하나, 만회의 기회가 오니, 채비를 갖추면 길하다.

No. 54 귀매(歸妹)	상상=매우 좋다. 상중=참 좋다. 상하=좋은 편이다.			중상=제법 괜찮다. 중중=괜찮다. 중하=그럭저럭하다.			하상=별로 좋지 않다. 하중=좋을 것이 없다. 하하=매우 나쁘다.		
54-01	상			중			하		
	상	중	하	상	중	하	상	중	하
소원(행운)			★						
재물(사업)		★							
직장(승진)			★						
건강(컨디션)			★						
연애(결혼)							★		
여행(이동)		★							
분쟁(소송)						★			
계약(매매)							★		

【귀매-구이】

九二. 眇能視, 利幽人之貞.
구이 묘능시 리유인지정

구이이다. "애꾸가 볼 수 있으니, 은자의 일을 하는 것이 이롭다."

〈점쾌〉

이익이 되는 일을 숨어서 치밀하게 기획하는 때이다.

결전을 위해 총력을 기울이는 때이다.

〈개별 점괘〉

No. 54 귀매(歸妹)	상상=매우 좋다. 상중=참 좋다. 상하=좋은 편이다.			중상=제법 괜찮다. 중중=괜찮다. 중하=그럭저럭하다.			하상=별로 좋지 않다. 하중=좋을 것이 없다. 하하=매우 나쁘다.		
54-02	상			중			하		
	상	중	하	상	중	하	상	중	하
소원(행운)		★							
재물(사업)		★							
직장(승진)			★						
건강(컨디션)		★							
연애(결혼)						★			
여행(이동)		★							
분쟁(소송)						★			
계약(매매)							★		

【귀매-육삼】

六三. 歸妹以須, 反歸以娣.
육 삼 귀 매 이 수 반 귀 이 제

육삼이다. "누이동생을 시집보내면서, 손위 누이도 딸려 보내나, 도리어

막내 동생을 첩으로 보낸다."

〈점괘〉

일을 하는 데 있어서, 소란스러울 때이다.

〈리더의 점괘〉

권위가 서지 않는다.

〈개별 점괘〉

No. 54 귀매(歸妹)	상상=매우 좋다. 상중=참 좋다. 상하=좋은 편이다.			중상=제법 괜찮다. 중중=괜찮다. 중하=그럭저럭하다.			하상=별로 좋지 않다. 하중=좋을 것이 없다. 하하=매우 나쁘다.		
54-03	상			중			하		
	상	중	하	상	중	하	상	중	하
소원(행운)							★		
재물(사업)				★					
직장(승진)				★					
건강(컨디션)							★		
연애(결혼)							★		
여행(이동)			★						
분쟁(소송)		★							
계약(매매)		★							

【귀매-구사】

九四. 歸妹愆期, 遲歸有時.
구사 귀매건기 지귀유시

구상이다. "누이를 시집보내는데 기일을 어기니, 시집가는 것을 기다리는
것은 때가 있기 때문이다."

〈점괘〉

일이 무산된다.

〈리더의 점괘〉

일의 주체세력이 아직 역량을 갖추지 못하고 있다.

〈개별 점괘〉

No. 54 귀매(歸妹)	상상=매우 좋다. 상중=참 좋다. 상하=좋은 편이다.			중상=제법 괜찮다. 중중=괜찮다. 중하=그럭저럭하다.			하상=별로 좋지 않다. 하중=좋을 것이 없다. 하하=매우 나쁘다.		
54-04	상			중			하		
	상	중	하	상	중	하	상	중	하
소원(행운)					★				
재물(사업)					★				
직장(승진)					★				
건강(컨디션)		★							
연애(결혼)						★			
여행(이동)			★						
분쟁(소송)			★						
계약(매매)			★						

六五. 帝乙歸妹, 其君之袂, 不如其娣之袂良. 月幾望, 吉.
육오 제을귀매 기군지몌 불여기제지몌량 월기망 길

육오이다. "제을이 누이동생을 시집보낼 때, 그 본처의 소매가 첩의 소매가
좋은 것만 못하다. 달이 보름달 무렵이면, 길하다."

〈점괘〉

하고 있는 일이 거의 완성되어 가는 시점이니, 신중하라.

〈리더의 점괘〉

품위를 지키며 인내하면, 경사를 맞는다.

〈개별 점괘〉

No. 54 귀매(歸妹)	상상=매우 좋다. 상중=참 좋다. 상하=좋은 편이다.			중상=제법 괜찮다. 중중=괜찮다. 중하=그럭저럭하다.			하상=별로 좋지 않다. 하중=좋을 것이 없다. 하하=매우 나쁘다.		
54-05	상			중			하		
	상	중	하	상	중	하	상	중	하
소원(행운)		★							
재물(사업)		★							
직장(승진)		★							
건강(컨디션)							★		
연애(결혼)						★			

여행(이동)						★			
분쟁(소송)						★			
계약(매매)						★			

【귀매-상육】

上六. 女, 承筐无實, 士刲羊, 无血, 无攸利.
상 육 여 승 광 무 실 사 규 양 무 혈 무 유 리

상육이다. "처녀가 광주리를 이고 있으나 아무 것도 담긴 것이 없고, 선비가 양을 찔렀으나 피가 나오지 않으니, 이로울 바가 없다."

〈점괘〉

정신이 온전하지 않고 불안한 때이다.

〈리더의 점괘〉

주위가 흉흉하고, 예기치 않은 사건이 발생한다.

〈개별 점괘〉

No. 54 귀매(歸妹)	상상=매우 좋다. 상중=참 좋다. 상하=좋은 편이다.			중상=제법 괜찮다. 중중=괜찮다. 중하=그럭저럭하다.			하상=별로 좋지 않다. 하중=좋을 것이 없다. 하하=매우 나쁘다.		
54-06	상			중			하		
	상	중	하	상	중	하	상	중	하
소원(행운)								★	
재물(사업)								★	
직장(승진)								★	
건강(컨디션)					★				
연애(결혼)								★	
여행(이동)								★	
분쟁(소송)								★	
계약(매매)								★	

55. 풍(豐)

雷火豐

55. 뇌화풍

豐. 亨. 王假之, 勿憂. 宜日中.
풍 형 왕격지 물우 의일중

初九. 遇其配主, 雖旬, 无咎. 往有尚.
초구 우기배주 수순 무구 왕유상

六二. 豐其蔀, 日中見斗. 往得疑疾, 有孚發若, 吉.
육이 풍기부 일중견두 왕득의질 유부발약 길

九三. 豐其沛, 日中見沬, 折其右肱, 无咎.
구삼 풍기패 일중견매 절기우굉 무구

九四. 豐其蔀, 日中見斗. 遇其夷主, 吉.
구사 풍기부 일중견두 우기이주 길

六五. 來章, 有慶, 譽吉.
육오 래장 유경 예길

上六. 豐其屋, 蔀其家, 闚其户, 闃其无人, 三歲不覿, 凶.
상육 풍기옥 부기가 규기시 격기무인 삼세부적 흉

豊. 亨. 王假之, 勿憂. 宜日中.
풍 형 왕 격 지 물 우 의 일 중

풍은 형통함이다. 왕이 이르게 하니, 근심하지 말라. 마땅히 한낮이어야
한다.

〈점괘〉

하는 일이 술술 잘 풀린다.

〈리더의 점괘〉

공을 이룬다.

〈개별 점괘〉

No. 55 풍(豊)	상상=매우 좋다. 상중=참 좋다. 상하=좋은 편이다.			중상=제법 괜찮다. 중중=괜찮다. 중하=그럭저럭하다.			하상=별로 좋지 않다. 하중=좋을 것이 없다. 하하=매우 나쁘다.		
55-00	상			중			하		
	상	중	하	상	중	하	상	중	하
소원(행운)		★							
재물(사업)		★							
직장(승진)		★							
건강(컨디션)		★							
연애(결혼)			★						

		★							
여행(이동)		★							
분쟁(소송)		★							
계약(매매)		★							

【풍-초구】

初九. 遇其配主, 雖旬, 无咎. 往有尚.
초 구 우기배주 수순 무구 왕유상

초구이다. "그 상대 쪽의 군주를 만나서, 비록 열흘이 되었으나, 허물이 없

다. 가면 숭상을 받는 일이 있다."

〈점괘〉

인간관계를 정리하고, 다시 일에 전념하라.

〈리더의 점괘〉

음해를 받고, 그로 인해 저조한 때이나, 기회도 따른다.

No. 55 풍(豊)	상상=매우 좋다. 상중=참 좋다. 상하=좋은 편이다.			중상=제법 괜찮다. 중중=괜찮다. 중하=그럭저럭하다.			하상=별로 좋지 않다. 하중=좋을 것이 없다. 하하=매우 나쁘다.		
55-01	상			중			하		
	상	중	하	상	중	하	상	중	하
소원(행운)			★						
재물(사업)			★						
직장(승진)					★				
건강(컨디션)				★					
연애(결혼)							★		
여행(이동)		★							
분쟁(소송)							★		
계약(매매)								★	

【풍-육이】

六二. 豊其蔀, 日中見斗. 往得疑疾, 有孚發若, 吉.
육이 풍기부 일중견두 왕득의질 유부발약 길

육이이다. "갓 덮개가 풍족해서, 대낮에 작두성을 본다. 가면 의심의 병을 얻으니, 믿음을 가지고 드러낸다면, 길하게 된다."

〈점괘〉

이제까지 지녀온 가치관을 바꿔야 할 때이니, 어려움이 동반된다.

외로운 결단을 할 때나, 결과에 구애되지 말라.

〈개별 점괘〉

No. 55 풍(豊)	상상=매우 좋다. 상중=참 좋다. 상하=좋은 편이다.			중상=제법 괜찮다. 중중=괜찮다. 중하=그럭저럭하다.			하상=별로 좋지 않다. 하중=좋을 것이 없다. 하하=매우 나쁘다.		
55-02	상			중			하		
	상	중	하	상	중	하	상	중	하
소원(행운)				★					
재물(사업)				★					
직장(승진)							★		
건강(컨디션)							★		
연애(결혼)							★		
여행(이동)		★							
분쟁(소송)		★							
계약(매매)		★							

【풍-구삼】

九三. 豐其沛, 日中見沫, 折其右肱, 无咎.
구삼 풍기패 일중견매 절기우굉 무구

구삼이다. "그 늪에 수초가 무성하니, 대낮에 어두컴컴해지는 것을 보고, 그 오른팔이 꺾이더라도, 허물이 없다."

<점괘>

가만히 있는 편이 오히려 나을 것이다.

<리더의 점괘>

악수(惡手)를 두고, 뜻이 꺾인다.

<개별 점괘>

No. 55 풍(豊)	상상=매우 좋다. 상중=참 좋다. 상하=좋은 편이다.			중상=제법 괜찮다. 중중=괜찮다. 중하=그럭저럭하다.			하상=별로 좋지 않다. 하중=좋을 것이 없다. 하하=매우 나쁘다.		
55-03	상			중			하		
	상	중	하	상	중	하	상	중	하
소원(행운)									★
재물(사업)									★
직장(승진)									★
건강(컨디션)					★				
연애(결혼)							★		
여행(이동)					★				
분쟁(소송)							★		
계약(매매)							★		

【풍-구사】

九四. 豐其蔀, 日中見斗. 遇其夷主, 吉.
구사 풍기부 일중견우 우기이주 길

구상이다. "그 덮개가 풍족해서, 대낮에 북두성을 본다. 동쪽 지방의 군주를
만나니, 길하다."

〈점괘〉

성심을 다해 좋은 인연(善緣)의 계기를 만들어야 할 때이다.

〈리더의 점괘〉

격조(格調)를 잃으면 기회도 잃는다.

〈개별 점괘〉

No. 55 풍(豐)	상상=매우 좋다. 상중=참 좋다. 상하=좋은 편이다.			중상=제법 괜찮다. 중중=괜찮다. 중하=그럭저럭하다.			하상=별로 좋지 않다. 하중=좋을 것이 없다. 하하=매우 나쁘다.		
55-04	상			중			하		
	상	중	하	상	중	하	상	중	하
소원(행운)			★						
재물(사업)			★						
직장(승진)				★					
건강(컨디션)			★						
연애(결혼)							★		
여행(이동)			★						
분쟁(소송)					★				
계약(매매)							★		

【풍-육오】

六五. 來章, 有慶, 譽吉.
육 오 래 창 유 경 예 길

육오이다. "와서 문채를 이루니 경사가 있고, 칭찬하니 길하다."

〈점괘〉

재기(才氣)를 뽐내며, 일을 진행한다.

〈리더의 점괘〉

능력을 마음껏 발휘하여 이름이 높아지는 때이다.

〈개별 점괘〉

No. 55 풍(豐)	상상=매우 좋다. 상중=참 좋다. 상하=좋은 편이다.			중상=제법 괜찮다. 중중=괜찮다. 중하=그럭저럭하다.			하상=별로 좋지 않다. 하중=좋을 것이 없다. 하하=매우 나쁘다.		
55-05	상			중			하		
	상	중	하	상	중	하	상	중	하
소원(행운)	★								
재물(사업)	★								
직장(승진)	★								
건강(컨디션)			★						
연애(결혼)							★		
여행(이동)						★			

분쟁(소송)	★							
계약(매매)	★							

【풍-상육】

上六. 豐其屋, 蔀其家, 闚其戶, 闃其无人, 三歲不覿, 凶.
상육 풍기옥 부기가 규기시 격기무인 삼세부적 흉

상육이다. "그 집을 성대하게 지었으나, 그 집안을 덮개로 가리고, 그 문 안을 엿보니, 인기척이 없이 고요하고, 3년이 지나도 보지 못할 것이니, 흉하다."

〈점괘〉

손해가 크다.

〈리더의 점괘〉

결국 혼자서 뜻을 이룰 수는 없다.

580

〈개별 점괘〉

No. 55 풍(豊)	상상=매우 좋다. 상중=참 좋다. 상하=좋은 편이다.			중상=제법 괜찮다. 중중=괜찮다. 중하=그럭저럭하다.			하상=별로 좋지 않다. 하중=좋을 것이 없다. 하하=매우 나쁘다.		
55-06	상			중			하		
	상	중	하	상	중	하	상	중	하
소원(행운)							★		
재물(사업)							★		
직장(승진)								★	
건강(컨디션)					★				
연애(결혼)							★		
여행(이동)				★					
분쟁(소송)						★			
계약(매매)						★			

56. 려(旅)

56. 화산려

火山旅

旅, 小亨, 旅貞吉.
여 소정 려정길

初六. 旅瑣瑣, 斯其所, 取災.
초육 려쇄쇄 사기소 취재

六二. 旅卽次, 懷其資, 得童僕, 貞.
육이 려즉차 회기자 득동복 정

九三. 旅焚其次, 喪其童僕, 貞厲.
구삼 려분기차 상기동복 정려

九四. 旅于處, 得其資斧, 我心不快.
구사 려우처 득기자부 아심불쾌

六五. 射雉, 一矢亡, 終以譽命.
육오 석치 일시망 종이예명

上九. 鳥焚其巢, 旅人, 先笑後號咷. 喪牛于易, 凶.
상구 조분기소 여인 선소후호도 상우우이 흉

582

【려-단】

旅, 小亨, 旅貞吉.
려 소정 여정길

여는 작은 것이 형통하니, 나그네의 일에 길하다.

〈점괘〉

어려운 상황이 풀린다.

〈리더의 점괘〉

내치(內治)에 소홀하면 손실이 크다.

〈개별 점괘〉

No. 56 려(旅)	상상=매우 좋다. 상중=참 좋다. 상하=좋은 편이다.			중상=제법 괜찮다. 중중=괜찮다. 중하=그럭저럭하다.			하상=별로 좋지 않다. 하중=좋을 것이 없다. 하하=매우 나쁘다.		
56-00	상			중			하		
	상	중	하	상	중	하	상	중	하
소원(행운)				★					
재물(사업)				★					
직장(승진)				★					
건강(컨디션)			★						
연애(결혼)			★						
여행(이동)	★								

분쟁(소송)	★						
계약(매매)	★						

【려-초육】

初六. 旅瑣瑣, 斯其所, 取災.
초 육 려 쇄 쇄 사 기 소 취 재

초육이다. "나그네가 사소한 일에 얽매이니, 그 거처를 떠남에 재앙을 얻게
된다."

〈점괘〉

공짜가 화를 부른다.

〈리더의 점괘〉

속히 허물을 고치지 않으면, 망신살이 뻗친다.

No. 56 려(旅)	상상=매우 좋다. 상중=참 좋다. 상하=좋은 편이다.			중상=제법 괜찮다. 중중=괜찮다. 중하=그럭저럭하다.			하상=별로 좋지 않다. 하중=좋을 것이 없다. 하하=매우 나쁘다.		
56-01	상			중			하		
	상	중	하	상	중	하	상	중	하
소원(행운)				★					
재물(사업)				★					
직장(승진)				★					
건강(컨디션)			★						
연애(결혼)				★					
여행(이동)	★								
분쟁(소송)		★							
계약(매매)		★							

【려-육이】

六二. 旅卽次, 懷其資, 得童僕, 貞.
육 이 려 즉 차 회 기 자 득 동 복 정

육이다. "나그네가 여관으로 들어가, 노잣돈을 지니고, 어린 하인을 얻으니, 변화가 없는 것이다."

〈점괘〉

경색되었던 자금이 융통되듯, 일이 풀린다.

<리더의 점괘>

산적한 일을 처리하느라 바쁘고, 약간의 긴장감이 감돈다.

<개별 점괘>

No. 56 려(旅)	상상=매우 좋다. 상중=참 좋다. 상하=좋은 편이다.			중상=제법 괜찮다. 중중=괜찮다. 중하=그럭저럭하다.			하상=별로 좋지 않다. 하중=좋을 것이 없다. 하하=매우 나쁘다.		
56-02	상			중			하		
	상	중	하	상	중	하	상	중	하
소원(행운)		★							
재물(사업)		★							
직장(승진)		★							
건강(컨디션)		★							
연애(결혼)							★		
여행(이동)			★						
분쟁(소송)						★			
계약(매매)							★		

【려-구삼】

九三. 旅焚其次, 喪其童僕, 貞厲.
구삼 려분기차 상기동복 정려

구삼이다. "나그네가 그 숙소를 불태우고, 그 어린 하인을 잃으니, 일을 처
리하면 위태롭다."

〈점괘〉

재물을 잃고, 건강을 잃을 지경이다.

〈리더의 점괘〉

일을 추진하다가 격렬한 반발에 부딪친다.

〈개별 점괘〉

No. 56 려(旅)	상상=매우 좋다. 상중=참 좋다. 상하=좋은 편이다.			중상=제법 괜찮다. 중중=괜찮다. 중하=그럭저럭하다.			하상=별로 좋지 않다. 하중=좋을 것이 없다. 하하=매우 나쁘다.		
56-03	상			중			하		
	상	중	하	상	중	하	상	중	하
소원(행운)								★	
재물(사업)								★	
직장(승진)								★	
건강(컨디션)								★	
연애(결혼)							★		
여행(이동)				★					
분쟁(소송)		★							
계약(매매)		★							

【려-구사】

九四. 旅于處, 得其資斧, 我心不快.
구 사 려 우 처 득 기 자 부 아 심 불 쾌

구사이다. "나그네가 거처에 머무르며, 노잣돈과 도끼를 얻었으나, 내 마음
은 불쾌하다."

〈점괘〉

손재(損財)를 겪는다.

〈리더의 점괘〉

상대에게 밀려서 실리도 얻지 못하고, 시간과 비용을 낭비한다.

〈개별 점괘〉

No. 56 려(旅)	상상=매우 좋다. 상중=참 좋다. 상하=좋은 편이다.			중상=제법 괜찮다. 중중=괜찮다. 중하=그럭저럭하다.			하상=별로 좋지 않다. 하중=좋을 것이 없다. 하하=매우 나쁘다.		
56-04	상			중			하		
	상	중	하	상	중	하	상	중	하
소원(행운)								★	
재물(사업)								★	
직장(승진)									★
건강(컨디션)							★		
연애(결혼)							★		
여행(이동)					★				
분쟁(소송)							★		
계약(매매)								★	

【려-육오】

六五. 射雉, 一失亡, 終以譽命.
육 오 석 치 일 실 망 종 이 예 명

육오이다. "화살로 꿩을 쏘니, 한 발을 잃게 되나, 결국에는 영예로운 명을
받게 된다."

〈점괘〉

하나를 먼저 주면 열 배를 되돌려 받는 때이다.

〈리더의 점괘〉

고달프지만 공을 세운다.

〈개별 점괘〉

No. 56 려(旅)	상상=매우 좋다. 상중=참 좋다. 상하=좋은 편이다.			중상=제법 괜찮다. 중중=괜찮다. 중하=그럭저럭하다.			하상=별로 좋지 않다. 하중=좋을 것이 없다. 하하=매우 나쁘다.		
56-05	상			중			하		
	상	중	하	상	중	하	상	중	하
소원(행운)			★						
재물(사업)				★					
직장(승진)				★					
건강(컨디션)					★				
연애(결혼)							★		

여행(이동)			★					
분쟁(소송)							★	
계약(매매)								★

【려-상구】

上九. 鳥焚其巢, 旅人, 先笑後號咷. 喪牛于易, 凶.
상구 조분기소 려인 선소후호도 상우우이 흉

상구이다. "새가 그 둥지를 태우니, 나그네가 먼저는 웃지만 나중에는 큰 소리로 운다. 시장에서 소를 교역하다 잃어버리니, 흉하다."

〈점괘〉

이익이 생겨서 좋아다가, 나중에는 다 잃게 된다.

〈리더의 점괘〉

상대에게 연루되어 피해를 보고, 명예도 손상된다.

〈개별 점괘〉

No. 56 려(旅)	상상=매우 좋다. 상중=참 좋다. 상하=좋은 편이다.			중상=제법 괜찮다. 중중=괜찮다. 중하=그럭저럭하다.			하상=별로 좋지 않다. 하중=좋을 것이 없다. 하하=매우 나쁘다.		
56-06	상			중			하		
	상	중	하	상	중	하	상	중	하
소원(행운)									★
재물(사업)									★
직장(승진)									★
건강(컨디션)								★	
연애(결혼)								★	
여행(이동)					★				
분쟁(소송)								★	
계약(매매)								★	

57. 손(巽)

57. 중풍손

重風巽

巽, 小亨, 利有攸往, 利見大人.
손 소형 리유유왕 리견대인

初六. 進退, 利武人之貞.
초육 진퇴 리무인지정

九二. 巽在牀下, 用史巫紛若, 吉, 无咎.
구이 손재상하 용사무분약 길 무구

九三. 頻巽, 吝.
구삼 빈손 린

六四. 悔亡. 田獲三品.
육사 회망 전획삼품

九五. 貞吉, 悔亡, 无不利, 无初有終. 先庚三日, 後庚三日, 吉.
구오 정길 회망 무불리 무초유종 선경삼일 후경삼일 길

上九. 巽在牀下. 喪其資斧, 貞凶.
상구 손재상하 상기자부 정흉

【손-단】

巽, 小亨, 利有攸往, 利見大人.
손 소 형 리 유 유 왕 리 견 대 인

손은 적은 것이 형통하니 가는 바가 있는 것이 이롭고, 대인을 보는 것이 이롭다.

〈점괘〉

차선이 더 아름다운 때이다.

〈리더의 점괘〉

나가는 것이 멈추거나 뒤돌아가는 것만 못할 때이다.

〈개별 점괘〉

No. 57 손(巽)	상상=매우 좋다. 상중=참 좋다. 상하=좋은 편이다.			중상=제법 괜찮다. 중중=괜찮다. 중하=그럭저럭하다.			하상=별로 좋지 않다. 하중=좋을 것이 없다. 하하=매우 나쁘다.		
57-00	상			중			하		
	상	중	하	상	중	하	상	중	하
소원(행운)			★						
재물(사업)		★							
직장(승진)			★						
건강(컨디션)			★						
연애(결혼)							★		

여행(이동)				★				
분쟁(소송)						★		
계약(매매)						★		

【손-초육】

初六. 進退, 利武人之貞.
초 육 진 퇴 리 무 인 지 정

초육이다. "나아가고 물러서니, 무인의 일에 이롭다."

〈점괘〉

오른손이 하는 일을 왼손이 모르게 해야 이롭다.

〈리더의 점괘〉

적당히 일하고 쓰라. 지나치게 인색하지 않은지 돌아보아야 한다.

No. 57 손(巽)	상상=매우 좋다. 상중=참 좋다. 상하=좋은 편이다.			중상=제법 괜찮다. 중중=괜찮다. 중하=그럭저럭하다.			하상=별로 좋지 않다. 하중=좋을 것이 없다. 하하=매우 나쁘다.		
57-01	상			중			하		
	상	중	하	상	중	하	상	중	하
소원(행운)			★						
재물(사업)			★						
직장(승진)				★					
건강(컨디션)				★					
연애(결혼)			★						
여행(이동)			★						
분쟁(소송)		★							
계약(매매)		★							

【손-구이】

九二. 巽在牀下, 用史巫紛若, 吉, 无咎.
구 이 손 재 상 하 용 사 무 분 약 길 무 구

구이이다. "평상 아래로 들어가 누워있으니, 점치는 자와 무당을 불러 소란
스러우나, 길하고, 허물이 없다."

〈점쾌〉

위기를 맞으나, 극복의 실마리를 얻는다.

과감하게 칼을 들어 도려내니 이롭다.

〈개별 점괘〉

No. 57 손(巽)	상상=매우 좋다. 상중=참 좋다. 상하=좋은 편이다.			중상=제법 괜찮다. 중중=괜찮다. 중하=그럭저럭하다.			하상=별로 좋지 않다. 하중=좋을 것이 없다. 하하=매우 나쁘다.		
57-02	상			중			하		
	상	중	하	상	중	하	상	중	하
소원(행운)			★						
재물(사업)			★						
직장(승진)			★						
건강(컨디션)				★					
연애(결혼)					★				
여행(이동)			★						
분쟁(소송)		★							
계약(매매)		★							

【손-구삼】

九三. 頻巽, 吝.
구 삼 빈 손 린

구삼이다. "위기에 처해 들어가니, 인색하다."

<저래>

활로가 막혀서 혼란한 때이다.

<리더의 점괘>

방법이 궁색한 시점이다.

<개별 점괘>

No. 57 손(巽)	상상=매우 좋다. 상중=참 좋다. 상하=좋은 편이다.			중상=제법 괜찮다. 중중=괜찮다. 중하=그럭저럭하다.			하상=별로 좋지 않다. 하중=좋을 것이 없다. 하하=매우 나쁘다.		
57-03	상			중			하		
	상	중	하	상	중	하	상	중	하
소원(행운)							★		
재물(사업)							★		
직장(승진)							★		
건강(컨디션)							★		
연애(결혼)					★				
여행(이동)			★						
분쟁(소송)						★			
계약(매매)							★		

【손-육사】

六四. 悔亡. 田獲三品.
육 사 회 망 전 획 삼 품

육사이다. "바뀌는 것이 없다. 사냥에 나가 삼품(세 등급의 사냥감)을 포획
한다."

〈점괘〉

공경하는 태도로 인해 공을 올린다.

〈리더의 점괘〉

인재를 선발하고, 영입하는 데 적기(適期)이다.

〈개별 점괘〉

No. 57 손(巽)	상상=매우 좋다. 상중=참 좋다. 상하=좋은 편이다.			중상=제법 괜찮다. 중중=괜찮다. 중하=그럭저럭하다.			하상=별로 좋지 않다. 하중=좋을 것이 없다. 하하=매우 나쁘다.		
57-04	상			중			하		
	상	중	하	상	중	하	상	중	하
소원(행운)			★						
재물(사업)		★							
직장(승진)		★							
건강(컨디션)			★						
연애(결혼)							★		
여행(이동)					★				
분쟁(소송)						★			
계약(매매)						★			

九五. 貞吉, 悔亡, 无不利, 无初有終. 先庚三日, 後庚三日, 吉.
구 오 정 길 회 망 무 불 리 무 초 유 종 선 경 삼 일 후 경 삼 일 길

구오이다. "일을 맡아 처리하면 길하니, 바뀐 것이 없으며, 이롭지 않음이 없으니, 처음은 없더라도 나중에는 있을 것이다. 경일보다 3일 전에 하거나 경일이 지난 3일후에 하면, 길하다."

〈점괘〉

겸손하고 겸양할 때이다.

〈리더의 점괘〉

가급적 말을 아끼고 신뢰를 보내야 일이 이루어진다.

〈개별 점괘〉

No. 57 손(巽)	상상=매우 좋다. 상중=참 좋다. 상하=좋은 편이다.			중상=제법 괜찮다. 중중=괜찮다. 중하=그럭저럭하다.			하상=별로 좋지 않다. 하중=좋을 것이 없다. 하하=매우 나쁘다.		
57-05	상			중			하		
	상	중	하	상	중	하	상	중	하
소원(행운)		★							
재물(사업)		★							
직장(승진)		★							
건강(컨디션)						★			

연애(결혼)					★			
여행(이동)							★	
분쟁(소송)			★					
계약(매매)			★					

【손-상구】

上九. 巽在牀下. 喪其資斧, 貞凶.
상구 손재상하 상기자부 정흉

상구이다. "평상 아래로 들어가 누워 있다. 자금과 도끼를 잃으니, 일을 맡아

처리하면 흉하다."

〈점괘〉

만성 우울의 위중한 신호가 감지된다.

〈리더의 점괘〉

상대를 신중하게 검토하라, 적신호가 들어왔다.

〈개별 점괘〉

No. 57 손(巽)	상상=매우 좋다. 상중=참 좋다. 상하=좋은 편이다.			중상=제법 괜찮다. 중중=괜찮다. 중하=그럭저럭하다.			하상=별로 좋지 않다. 하중=좋을 것이 없다. 하하=매우 나쁘다.		
57-06	상			중			하		
	상	중	하	상	중	하	상	중	하
소원(행운)								★	
재물(사업)									★
직장(승진)									★
건강(컨디션)								★	
연애(결혼)					★				
여행(이동)							★		
분쟁(소송)			★						
계약(매매)			★						

58. 태(兌)

【兌卦第五十八】　　58. 중택태

重澤兌

兌, 亨, 利貞.
태 형 리정

初九. 和兌, 吉.
초구 화태 길

九二. 孚兌, 吉, 悔亡.
구이 부태 길 회망

六三. 來兌, 凶.
육삼 래태 흉

九四. 商兌. 未寧, 介疾, 有喜.
구사 상태 미녕 개질 유희

九五. 孚于剝. 有厲.
구오 부우박 유려

上六. 引兌.
상육 인태

【태-단】

兌, 亨, 利貞.
태 형 리 정

태는 형통하고 일을 처리하는 것이 이롭다.

〈점괘〉

일에 직접 뛰어들어 직면해서 분투해야 한다.

〈리더의 점괘〉

수하의 사람들이 믿고 따르는 시기이니, 과감하게 추진하라.

〈개별 점괘〉

No. 58 태(兌)	상상=매우 좋다. 상중=참 좋다. 상하=좋은 편이다.			중상=제법 괜찮다. 중중=괜찮다. 중하=그럭저럭하다.			하상=별로 좋지 않다. 하중=좋을 것이 없다. 하하=매우 나쁘다.		
58-00	상			중			하		
	상	중	하	상	중	하	상	중	하
소원(행운)		★							
재물(사업)		★							
직장(승진)		★							
건강(컨디션)		★							
연애(결혼)						★			
여행(이동)						★			

분쟁(소송)						★		
계약(매매)							★	

【태-초구】

初九. 和兌, 吉.
초 구 화 태 길

초구이다. "화합하는 태이니, 길하다."

〈점괘〉

이익을 보나, 줏대가 없이 일을 해서는 낭패를 본다.

〈리더의 점괘〉

반대세력을 포용하고, 공존하는 것이 더 이로운 때이다.

〈개별 점괘〉

No. 58 태(兌)	상상=매우 좋다. 상중=참 좋다. 상하=좋은 편이다.			중상=제법 괜찮다. 중중=괜찮다. 중하=그럭저럭하다.			하상=별로 좋지 않다. 하중=좋을 것이 없다. 하하=매우 나쁘다.		
58-01	상			중			하		
	상	중	하	상	중	하	상	중	하
소원(행운)			★						

재물(사업)	★							
직장(승진)			★					
건강(컨디션)				★				
연애(결혼)			★					
여행(이동)				★				
분쟁(소송)		★						
계약(매매)	★							

【태-구이】

九二. 孚兌, 吉, 悔亡.
구 이 부 태 길 회 망

구이이다. "믿고 기뻐하니 길하며, 변한 것이 없다."

〈점괘〉

일이 재미있고 보람을 느끼는 때이다.

〈리더의 점례〉

타협이 상황을 호전시킨다.

No. 58 태(兌)	상상=매우 좋다. 상중=참 좋다. 상하=좋은 편이다.			중상=제법 괜찮다. 중중=괜찮다. 중하=그럭저럭하다.			하상=별로 좋지 않다. 하중=좋을 것이 없다. 하하=매우 나쁘다.		
58-02	상			중			하		
	상	중	하	상	중	하	상	중	하
소원(행운)			★						
재물(사업)		★							
직장(승진)				★					
건강(컨디션)				★					
연애(결혼)		★							
여행(이동)						★			
분쟁(소송)							★		
계약(매매)								★	

【태-육삼】

六三. 來兌, 凶.
육 삼 래 태 흉

육삼이다. "와서 태가 되니, 흉하다."

〈점괘〉

우유부단(優柔不斷, 망설이고 결단성이 없음)이 화를 부른다.

〈리더의 점쾌〉

인사문제가 풀리지 않으니, 기다려라.

〈개별 점쾌〉

No. 58 태(兌)	상상=매우 좋다. 상중=참 좋다. 상하=좋은 편이다.			중상=제법 괜찮다. 중중=괜찮다. 중하=그럭저럭하다.			하상=별로 좋지 않다. 하중=좋을 것이 없다. 하하=매우 나쁘다.		
58-03	상			중			하		
	상	중	하	상	중	하	상	중	하
소원(행운)								★	
재물(사업)							★		
직장(승진)								★	
건강(컨디션)							★		
연애(결혼)					★				
여행(이동)							★		
분쟁(소송)		★							
계약(매매)		★							

【태-구사】

九四. 商兌. 未寧, 介疾, 有喜.
구 사 상 태 미 녕 개 질 유 희

구사이다. "애절한 태이다. 편안하지는 않으나, 병이 낫도록 하늘에 기도하
니, 기쁨이 있다."

〈점괘〉

주위와 타협하고 공존하니 이로운 때이다.

〈리더의 점괘〉

이익을 나눌 때는 반드시 조화를 꾀해야 한다.

〈개별 점괘〉

No. 58 태(兌)	상상=매우 좋다. 상중=참 좋다. 상하=좋은 편이다.			중상=제법 괜찮다. 중중=괜찮다. 중하=그럭저럭하다.			하상=별로 좋지 않다. 하중=좋을 것이 없다. 하하=매우 나쁘다.		
58-04	상			중			하		
	상	중	하	상	중	하	상	중	하
소원(행운)		★							
재물(사업)		★							
직장(승진)			★						
건강(컨디션)			★						
연애(결혼)				★					
여행(이동)						★			
분쟁(소송)						★			
계약(매매)							★		

【태-구오】

九五. 孚于剝. 有厲.
우 오 부 우 박 유 려

구오이다. "과일의 껍질을 벗겨 신에게 올리니 감응이 있다. 위태롭기도
하다."

〈점괘〉

귀한 인연 덕에 일을 성취한다.

〈리더의 점괘〉

접대에 공을 들이면 신(神)도 고개를 돌리는 때이다.

〈개별 점괘〉

No. 58 태(兌)	상상=매우 좋다. 상중=참 좋다. 상하=좋은 편이다.			중상=제법 괜찮다. 중중=괜찮다. 중하=그럭저럭하다.			하상=별로 좋지 않다. 하중=좋을 것이 없다. 하하=매우 나쁘다.		
58-05	상			중			하		
	상	중	하	상	중	하	상	중	하
소원(행운)				★					
재물(사업)			★						
직장(승진)				★					
건강(컨디션)			★						
연애(결혼)	★								
여행(이동)		★							
분쟁(소송)			★						
계약(매매)		★							

【태-상육】

上六. 引兌.
상 육 인 태

상육이다. "끌어내려 기쁘다."

〈점괘〉

안정된 국면에 접어들었다.

〈리더의 점괘〉

바깥에서 안으로 귀환하며, 안정적이다.

〈개별 점괘〉

No. 58 태(兌)	상상=매우 좋다. 상중=참 좋다. 상하=좋은 편이다.			중상=제법 괜찮다. 중중=괜찮다. 중하=그럭저럭하다.			하상=별로 좋지 않다. 하중=좋을 것이 없다. 하하=매우 나쁘다.		
58-06	상			중			하		
	상	중	하	상	중	하	상	중	하
소원(행운)			★						
재물(사업)		★							
직장(승진)			★						
건강(컨디션)		★							
연애(결혼)		★							
여행(이동)		★							

분쟁(소송)					★				
계약(매매)						★			

59. 환(渙)

59. 풍수환

風水渙

渙, 亨, 王假有廟, 利涉大川, 利貞.
환 형 왕격유묘 리섭대천 리정

初六. 用拯, 馬壯, 吉.
초육 용증 마장 길

九二. 渙奔其机, 悔亡.
구이 환분기궤 회망

六三. 渙其躬, 无悔.
육삼 환기궁 무회

六四. 渙其羣, 元吉, 渙有丘. 匪夷所思.
육사 환기군 원길 환유구 비이소사

九五. 渙汗其大號, 渙王居, 无咎.
구오 환간기대호 환왕거 무구

上九. 渙其血, 去逖出, 无咎.
상구 환기혈 거적출 무구

渙, 亨, 王假有廟, 利涉大川, 利貞.
환 형 왕격유묘 리섭대천 리정

환은 형통하며, 왕이 종묘에 이르고, 큰 내를 건너는 것이 이로우니, 일을
맡아 처리하는 것이 이롭다.

〈점괘〉

일의 성과가 기대된다.

〈리더의 점괘〉

하늘이 돕고 조상(祖上)이 돕는다.

〈개별 점괘〉

No. 59 환(渙)	상상=매우 좋다. 상중=참 좋다. 상하=좋은 편이다.			중상=제법 괜찮다. 중중=괜찮다. 중하=그럭저럭하다.			하상=별로 좋지 않다. 하중=좋을 것이 없다. 하하=매우 나쁘다.		
59-00	상			중			하		
	상	중	하	상	중	하	상	중	하
소원(행운)		★							
재물(사업)		★							
직장(승진)		★							
건강(컨디션)				★					
연애(결혼)				★					

여행(이동)		★						
분쟁(소송)						★		
계약(매매)							★	

【환-초육】

初六. 用拯, 馬壯, 吉.
초 육 용 증 마 장 길

초육이다. "물에 빠진 이를 건지고, 말이 건장하니, 길하다."

〈점괘〉

과거를 훌훌 털고 힘차게 전진하는 것이 이롭다.

〈리더의 점괘〉

힘차게 나아가라, 도약하는 시기이다.

No. 59 환(渙)	상상=매우 좋다. 상중=참 좋다. 상하=좋은 편이다.			중상=제법 괜찮다. 중중=괜찮다. 중하=그럭저럭하다.			하상=별로 좋지 않다. 하중=좋을 것이 없다. 하하=매우 나쁘다.		
59-01	상			중			하		
	상	중	하	상	중	하	상	중	하
소원(행운)		★							
재물(사업)			★						
직장(승진)			★						
건강(컨디션)		★							
연애(결혼)							★		
여행(이동)			★						
분쟁(소송)		★							
계약(매매)		★							

【환-구이】

九二. 渙奔其机, 悔亡.
구 이   환 분 기 궤   회 망

구이이다. "탁자 뒤에서 도망쳐 날아나니, 민한 것이 없다."

〈점괘〉

계획이 수포(水泡)로 돌아가니, 향후 전망이 어둡다.

큰 성과를 거두지 못하고 있다.

〈개별 점쾌〉

No. 59 환(渙)	상상=매우 좋다. 상중=참 좋다. 상하=좋은 편이다.			중상=제법 괜찮다. 중중=괜찮다. 중하=그럭저럭하다.			하상=별로 좋지 않다. 하중=좋을 것이 없다. 하하=매우 나쁘다.		
59-02	상			중			하		
	상	중	하	상	중	하	상	중	하
소원(행운)						★			
재물(사업)						★			
직장(승진)							★		
건강(컨디션)							★		
연애(결혼)							★		
여행(이동)							★		
분쟁(소송)							★		
계약(매매)								★	

【환-육삼】

六三. 渙其躬, 无悔.
육 삼 환 기 궁 무 회

육삼이다. "그 몸을 흩어버린다고 해도, 변함이 없다."

〈점괘〉

여건이 점점 악화되니 규모를 줄여라.

〈리더의 점괘〉

스포트라이트를 바라지 말고, 장막 뒤에서 소리없이 일할 때이다.

〈개별 점괘〉

No. 59 환(渙)	상상=매우 좋다. 상중=참 좋다. 상하=좋은 편이다.			중상=제법 괜찮다. 중중=괜찮다. 중하=그럭저럭하다.			하상=별로 좋지 않다. 하중=좋을 것이 없다. 하하=매우 나쁘다.		
59-03	상			중			하		
	상	중	하	상	중	하	상	중	하
소원(행운)								★	
재물(사업)							★		
직장(승진)								★	
건강(컨디션)					★				
연애(결혼)							★		
여행(이동)					★				
분쟁(소송)						★			
계약(매매)						★			

【환-육사】

六四. 渙其羣, 元吉, 渙有丘. 匪夷所思.
육 사 환 기 군 원 길 환 유 구 비 이 소 사

육사이다. "그 무리를 해산시켜 크게 길하니, 언덕을 흩어버리는 것 같다. 같은 무리가 아니니, 생각할 바가 아니다."

〈점괘〉

이로운 자들과 함께 하고 자기 발전을 도모하라.

〈리더의 점괘〉

아름답지 않은 사태를 근절하며 애쓰나, 길하다.

〈개별 점괘〉

No. 59 환(渙)	상상=매우 좋다. 상중=참 좋다. 상하=좋은 편이다.			중상=제법 괜찮다. 중중=괜찮다. 중하=그럭저럭하다.			하상=별로 좋지 않다. 하중=좋을 것이 없다. 하하=매우 나쁘다.		
59-04	상			중			하		
	상	중	하	상	중	하	상	중	하
소원(행운)		★							
재물(사업)		★							
직장(승진)			★						
건강(컨디션)			★						
연애(결혼)							★		
여행(이동)			★						
분쟁(소송)			★						
계약(매매)		★							

九五. 渙汗其大號, 渙王居, 无咎.
구오 환간기대호 환왕거 무구

구오이다. "그 큰 호령을 내려서 식은 땀을 흘리게 하니, 왕의 거처에서 흩어져도, 허물이 없다."

〈점쾌〉

계획에 따라 일이 진행되니 이롭다.

〈리더의 점쾌〉

엄중한 리더십이어야만, 성과를 올리고 확장할 수 있다.

〈개별 점쾌〉

No. 59 환(渙)	상상=매우 좋다. 상중=참 좋다. 상하=좋은 편이다.			중상=제법 괜찮다. 중중=괜찮다. 중하=그럭저럭하다.			하상=별로 좋지 않다. 하중=좋을 것이 없다. 하하=매우 나쁘다.		
59-05	상			중			하		
	상	중	하	상	중	하	상	중	하
소원(행운)			★						
재물(사업)				★					
직장(승진)			★						
건강(컨디션)					★				
연애(결혼)							★		

여행(이동)							★	
분쟁(소송)							★	
계약(매매)								★

【환-상구】

上九. 渙其血, 去逖出, 无咎.
상 구 환 기 혈 거 적 출 무 구

상구이다. "그 뭉친 기혈을 풀고, 두려워하는 증상을 제거하니, 허물이
없다."

〈점괘〉

일이 상쾌하게 풀리는 때이다.

〈리더의 점괘〉

소통하라, 대통(大通)한다.

〈개별 점괘〉

No. 59 환(渙)	상상=매우 좋다. 상중=참 좋다. 상하=좋은 편이다.			중상=제법 괜찮다. 중중=괜찮다. 중하=그럭저럭하다.			하상=별로 좋지 않다. 하중=좋을 것이 없다. 하하=매우 나쁘다.		
59-06	상			중			하		
	상	중	하	상	중	하	상	중	하
소원(행운)		★							
재물(사업)		★							
직장(승진)					★				
건강(컨디션)		★							
연애(결혼)							★		
여행(이동)						★			
분쟁(소송)						★			
계약(매매)						★			

60. 절(節)

【節卦第六十】　　60. 수택절

水澤節

節, 亨. 苦節, 不可貞.
절 형 고절 불가정

初九. 不出戶庭, 无咎.
초구 불출호정 무구

九二. 不出門庭, 凶.
구이 불출문정 흉

六三. 不節若, 則嗟若, 无咎.
육삼 부절약 즉차약 무구

六四. 安節, 亨.
육사 안절 형

九五. 甘節, 吉. 往有尙.
구오 감절 길 왕유상

上六. 苦節, 貞凶. 悔亡.
상육 고절 정흉 회망

【절-단】

節, 亨. 苦節, 不可貞.
절 형 고절 불가정

절은 형통하다. 괴로운 절개만으로는 일을 맡아 처리할 수 없다.

⟨점괘⟩

일이 잘 되나, 독단은 금물이다.

⟨리더의 점괘⟩

권력을 분배하고, 책임자에게 권한을 돌려주어야 이롭다.

⟨개별 점괘⟩

No. 60 절(節)	상상=매우 좋다. 상중=참 좋다. 상하=좋은 편이다.			중상=제법 괜찮다. 중중=괜찮다. 중하=그럭저럭하다.			하상=별로 좋지 않다. 하중=좋을 것이 없다. 하하=매우 나쁘다.		
60-00	상			중			하		
	상	중	하	상	중	하	상	중	하
소원(행운)			★						
재물(사업)							★		
직장(승진)						★			
건강(컨디션)						★			
연애(결혼)		★							
여행(이동)						★			

분쟁(소송)						★			
계약(매매)							★		

〈절-초구〉

初九. 不出户庭, 无咎.
초구 불출호정 무구

초구이다. "문과 뜰 밖으로 내보내지 않으니, 허물이 없다."

〈점괘〉

말을 삼가야 한다. 위험을 초래할 수다.

〈리더의 점괘〉

보안에 철저해야 하고, 공언(公言)을 해서는 위신이 크게 추락할 수 있다.

〈개별 점괘〉

No. 60 절(節)	상상=매우 좋다. 상중=참 좋다. 상하=좋은 편이다.			중상=제법 괜찮다. 중중=괜찮다. 중하=그럭저럭하다.			하상=별로 좋지 않다. 하중=좋을 것이 없다. 하하=매우 나쁘다.		
60-01	상			중			하		
	상	중	하	상	중	하	상	중	하
소원(행운)			★						

재물(사업)				★			
직장(승진)				★			
건강(컨디션)					★		
연애(결혼)						★	
여행(이동)							★
분쟁(소송)						★	
계약(매매)						★	

【절-구이】

九二. 不出門庭, 凶.
구 이 불 출 문 정 흉

구이이다. "대문 안에 있는 뜰에 나가지 않으니, 흉하다."

〈점괘〉

주사(酒邪)로 인한 실수를 주의하라, 돌이키기 어렵다.

〈리더의 점괘〉

정책을 전면 재검토해야 할 상황이다.

No. 60 절(節)	상상=매우 좋다. 상중=참 좋다. 상하=좋은 편이다.			중상=제법 괜찮다. 중중=괜찮다. 중하=그럭저럭하다.			하상=별로 좋지 않다. 하중=좋을 것이 없다. 하하=매우 나쁘다.		
60-02	상			중			하		
	상	중	하	상	중	하	상	중	하
소원(행운)									★
재물(사업)								★	
직장(승진)									★
건강(컨디션)								★	
연애(결혼)								★	
여행(이동)								★	
분쟁(소송)			★						
계약(매매)			★						

【절-육삼】

六三. 不節若, 則嗟若. 无咎.
육 삼 부 절 약 즉 차 약 무 구

육삼이다. "절제하지 않으면 탄식하게 된다. 허나 허물이 없을 수도 있다."

〈점괘〉

잘못을 책임지라, 그러면 용서받을 수 있다.

626

〈리더의 점괘〉

특권에 집착하다가 패가망신할 수 있다.

〈개별 점괘〉

No. 60 절(節)	상상=매우 좋다. 상중=참 좋다. 상하=좋은 편이다.			중상=제법 괜찮다. 중중=괜찮다. 중하=그럭저럭하다.			하상=별로 좋지 않다. 하중=좋을 것이 없다. 하하=매우 나쁘다.		
60-03	상			중			하		
	상	중	하	상	중	하	상	중	하
소원(행운)							★		
재물(사업)							★		
직장(승진)							★		
건강(컨디션)							★		
연애(결혼)							★		
여행(이동)							★		
분쟁(소송)						★			
계약(매매)							★		

【절-육사】

六四. 安節, 亨.
육사 안절 형

육사이다. "편안함에 절도가 있으니, 형통하다."

<점괘>

열심히 일한 자라면 쉬고, 오랫동안 쉰 자는 다시 일하게 된다.

<리더의 점괘>

일과 노동 속에 휴식이 포함되는 정책과 제도를 수립하고 정비하라.

<개별 점괘>

No. 60 절(節)	상상=매우 좋다. 상중=참 좋다. 상하=좋은 편이다.			중상=제법 괜찮다. 중중=괜찮다. 중하=그럭저럭하다.			하상=별로 좋지 않다. 하중=좋을 것이 없다. 하하=매우 나쁘다.		
60-04	상			중			하		
	상	중	하	상	중	하	상	중	하
소원(행운)			★						
재물(사업)		★							
직장(승진)			★						
건강(컨디션)			★						
연애(결혼)							★		
여행(이동)					★				
분쟁(소송)						★			
계약(매매)						★			

【절-구오】

九五. 甘節, 吉. 往有尙.
구 오 감 절 길 왕 유 상

구오이다. "단 것을 절제하니 길하다. 가면 숭상을 받는 일이 있다."

〈점괘〉

주위의 칭찬을 듣고, 다시 평가받는다.

〈리더의 점괘〉

이윤을 독식하거나 권한을 독점하면 안 되는 때이다.

〈개별 점괘〉

No. 60 절(節)	상상=매우 좋다. 상중=참 좋다. 상하=좋은 편이다.			중상=제법 괜찮다. 중중=괜찮다. 중하=그럭저럭하다.			하상=별로 좋지 않다. 하중=좋을 것이 없다. 하하=매우 나쁘다.		
60-05	상			중			하		
	상	중	하	상	중	하	상	중	하
소원(행운)		★							
재물(사업)		★							
직장(승진)		★							
건강(컨디션)				★					
연애(결혼)			★						
여행(이동)		★							
분쟁(소송)						★			
계약(매매)							★		

上六. 苦節, 貞凶. 悔亡.
상육 고절 정흉 회망

상육이다. "괴로운 절개이니, 일을 맡아 처리해도 흉하다. 변화한 것이
없다."

〈점괘〉

그 결과가 좋지 않다.

〈리더의 점괘〉

책임을 지고 물러나게 되나, 명예는 지킨다.

〈개별 점괘〉

No. 60 절(節)	상상=매우 좋다. 상중=참 좋다. 상하=좋은 편이다.			중상=제법 괜찮다. 중중=괜찮다. 중하=그럭저럭하다.			하상=별로 좋지 않다. 하중=좋을 것이 없다. 하하=매우 나쁘다.		
60-06	상			중			하		
	상	중	하	상	중	하	상	중	하
소원(행운)									★
재물(사업)									★
직장(승진)									★
건강(컨디션)				★					
연애(결혼)							★		

여행(이동)				★				
분쟁(소송)	★							
계약(매매)	★							

61. 중부(中孚)

【中孚卦第六十一】

61. 풍택중부

風澤中孚

中孚,豚魚, 吉. 利涉大川, 利貞.
중부 돈어 길 리섭대천 리정

初九. 虞吉. 有它, 不燕.
초구 우길 유타 불연

九二. 鳴鶴在陰, 其子和之. 我有好爵, 吾與爾靡之.
구이 명학재음 기자화지 아유호작 오여이미지

六三. 得敵, 或鼓或罷, 或泣或歌.
육삼 득적 혹고혹파 혹읍혹가

六四. 月幾望, 馬匹亡, 无咎.
육사 월기망 마필망 무구

九五. 有孚攣如, 无咎.
구오 유부련여 무구

上九. 翰音登于天, 貞凶.
상구 한음등우천 정흉

中孚, 豚魚, 吉. 利涉大川, 利貞.
중 부 돈 어 길 리 섭 대 천 리 정

중부는 새끼돼지와 물고기라 해도, 길하다. 큰 내를 건너는 것이 이로우며,

일을 맡아 처리하는 것이 이롭다.

〈점쾌〉

일이 잘 풀리며, 만사가 여의(如意)한 대로 흘러간다.

〈리더의 점쾌〉

끝내는 성취한다.

〈개별 점쾌〉

No. 61 중부(中孚)	상상=매우 좋다. 상중=참 좋다. 상하=좋은 편이다.			중상=제법 괜찮다. 중중=괜찮다. 중하=그럭저럭하다.			하상=별로 좋지 않다. 하중=좋을 것이 없다. 하하=매우 나쁘다.		
61-00	상			중			하		
	상	중	하	상	중	하	상	중	하
소원(행운)		★							
재물(사업)	★								
직장(승진)	★								
건강(컨디션)	★								
연애(결혼)							★		

여행(이동)	★								
분쟁(소송)	★								
계약(매매)	★								

【중부-초구】

初九. 虞吉. 有它, 不燕.
초구 우길 유타 불연

초구이다. "우제를 지내면 길하다. 뜻하지 않은 일이 생길 것이니, 연회를 베풀지 못한다."

〈점괘〉

과거의 일이나 옛 인연을 정리하는 것이 길하다.

〈리더의 점괘〉

과거를 계승하여 점진적으로 새로운 것을 추구하면 길하다.

No. 61 중부(中孚)	상상=매우 좋다. 상중=참 좋다. 상하=좋은 편이다.			중상=제법 괜찮다. 중중=괜찮다. 중하=그럭저럭하다.			하상=별로 좋지 않다. 하중=좋을 것이 없다. 하하=매우 나쁘다.		
61-01	상			중			하		
	상	중	하	상	중	하	상	중	하
소원(행운)		★							
재물(사업)						★			
직장(승진)						★			
건강(컨디션)						★			
연애(결혼)				★					
여행(이동)				★					
분쟁(소송)						★			
계약(매매)							★		

【중부-구이】

九二. 鳴鶴在陰, 其子和之. 我有好爵, 吾與爾靡之.
구 이 명 학 재 음 기 자 화 지 아 유 호 작 오 여 이 미 지

구이이다. "우는 학이 그늘에 있으니 그 새끼가 회답한다. 내게 좋은 작위

가 있으니, 내가 너와 함께 천명을 따른다."

〈점괘〉

귀인을 만나서 출세한다.

〈리더의 점괘〉

대업(大業)을 도모할 수 있는 기회를 얻는다.

〈개별 점괘〉

No. 61 중부(中孚)	상상=매우 좋다. 상중=참 좋다. 상하=좋은 편이다.			중상=제법 괜찮다. 중중=괜찮다. 중하=그럭저럭하다.			하상=별로 좋지 않다. 하중=좋을 것이 없다. 하하=매우 나쁘다.		
61-02	상			중			하		
	상	중	하	상	중	하	상	중	하
소원(행운)	★								
재물(사업)	★								
직장(승진)	★								
건강(컨디션)		★							
연애(결혼)	★								
여행(이동)		★							
분쟁(소송)				★					
계약(매매)				★					

【중부-육삼】

六三. 得敵, 或鼓或罷, 或泣或歌.
육 삼 득 적 혹 고 혹 파 혹 읍 혹 가

육삼이다. "적을 만나서, 혹은 북을 치거나 혹은 그치고, 혹은 흐느끼거나
혹은 노래한다."

〈점괘〉

경쟁이 치열할 때이니, 죽기를 각오하면 이롭다.

〈리더의 점괘〉

객관적인 역량이 부족하나, 지략(智略)을 동원하면 승산이 있다.

〈개별 점괘〉

No. 61 중부(中孚)	상상=매우 좋다. 상중=참 좋다. 상하=좋은 편이다.			중상=제법 괜찮다. 중중=괜찮다. 중하=그럭저럭하다.			하상=별로 좋지 않다. 하중=좋을 것이 없다. 하하=매우 나쁘다.		
61-03	상			중			하		
	상	중	하	상	중	하	상	중	하
소원(행운)					★				
재물(사업)					★				
직장(승진)					★				
건강(컨디션)					★				
연애(결혼)				★					
여행(이동)							★		
분쟁(소송)						★			
계약(매매)							★		

【중부-육사】

六四. 月幾望, 馬匹亡, 无咎.
육사 월기망 마필망 무구

육사이다. "달이 보름이 될 무렵, 말 한 마리가 사라지나, 허물이 없다."

〈점괘〉

재산의 손실이 있으나 다시 만회한다.

〈리더의 점괘〉

조만한 새로운 일을 추진하게 된다.

〈개별 점괘〉

No. 61 중부(中孚)	상상=매우 좋다. 상중=참 좋다. 상하=좋은 편이다.			중상=제법 괜찮다. 중중=괜찮다. 중하=그럭저럭하다.			하상=별로 좋지 않다. 하중=좋을 것이 없다. 하하=매우 나쁘다.		
61-04	상			중			하		
	상	중	하	상	중	하	상	중	하
소원(행운)				★					
재물(사업)					★				
직장(승진)		★							
건강(컨디션)		★							
연애(결혼)					★				
여행(이동)			★						
분쟁(소송)					★				
계약(매매)						★			

九五. 有孚攣如, 无咎.
구 오   유 부 련 여   무 구

구오이다. "믿음을 지니는 것이 마치 한쪽 팔이 꺾여도 다른쪽 팔이 있어 서로 의지하는 것 같으니, 허물이 없다."

〈점괘〉

일이 해결되나, 표면적으로는 더 어려움을 겪는 때이다.

〈리더의 점괘〉

어려운 사태를 수습하고 주위로부터 많은 신망(信望)을 얻는다.

〈개별 점괘〉

No. 61 중부(中孚)	상상=매우 좋다. 상중=참 좋다. 상하=좋은 편이다.			중상=제법 괜찮다. 중중=괜찮다. 중하=그럭저럭하다.			하상=별로 좋지 않다. 하중=좋을 것이 없다. 하하=매우 나쁘다.		
61-05	상			중			하		
	상	중	하	상	중	하	상	중	하
소원(행운)			★						
재물(사업)				★					
직장(승진)			★						
건강(컨디션)						★			
연애(결혼)		★							

여행(이동)							★	
분쟁(소송)	★							
계약(매매)	★							

【중부-상구】

上九. 翰音登于天, 貞凶.
상 구 한 음 등 우 천 정 흉

상구이다. "닭이 홰치고 하늘로 오르니, 일을 맡아 처리하면 흉하다."

〈점괘〉

잘 나가다 떨어진다.

〈리더의 점괘〉

소문난 잔치에 먹을 것 없다는 소리를 들으니, 망신이다.

〈개별 점괘〉

No. 61 중부(中孚)	상상=매우 좋다. 상중=참 좋다. 상하=좋은 편이다.			중상=제법 괜찮다. 중중=괜찮다. 중하=그럭저럭하다.			하상=별로 좋지 않다. 하중=좋을 것이 없다. 하하=매우 나쁘다.		
61-06	상			중			하		
	상	중	하	상	중	하	상	중	하
소원(행운)								★	
재물(사업)								★	
직장(승진)									★
건강(컨디션)								★	
연애(결혼)				★					
여행(이동)							★		
분쟁(소송)							★		
계약(매매)								★	

62. 소과(小過)

雷山小過

62. 뢰산소과

小過, 亨, 利貞. 可小事, 不可大事.
소과 형 리정 가소사 불가대사

飛鳥遺之音, 不宜上, 宜下, 大吉.
비조유지음 불의상 의하 대길

初六. 飛鳥以, 凶.
초육 비조이 흉

六二. 過其祖, 遇其妣, 不及其君, 遇其臣, 无咎.
육이 과기조 우기비 불급기군 우기신 무구

九三. 弗過防之, 從或戕之, 凶.
구삼 불과방지 종혹장지 흉

九四. 无咎. 弗過遇之, 往厲, 必戒, 勿用永貞.
구사 무구 불과우지 왕려 필제 물용영정

六五. 密雲不雨, 自我西郊. 公, 弋取彼在穴.
육오 밀운불우 자아서교 공 익취피재혈

上六. 弗遇過之, 飛鳥離之, 凶. 是謂災眚.
상육 불우과지 비조이지 흉 시위재생

小過, 亨, 利貞. 可小事, 不可大事. 飛鳥遺之音, 不宜上, 宜下, 大吉.
소 과 형 리정 가소사 불가대사 비조유지음 불의상 의 하 대길

소과는 형통하며 일을 맡아 처리하면 이롭다. 작은 일은 할 수 있으나, 큰 일
은 할 수 없다. 나는 새가 남겨 놓은 소리이니, 위로 올라가지 말아야 하며,
아래로 내려가야 하니, 그러면 크게 길하다.

〈점괘〉

일을 착수하는 때가 아니고, 준비하고 계획하며 타진하는 시기이다.

〈리더의 점괘〉

중앙으로 나가기보다는 외직을 얻어 공을 더 쌓는 것이 이롭다.

〈개별 점괘〉

No. 62 소과(小過)	상상=매우 좋다. 상중=참 좋다. 상하=좋은 편이다.			중상=제법 괜찮다. 중중=괜찮다. 중하=그럭저럭하다.			하상=별로 좋지 않다. 하중=좋을 것이 없다. 하하=매우 나쁘다.		
62-00	상			중			하		
	상	중	하	상	중	하	상	중	하
소원(행운)				★					
재물(사업)			★						
직장(승진)				★					
건강(컨디션)				★					

연애(결혼)							★	
여행(이동)		★						
분쟁(소송)							★	
계약(매매)								★

初六. 飛鳥以, 凶.
초 육 비 조 이   흉

초육이다. "날아가는 새가 갈팡질팡 하니, 흉하다."

〈점괘〉

파산의 위험이 감지된다.

〈리더의 점괘〉

위기 상황인데도 속수무책이니, 답답하고 흉한 때이다.

No. 62 소과(小過)	상상=매우 좋다. 상중=참 좋다. 상하=좋은 편이다.			중상=제법 괜찮다. 중중=괜찮다. 중하=그럭저럭하다.			하상=별로 좋지 않다. 하중=좋을 것이 없다. 하하=매우 나쁘다.		
62-01	상			중			하		
	상	중	하	상	중	하	상	중	하
소원(행운)									★
재물(사업)									★
직장(승진)									★
건강(컨디션)			★						
연애(결혼)					★				
여행(이동)			★						
분쟁(소송)		★							
계약(매매)		★							

【소과-육이】

六二. 過其祖, 遇其妣, 不及其君, 遇其臣, 无咎.
육이 과기조 우기비 불급기군 우기신 무구

육이이다. "조부를 거쳐서 조모를 만나고, 그 군주에게 다가가지 못하다가,

그 신하를 만나니, 허물이 없다."

〈점괘〉

별 뜻 없는 말 때문에 곤욕을 치룰 수 있다.

작게라도 말실수나 약간의 흐트러진 행동이 큰 파장을 일으키는 때이다.

〈개별 점괘〉

No. 62 소과(小過)	상상=매우 좋다. 상중=참 좋다. 상하=좋은 편이다.			중상=제법 괜찮다. 중중=괜찮다. 중하=그럭저럭하다.			하상=별로 좋지 않다. 하중=좋을 것이 없다. 하하=매우 나쁘다.		
62-02	상			중			하		
	상	중	하	상	중	하	상	중	하
소원(행운)						★			
재물(사업)					★				
직장(승진)					★				
건강(컨디션)					★				
연애(결혼)		★							
여행(이동)		★							
분쟁(소송)					★				
계약(매매)						★			

【소과-구삼】

九三. 弗過防之, 從或戕之, 凶.
구삼 불과방지 종혹장지 흉

구삼이다. "지나치지 않았을 때에 막아야 하니, 쫓아와서 혹 죽일 수도 있으니, 흉하다."

〈점괘〉

묵은 원한을 풀지 못하면 복수를 당하는 수도 있다.

〈리더의 점괘〉

규정이나 법률의 부당함에도 불구하고, 이로 인해 큰 손실을 입게 된다.

〈개별 점괘〉

No. 62 소과(小過)	상상=매우 좋다. 상중=참 좋다. 상하=좋은 편이다.			중상=제법 괜찮다. 중중=괜찮다. 중하=그럭저럭하다.			하상=별로 좋지 않다. 하중=좋을 것이 없다. 하하=매우 나쁘다.		
62-03	상			중			하		
	상	중	하	상	중	하	상	중	하
소원(행운)								★	
재물(사업)								★	
직장(승진)									★
건강(컨디션)								★	
연애(결혼)						★			
여행(이동)				★					
분쟁(소송)							★		
계약(매매)								★	

【소과-구사】

九四. 无咎. 弗過遇之. 往厲, 必戒. 勿用永貞.
구사 무구 불과우지 왕려 필계 물용영정

구사이다. "허물이 없다. 지나치지 않고 만나게 된다. 가면 위태로우니 반드시 경계해야 한다. 오랜 시일이 걸리는 일은 하지 말라."

〈점괘〉

지금은 새로운 일이나 기획은 좋은 시기가 아니다.

〈리더의 점괘〉

지금 추진하는 사업은 적대 세력 때문에 오래 갈 수 없는 형세이다.

〈개별 점괘〉

No. 62 소과(小過)	상상=매우 좋다. 상중=참 좋다. 상하=좋은 편이다.			중상=제법 괜찮다. 중중=괜찮다. 중하=그럭저럭하다.			하상=별로 좋지 않다. 하중=좋을 것이 없다. 하하=매우 나쁘다.		
62-04	상			중			하		
	상	중	하	상	중	하	상	중	하
소원(행운)					★				
재물(사업)						★			
직장(승진)							★		
건강(컨디션)						★			
연애(결혼)						★			
여행(이동)							★		
분쟁(소송)						★			
계약(매매)						★			

六五. 密雲不雨, 自我西郊. 公, 弋取彼在穴.
육 오 밀 운 불 우 자 아 서 교 공 익 취 피 재 혈

육오이다. "짙은 구름이 끼었는데도 비는 오지 않으니, 우리 서쪽 교외에서

제사를 지낸다. 공이 주살을 써서 구멍에 있는 것을 잡는다."

〈점괘〉

머지 않아 작은 이익을 내나, 아직은 아니다.

〈리더의 점괘〉

만족한 수준이 아니라 실망스럽지만, 여유를 찾아야 뒷날에 이롭다.

〈개별 점괘〉

No. 62 소과(小過)	상상=매우 좋다. 상중=참 좋다. 상하=좋은 편이다.			중상=제법 괜찮다. 중중=괜찮다. 중하=그럭저럭하다.			하상=별로 좋지 않다. 하중=좋을 것이 없다. 하하=매우 나쁘다.		
62-05	상			중			하		
	상	중	하	상	중	하	상	중	하
소원(행운)					★				
재물(사업)					★				
직장(승진)				★					
건강(컨디션)				★					
연애(결혼)	★								

여행(이동)					★				
분쟁(소송)						★			
계약(매매)							★		

【소과-상육】

上六. 弗遇過之, 飛鳥離之, 凶. 是謂災眚.
상 육 불 우 과 지 비 조 이 지 흉 시 위 재 생

상육이다. "만나지 않고 지나쳤는데, 나는 새가 그물에 걸리니 흉하다.
이를 재앙이라고 한다."

〈점괘〉

원인이 불분명하고, 설명할 수 없는 재앙이 연거푸 일어나니 두렵고
무섭다.

〈리더의 점괘〉

아무도 도와주지 않고, 오히려 재앙을 축하하는 자들이 있다.

〈개별 점괘〉

No. 62 소과(小過)	상상=매우 좋다. 상중=참 좋다. 상하=좋은 편이다.			중상=제법 괜찮다. 중중=괜찮다. 중하=그럭저럭하다.			하상=별로 좋지 않다. 하중=좋을 것이 없다. 하하=매우 나쁘다.		
62-06	상			중			하		
	상	중	하	상	중	하	상	중	하
소원(행운)									★
재물(사업)									★
직장(승진)									★
건강(컨디션)					★				
연애(결혼)					★				
여행(이동)				★					
분쟁(소송)		★							
계약(매매)		★							

63. 기제(旣濟)

63. 화수기제

火水旣濟

旣濟, 亨, 小利貞. 初吉, 終亂.
기제 형 소리정 초길 종란

初九. 曳其輪, 濡其尾, 无咎.
초구 예기륜 유기미 무구

六二. 婦喪其茀, 勿逐, 七日得.
육이 부상기불 물축 칠일득

九三. 高宗伐鬼方, 三年克之, 小人勿用.
구삼 고종벌귀방 삼년극지 소인물용

六四. 繻有衣袽. 終日戒.
육사 수유의녀 종일제

九五. 東鄰殺牛, 不如西鄰之禴祭, 實受其福.
구오 동린살우 불여서린지약제 실수기복

上六. 濡其首, 厲.
상육 유기수 려

652

【기제-단】

旣濟, 亨, 小利貞. 初吉, 終亂.
기 제 형 소 리 정 초 길 종 란

기제는 형통하고, 작은 일을 맡아 처리하는 것이 이롭다. 처음에는 길하나
끝에는 어지럽다.

〈점괘〉

현재는 좋으나 향후 전도가 어두워지는 추세이니 대비하라.

〈리더의 점괘〉

단기 사업은 괄목할 만한 것이나, 중장기 전망은 어둡다.

〈개별 점괘〉

No. 63 기제(旣濟)	상상=매우 좋다. 상중=참 좋다. 상하=좋은 편이다.			중상=제법 괜찮다. 중중=괜찮다. 중하=그럭저럭하다.			하상=별로 좋지 않다. 하중=좋을 것이 없다. 하하=매우 나쁘다.		
63-00	상			중			하		
	상	중	하	상	중	하	상	중	하
소원(행운)					★				
재물(사업)						★			
직장(승진)							★		
건강(컨디션)		★							
연애(결혼)		★							

여행(이동)							★	
분쟁(소송)							★	
계약(매매)								★

【기제-초구】

初九. 曳其輪, 濡其尾, 无咎.
초 구　예기륜　유기미　무구

초구이다. "그 수레를 끌며, 그 꼬리를 물에 적시니, 허물이 없다."

〈점괘〉

약간의 애로가 발생하나, 호기를 만난다.

〈리더의 점괘〉

초기에는 힘겨운 상황에 직면하나, 결국 무사하게 통과한다.

No. 63 기제(既濟)	상상=매우 좋다. 상중=참 좋다. 상하=좋은 편이다.			중상=제법 괜찮다. 중중=괜찮다. 중하=그럭저럭하다.			하상=별로 좋지 않다. 하중=좋을 것이 없다. 하하=매우 나쁘다.		
63-01	상			중			하		
	상	중	하	상	중	하	상	중	하
소원(행운)			★						
재물(사업)			★						
직장(승진)					★				
건강(컨디션)							★		
연애(결혼)							★		
여행(이동)							★		
분쟁(소송)			★						
계약(매매)			★						

【기제-육이】

六二. 婦喪其茀, 勿逐, 七日得.
육 이 부 상 기 불 물 축 칠 일 득

육이이다. "부인이 그 차양을 잃어버렸으나, 뒤쫓지 않아도, 7일 만에 다시

찾는다."

〈점괘〉

많은 손실을 보게 되나, 만회할 수 없을 정도는 아니다.

흔들리지 않는 태도로 돌파하면, 손해는 보나, 일은 풀린다.

〈개별 점괘〉

No. 63 기제(既濟)	상상=매우 좋다. 상중=참 좋다. 상하=좋은 편이다.			중상=제법 괜찮다. 중중=괜찮다. 중하=그럭저럭하다.			하상=별로 좋지 않다. 하중=좋을 것이 없다. 하하=매우 나쁘다.		
63-02	상			중			하		
	상	중	하	상	중	하	상	중	하
소원(행운)					★				
재물(사업)					★				
직장(승진)						★			
건강(컨디션)					★				
연애(결혼)							★		
여행(이동)							★		
분쟁(소송)						★			
계약(매매)							★		

【기제-구삼】

九三. 高宗伐鬼方, 三年克之, 小人勿用.
구삼 고종벌귀방 삼년극지 소인물용

구삼이다. "고종이 귀방을 정벌하여, 3년이 걸려 정복하니, 소인은 쓰지 말아야 한다."

〈점괘〉

이익을 노리는 자들을 경계하라.

〈리더의 점괘〉

대업을 향한 거보(巨步)를 내딛는 순간이나, 도둑이 섞였다.

〈개별 점괘〉

No. 63 기제(旣濟)	상상=매우 좋다. 상중=참 좋다. 상하=좋은 편이다.			중상=제법 괜찮다. 중중=괜찮다. 중하=그럭저럭하다.			하상=별로 좋지 않다. 하중=좋을 것이 없다. 하하=매우 나쁘다.		
63-03	상			중			하		
	상	중	하	상	중	하	상	중	하
소원(행운)				★					
재물(사업)					★				
직장(승진)					★				
건강(컨디션)					★				
연애(결혼)							★		
여행(이동)							★		
분쟁(소송)		★							
계약(매매)		★							

【기제-육사】

六四. 繻有衣袽. 終日戒.
육 사 수 유 의 녀 종 일 계

육사이다. "물이 새는 것을 막기 위해 낡은 옷의 헝겊을 사용한다. 종일토록 경계한다."

〈점괘〉

특단의 조치가 없다면, 후회가 막심하다.

〈리더의 점괘〉

임시처방으로는 한계가 있다. 근본을 돌아보아야 풀린다.

〈개별 점괘〉

No. 63 기제(旣濟)	상상=매우 좋다. 상중=참 좋다. 상하=좋은 편이다.			중상=제법 괜찮다. 중중=괜찮다. 중하=그럭저럭하다.			하상=별로 좋지 않다. 하중=좋을 것이 없다. 하하=매우 나쁘다.		
63-04	상			중			하		
	상	중	하	상	중	하	상	중	하
소원(행운)					★				
재물(사업)						★			
직장(승진)							★		
건강(컨디션)						★			
연애(결혼)							★		
여행(이동)							★		
분쟁(소송)		★							
계약(매매)		★							

九五. 東鄰殺牛, 不如西鄰之禴祭, 實受其福.
구 오 동 린 살 우 불 여 서 린 지 약 제 실 수 기 복

구오이다. "동쪽 이웃에서 소를 잡는다고 해도, 서쪽 이웃에서 간소한 제사를 지내 실제로 그 복을 받는 것만 못하다."

〈점괘〉

경쟁에 몰두하지 않고, 정성을 다하면 길하다.

〈리더의 점괘〉

소신대로 결정하는 것이 더 이롭다.

〈개별 점괘〉

No. 63 기제(旣濟)	상상=매우 좋다. 상중=참 좋다. 상하=좋은 편이다.			중상=제법 괜찮다. 중중=괜찮다. 중하=그럭저럭하다.			하상=별로 좋지 않다. 하중=좋을 것이 없다. 하하=매우 나쁘다.		
63-05	상			중			하		
	상	중	하	상	중	하	상	중	하
소원(행운)			★						
새불(사업)		★							
직장(승진)		★							
건강(컨디션)						★			
연애(결혼)							★		

여행(이동)						★		
분쟁(소송)						★		
계약(매매)							★	

【기제-상육】

上六. 濡其首, 厲.
상 육 유 기 수 려

상육이다. "그 머리를 물에 적시니, 위태하다."

〈점괘〉

일이 진행되다가 곤두박질하니, 당황스럽다.

〈리더의 점괘〉

리더십이 부재한 때이니, 난파(難破)할까 두렵다.

〈개별 점괘〉

No. 63 기제(旣濟)	상상=매우 좋다. 상중=참 좋다. 상하=좋은 편이다.			중상=제법 괜찮다. 중중=괜찮다. 중하=그럭저럭하다.			하상=별로 좋지 않다. 하중=좋을 것이 없다. 하하=매우 나쁘다.		
63-06	상			중			하		
	상	중	하	상	중	하	상	중	하
소원(행운)								★	
재물(사업)								★	
직장(승진)								★	
건강(컨디션)					★				
연애(결혼)							★		
여행(이동)					★				
분쟁(소송)		★							
계약(매매)		★							

64. 미제(未濟)

【未濟卦第六十四】

64. 수화미제

未濟, 亨. 小狐汔濟. 濡其尾, 无攸利.
미제 형 소호흘제 유기미 무유리

水火未濟

初六. 濡其尾, 吝.
초육 유기미 린

九二. 曳其輪, 貞吉.
구이 예기륜 정길

六三. 未濟, 征凶. 利涉大川.
육삼 미제 정흉 리섭대천

九四. 貞吉. 悔亡. 震用伐鬼方, 三年, 有賞于大國.
구사 정길 회망 진용벌귀방 삼년 유상우대국

六五. 貞吉. 无悔. 君子之光, 有孚, 吉.
육오 정길 무회 군자지광 유부 길

上九. 有孚于飲酒, 无咎. 濡其首, 有孚, 失是.
상구 유부우음주 무구 유기수 유부 실시

【미제-단】

未濟. 亨. 小狐汔濟. 濡其尾, 无攸利.
미 제 형 소 호 흘 제 유 기 미 무 유 리

미제는 형통하다. 작은 여우가 거의 냇물을 건넜다. 그 꼬리를 물에 적시니,

이로울 바가 없다.

〈점괘〉

지금은 신중할 때가 아니다. 과감하게 진출하라.

〈리더의 점괘〉

의혹을 해결하면 과단성 있는 자세로 진전해야 이롭다.

〈개별 점괘〉

No. 64 미제(未濟)	상상=매우 좋다. 상중=참 좋다. 상하=좋은 편이다.			중상=제법 괜찮다. 중중=괜찮다. 중하=그럭저럭하다.			하상=별로 좋지 않다. 하중=좋을 것이 없다. 하하=매우 나쁘다.		
64-00	상			중			하		
	상	중	하	상	중	하	상	중	하
소원(행운)					★				
재물(사업)						★			
직장(승진)							★		
건강(컨디션)							★		
연애(결혼)			★						

여행(이동)				★				
분쟁(소송)		★						
계약(매매)		★						

【미제-초육】

初六. 濡其尾, 吝.
초육 유기미 린

초육이다. "그 꼬리를 적시니, 인색하다."

〈점괘〉

반목이 깊어지고 있어 위태로운 때이다.

〈리더의 점괘〉

잘못을 고치는데 시기를 놓쳤으니, 병을 키운 격이 되었다.

No. 64 미제(未濟)	상상=매우 좋다. 상중=참 좋다. 상하=좋은 편이다.			중상=제법 괜찮다. 중중=괜찮다. 중하=그럭저럭하다.			하상=별로 좋지 않다. 하중=좋을 것이 없다. 하하=매우 나쁘다.		
64-01	상			중			하		
	상	중	하	상	중	하	상	중	하
소원(행운)								★	
재물(사업)								★	
직장(승진)								★	
건강(컨디션)					★				
연애(결혼)							★		
여행(이동)					★				
분쟁(소송)							★		
계약(매매)								★	

【미제-구이】

九二. 曳其輪, 貞吉.
　구 이　예 기 륜　정 길

구이이다. "그 수레를 끄니, 일을 맡아 처리하면 길하다."

〈점괘〉

일이 수월하게 잘 굴러간다.

인기가 많으며, 주목할 만한 성과가 기대된다.

〈개별 점괘〉

No. 64 미제(未濟)	상상=매우 좋다. 상중=참 좋다. 상하=좋은 편이다.			중상=제법 괜찮다. 중중=괜찮다. 중하=그럭저럭하다.			하상=별로 좋지 않다. 하중=좋을 것이 없다. 하하=매우 나쁘다.		
64-02	상			중			하		
	상	중	하	상	중	하	상	중	하
소원(행운)			★						
재물(사업)		★							
직장(승진)	★								
건강(컨디션)					★				
연애(결혼)							★		
여행(이동)					★				
분쟁(소송)		★							
계약(매매)		★							

【미제-육삼】

六三. 未濟, 征凶. 利涉大川.
육 삼　미 제　정 흉　리 섭 대 천

육삼이다. "미제일 때는 정벌에 나서면 흉하다. 큰 내를 건너는 것이 이롭다."

〈점괘〉

사즉생(死則生, 죽고자 하면 산다.)이 아니고서는 참담한 결과를 맞는다.

〈리더의 점괘〉

과거의 작은 흠이 커져서 곤란을 불러들였다.

〈개별 점괘〉

No. 64 미제(未濟)	상상=매우 좋다. 상중=참 좋다. 상하=좋은 편이다.			중상=제법 괜찮다. 중중=괜찮다. 중하=그럭저럭하다.			하상=별로 좋지 않다. 하중=좋을 것이 없다. 하하=매우 나쁘다.		
64-03	상			중			하		
	상	중	하	상	중	하	상	중	하
소원(행운)								★	
재물(사업)								★	
직장(승진)								★	
건강(컨디션)				★					
연애(결혼)							★		
여행(이동)			★						
분쟁(소송)						★			
계약(매매)							★		

【미제-구사】

九四. 貞吉. 悔亡. 震用伐鬼方, 三年, 有賞于大國.
구사 정길 회망 진용벌귀방 삼년 유상우대국

구사이다. "일을 맡아 처리하면 길하다. 변한 것이 없다. 진의 제후가 귀방을
정벌하니, 3년이 지나야 대국에서 상을 받게 된다."

〈점괘〉

미개척 분야에 도전하라, 외지로 나가면 길하다.

〈리더의 점괘〉

과감한 투자를 하고, 일을 지속하면 길하다.

〈개별 점괘〉

No. 64 미제(未濟)	상상=매우 좋다. 상중=참 좋다. 상하=좋은 편이다.			중상=제법 괜찮다. 중중=괜찮다. 중하=그럭저럭하다.			하상=별로 좋지 않다. 하중=좋을 것이 없다. 하하=매우 나쁘다.		
64-04	상			중			하		
	상	중	하	상	중	하	상	중	하
소원(행운)			★						
재물(사업)						★			
직장(승진)						★			
건강(컨디션)							★		
연애(결혼)							★		
여행(이동)							★		
분쟁(소송)							★		
계약(매매)							★		

六五. 貞吉. 无悔. 君子之光, 有孚, 吉.
_{육 오 정길 무회 군자지광 유부 길}

육오이다. "일을 맡아 처리하면 길하다. 변한 것이 없다. 군자의 빛이 나고,

믿음을 두니, 길하다."

〈점괘〉

노련하게 일을 처리하고, 자신감을 가지니 길하다.

〈리더의 점괘〉

여러 번 좌절의 고비가 있겠으나, 꿋꿋하게 버텨내니 길하다.

〈개별 점괘〉

No. 64 미제(未濟)	상상=매우 좋다. 상중=참 좋다. 상하=좋은 편이다.			중상=제법 괜찮다. 중중=괜찮다. 중하=그럭저럭하다.			하상=별로 좋지 않다. 하중=좋을 것이 없다. 하하=매우 나쁘다.		
64-05	상			중			하		
	상	중	하	상	중	하	상	중	하
소원(행운)		★							
재물(사업)			★						
직장(승진)		★							
건강(컨디션)		★							
연애(결혼)							★		

여행(이동)			★					
분쟁(소송)		★						
계약(매매)		★						

【미제-상구】

上九. 有孚于飮酒, 无咎. 濡其首, 有孚, 失是.
상구 유부우음주 무구 유기수 유부 실시

상구이다. "믿음을 두고 술을 마시니, 허물이 없다. 그 머리를 적시며, 믿음
이 있으나, 이런 실수를 한다."

〈점괘〉

언행을 조심하고, 결자해지(結者解之)를 해야 이롭다.

〈리더의 점괘〉

절제를 상실하면, 인간이 아닌 추한 귀신이 된다.

〈개별 점괘〉

No. 64 미제(未濟)	상상=매우 좋다. 상중=참 좋다. 상하=좋은 편이다.			중상=제법 괜찮다. 중중=괜찮다. 중하=그럭저럭하다.			하상=별로 좋지 않다. 하중=좋을 것이 없다. 하하=매우 나쁘다.		
64-06	상			중			하		
	상	중	하	상	중	하	상	중	하
소원(행운)						★			
재물(사업)						★			
직장(승진)						★			
건강(컨디션)				★					
연애(결혼)							★		
여행(이동)				★					
분쟁(소송)						★			
계약(매매)							★